## 大宗商品特色课程系列教材编写委员会

大宗商品特色课程系列

Integrated Experiment in
Commodity E-Commerce

# 大宗商品电子商务综合实验

徐妙君 杭州高达软件系统股份有限公司 / 主　编

张治学 赵宁 顾秋阳 / 副主编

ZHEJIANG UNIVERSITY PRESS
浙江大学出版社

# 序

  在很多不同的场合，我都指出，20世纪90年代，是民营企业崛起的十年；21世纪的头十年，是"中国制造"崛起的十年；而接下来的十年，则将是大宗商品唱主角的十年。大宗商品将会是中国和西方国家竞争最激烈的领域，因为谁把握住了大宗商品的主导权，谁就把握住了未来十年经济的主导权。

  在"中国制造"崛起的十年中，中国成为世界上规模最大、品种最全的制造业中心。为了满足迅速发展的制造业对各种原材料的需求，中国对大宗商品原材料的进口及消费不断增加，成为全球最大的大宗商品消费国，已经有20多个大宗商品品种等消费量居全球第一，而且一些重要的大宗商品，如石油、煤炭、铁矿石、铜、镍、大豆等商品先从净出口后转为净进口。这个拐点正是大宗商品的"中国时刻"。

  然而，中国巨大的需求量并没有带来相应的话语权与定价权，在大宗商品全球产业链的分工中，中国长期扮演着加工者的角色，在价格方面被欧美国家所绑架。在大宗商品唱主角的十年，中国需求怎么能参与全球定价机制，如何才能形成价格话语权，是目前要回答的一个重要问题。

  实际上，中国要想谋求大宗商品定价的话语权，涉及从宏观到微观、从政府到企业、从体制到观念的各个层面，需要我们反思并且持续进行改革与创新。那在这期间中国大宗商品领域会出现哪些业态的变化呢？大宗商品贸易、生产等产业链环节与物流、金融等相关服务业将融合创新发展，中国很多大宗商品的贸易商将成为运营商，会出现若干个大宗商品领域的金融创新，会出现很多针对大宗商品配置领域的不同环节的产业集聚。而在这个过程中，一定要有人才，一方面要吸引国际性的大宗商品人才回归中国；另一方面，要自己着力培养一批人才，我们要出顶级的大宗商品分析师、操盘手，站在全球视野把握市场，并运筹帷幄。

  宁波大红鹰学院的大宗商品特色课程系列教材，是国内首套大宗商品专业教育教材，该系列的著者有学校的专业教师，有行业的优秀实践者，他们对大宗商品相关领域的发展做了长期的研究和探索，教材内容突出了"教学育人"与"学以致用"，十分可贵。从"中国制造"到大宗商品，我国在世界经济中的角色正在经历着一次深刻的转型，从原来的被动加工者转型为世界资源的主动调配者。大宗商品特色课程系列教材的出版，可谓恰逢其时，正当其用，尤其适用大宗商品相关领域的新任职人员和学生。

北京市长城企业战略研究所所长

王德禄

2017 年 8 月

# 目 录
## CONTENTS

# 第一篇

## 大宗商品知识

# 第一章 大宗商品分类

## 第一节 概 述

大宗商品（bulk commodity）是指具有实体，可进入流通领域，但并非在零售环节进行销售，具有商品属性，用于工农业生产与消费使用的大批量买卖的物资商品。在金融投资市场，大宗商品是指同质化、可交易、被广泛作为工农业基础原材料的商品，如原油、有色金属、钢铁、农产品、铁矿石、煤炭等。大宗商品从商品属性可以分为3个类别，即能源商品、基础原材料和农副产品，见表1-1。

表1-1 商品属性

| 商品属性 | 主要商品 |
|---|---|
| 能源商品 | 煤炭、石油、天然气、光伏等 |
| 基础原材料 | 钢铁、水泥、塑料、玻璃、有色金属、化工用品等 |
| 农副产品 | 玉米、大豆、稻谷、小麦、棉花等 |

## 第二节 钢 铁

### 一、行业背景

钢铁行业是以从事黑色金属矿物采选和黑色金属冶炼加工等工业生产活动为主的工业行业，包括金属铁、铬、锰等的矿物采选业、炼铁业、炼钢业、钢材加工业、铁合金冶炼业、钢丝及其制品业等细分行业，是国家重要的原材料工业之一。钢铁行业在经济建设、社会发展、财政税收、国防建设以及稳定就业等方面发挥着重要作用，对保障国民经济又好又快发展做出了重要贡献。但是，钢铁行业长期粗放式发展所积累的矛盾也日益突出，如高端产品不足、产能过剩、产业集中度过低、区域分布不合理、环保问题等，这些问题制约了我国钢铁行业的发展，钢铁企业必须结合自身特点，探求解决问题的途径，使我国的钢铁行业不断做大做强。

**(一)我国钢铁行业存在的问题**

1. 资源、环境的制约

我国钢铁行业对外依存度高达68%,过高的对外依赖不仅制约了我国钢铁行业的竞争力,同时也威胁着国家经济安全。通过有效的技术手段提高自有矿产资源的开采效率和利用率,是我国钢铁行业良性安全发展的基本保证。另外,钢铁行业能源消耗占全国总能耗的1/8左右,污染物排放占全国的1/6左右,巨大的排放总量加重了环境的负荷,影响了人类的生存空间。随着国家环保法的公布和新的排放标准的实施,钢铁企业将普遍面临着环保不达标的压力,而化解这些压力的根本出路是通过技术创新和系统的节能环保技术的应用减少企业的排放量。

2. 制造流程效率和能效水平低

我国钢铁生产单体工序能效和整体流程效率偏低,虽然在某几项单体工序上指标也能达到国际水平,但单体新技术和新装备基本都依靠引进,或者是引进后再逐渐国产化,缺乏原创性和前沿性的技术和设备产出,很难进一步提升,更谈不上整个制造流程上的革新。加强先进制造流程技术研究,利用现代化信息技术与智能化技术进一步完善现有流程界面技术,是实现钢铁流程高效率、高能效的重要支撑。

3. 市场同质化竞争加剧,以创新为主导的差异化不明显

近几年来,产品定位的同质化加剧了市场的同质化竞争。在这种情况下,多数企业开始考虑推行差异化发展战略。差异化的形成依赖于企业的自主创新能力和生产制造能力,包括新产品、新材料的开发和持续提升能力,这就要求企业不仅要有捕捉市场需求包括未来需求的能力,并将需求快速转化为能够满足应用的产品的能力,更要求企业能有创造需求,建立新的产品消费市场的能力,围绕国民经济发展需要,满足相关产业不断提升的需求是钢铁企业的责任。

4. 产品质量稳定性和一致性较差

目前,我国一些高端钢材产品的最好指标已能达到国际先进水平,但就产品质量的稳定性来看,一些产品批次间质量波动较大。提高产品质量的稳定性,一方面,要强化生产流程的稳定性和生产系统的匹配性;另一方面,要加强产品制造过程的质量控制,实现产品微观组织的在线闭环控制。另外,加大产品质量在线检测技术的开发与应用也是实现产品质量一致性的关键。同时,加快新工艺的开发,实现工艺对质量的保证,可以从根本上解决产品质量的稳定性问题。

**(二)我国钢铁企业未来的发展**

1. 整合重组提高企业集中度,形成具有国际竞争力的世界级钢铁集团企业

国外钢铁产业集中度很高,在钢铁生产技术和高端钢材方面处于有利地位,其盈利能力高于国内钢铁企业,因此,提高产业集中度势在必行,先做大再做强是钢铁产业发展的必由之路。提高产业集中度的有效途径是大力推进产业中优势企业的横向整合重组力度,通过整合充分利用现有设备装备,避免重复建设,提高投入产出比和投入产出质量,即用最低的资源投入,产出最合理的产品,并提高产品档次,以占领高端产品市场。

2.淘汰小型钢铁生产企业,并购大型企业.建立钢铁基地

这对我国钢铁行业实现规模经济,提高劳动生产率和经济效益,加快技术进步有重要意义。当今有必要通过兼并收购,实现跨地区跨所有制结构的资产重组,打造世界一流的钢铁企业。

3.推进产权制度改革

要推进钢铁企业的产权制度改革使其真正实现自主经营、自负盈亏,虽然根据发达国家的经验,较高的集中度能带来较高的利润率,但对于我国制造业来说企业业绩和规模之间的关系并不显著,原因在于我国大型企业产权界定不明晰,大型企业需要借鉴发达国家经验,以现代企业制度武装自己。

### (三)钢材品种发展方向

未来我国钢材品种的发展趋势是,高端钢材品种要满足节能环保、生物医药、高端装备制造、新能源等新兴战略性产业的发展对产品品种和质量提出的新颖的、更高的要求;中端钢材品种要满足建筑、造船、压力容器、机械制造等传统产业升级的要求,引导用户使用强度更高、寿命更长、综合性能更好的绿色钢材;淘汰落后的低端钢材品种。总体来看,钢材品种结构优化方向主要有以下几方面。

1.建筑桥梁用钢

重点发展 600MPa 及以上级别的螺纹钢、高强抗震钢筋、耐低温钢筋、高强度硬线,在钢结构中高强度抗震、耐火、耐候钢板和 H 型钢;研发系列屈服强度 $500\sim1000$MPa、屈强比低于 0.85、600℃屈服强度高于室温强度指标的 2/3、弹性模量高于室温指标 75% 以上等性能的新一代功能复合化建筑用钢;涂镀层板将向资源节约、环境友好产品方向发展;桥梁用钢发展 Q500、Q550 甚至更高强度级别桥梁用钢,屈强比在 0.85 以下,同时具有良好焊接性能、耐候性能、抗疲劳性能。

2.能源用钢

重点发展高钢级 X90、X100 以上级别和特厚规格 X80 管线钢,耐 $CO_2/H_2S$ 腐蚀管线钢、耐磨耐蚀管线钢,高强度级别耐 $H_2S$ 应力腐蚀油井管、经济型耐 $CO_2+H_2S+Cl^-$ 腐蚀油井管,供东海和南海安全服役的耐腐蚀油井管。特殊环境(地震带、海底、低温 LNG、低温裸露等)高强度管线钢的开发。高强韧性、耐高温的救生舱专用高强钢板、700℃超超临界电子汽轮机用耐热合金的研发和关键部件研制,核电机组用高性能不锈钢、合金钢管,低铁损、高磁感硅钢,锅炉容器用钢、特厚临氢设备用钢及相应焊接技术研究。

3.船舶及海工用钢

重点发展 690MPa 及以上级别的高强韧性船舶及海工用钢、100mm 以上大厚度高强韧—海工用钢、高耐蚀钢、低温韧性($-60$℃甚至$-80$℃)优异的超低温海洋工程用钢、大型液化天然气(LNG)运输船用低温压力容器板、海洋工程用超级奥氏体不锈钢、海洋工程用镍基—铁镍基耐蚀合金、海洋工程用特种高强度不锈钢材料。

4.汽车与轨道交通用钢

重点发展第三代汽车用钢,深冲双相钢(DQ-DP 钢)、超细晶相变诱导塑性钢(FG-TRIP 钢)、淬火—配分钢(Q&P 钢)和相变/孪晶诱导塑性钢(TRIP/TWIP 钢)、700MPa

及以上级别的汽车大梁板、780～1500MPa 高强度汽车板、汽车排气系统用钢、汽车用微合金非调质钢、长寿命高性能弹簧钢、高铁车轮用钢、高铁车轴用钢、高铁轴承用钢、轨道用钢等。

5.关键特殊钢

重点发展高品质高碳铬轴承钢和渗碳轴承钢、航空发动机用轴承钢、高性能齿轮钢、低成本超纯铁素体不锈钢、氮合金化高性能奥氏体不锈钢、高性能工模具钢、高性能钢丝（切割钢丝、帘线钢丝、绞线钢丝、弹簧钢丝）、精密机床用高性能丝杠与导轨用钢、军用特殊钢、环保设备用高性能耐蚀钢。

## 二、基础知识

### (一)钢材流通环节各相关单位

1.钢厂

钢厂是指钢材的生产单位。

(1)钢铁厂，指有高炉炼铁、转炉炼钢、轧机轧制钢材全部流程的钢铁生产企业，此类钢厂一般称为大钢厂或大厂。

(2)轧钢厂，指只有轧机轧制钢材这一流程的钢材生产企业，一般也称为调坯轧材企业，多见于高线、螺纹钢、带钢、型钢、中板等品种生产。此类钢厂一般称为小厂。

(3)铁厂，指只有高炉炼铁一个流程的生铁生产企业。

备注：根据所生产钢材的品质、下差大小，分为一线钢厂、二线钢厂、三线钢厂，甚至四线钢厂。

2.经销商

经销商是指以买卖钢材产品为主要业务的企业，可分为一级经销商、中间商等级别。

(1)一级经销商，又叫代理商，俗称钢厂协议户，是指与钢厂签订了长期的购销协议，每月固定从钢厂购买大量钢材进行销售的钢材销售企业。

(2)中间商，或称为二级代理商，俗称搬砖头的商家，就是不直接从钢厂进货，而是从钢厂协议户或其他中间商手中购买钢材再销售的企业。

3.终端用户

终端用户是指钢材产品的直接消费企业，包括各种建筑工地、机械制造厂、家电生产厂家，等等。

### (二)价格相关术语

(1)过磅价，是指在钢材买卖过程中，钢材计算重量方法为用地磅等计量工具直接测钢材的实际重量，以实际重量计重销售钢材时的价格为过磅价；过磅价也称为检斤价。

(2)检尺价，是指在钢材买卖过程中，钢材计算重量方法为理论计重，按照理论重量计重销售钢材时的价格为检尺价；检尺价也称为理计价或者理重价。

理论计重即为按照钢材的理论重量计算重量。各种类别、材质、规格的钢材，国家均有生产标准，各钢厂按照国家标准生产各种钢材，但国家标准并不是一个固定的值，允许有一定的上偏差(上差)，或者是下偏差(下差，也叫负差)，因此各钢厂生产各种钢材上差或者下差不同,导致钢材的理论重量与实际重量有偏差。绝大多数钢厂生产钢材产品均有下差,大多数品种钢材理论重量是 1 吨而实际重量并不足 1 吨,因此理论重量计价或者检尺价要低于过磅销售时的价格。下差或负差是理论重量为 1 吨的钢材的实际重量与理论重量之间的差。下差＝[(钢材理论重量－钢材实际重量)/钢材理论重量]×100％;举例:某厂生产 $\phi$25mm 螺纹钢,理论重量是 1 吨,即 1000 千克,实际过磅重量为 0.95 吨,即 950 千克,则该厂家生产 $\phi$25mm 螺纹钢的下差＝[(钢材理论重量－钢材实际重量)/钢材理论重量]×100％＝[(1000－950)/1000]×100％＝5％,即有 5 个下差,或者直接说该厂家所生产 $\phi$25mm 螺纹钢有 50 千克下差。螺纹钢、焊管、无缝管、型材、棒材等产品理论计重现象较多。

(3)含税价,是指在钢材买卖过程中,买家向卖家索要钢材产品的增值税发票时的价格;增值税税率为 17％,理论上如果买家不要增值税发票时,卖家应该给买家在含税价格基础上将 17％的税钱扣除。但目前国内钢铁行业,买钢材时是否要增值税发票的钢材价格差远没有那么大,一般情况下卖家会给买家优惠 3％～4％。通常情况下,要不要增值税发票,简称为要不要票,含税价格又俗称为带票价,不含税价格又俗称为不带票价。

(4)承兑价,是指在钢材买卖过程中,买家在购买钢材时,不支付给卖家现款,而是以承兑汇票的形式付款,由于卖家在将承兑汇票进行折现时存在利息支出,因此承兑价格一般比现款价格高,幅度随着银行承兑贴息率的变化而变化,也根据承兑汇票的时间长短不同而幅度不同(一般分为一个月承兑、三个月承兑和六个月承兑)。

(5)自提价,是指在钢材买卖过程中,买家雇佣运输车辆到卖家仓库中自己提货的价格。

(6)钢厂直发价,是指钢厂协议户没有现货资源,为买家直接从钢厂订货、送到用户指定地点时的价格。

(7)预付款,是指钢材贸易企业给某钢厂或大型贸易商提前打款,后期再根据需求购买相应钢材的行为;预付款购买钢材一般价格要比现款价格每吨优惠几十元。

(8)批量优惠,当买家大量购买某种钢材时,卖家可能会根据买家的订货量大小给予每吨几十元的优惠。

(9)挂牌价,是指钢厂或者贸易商销售某种钢材对外公开的价格政策,实际销售过程中可能会有不同程度的优惠。部分钢厂销售模式采取本月底制定下月钢材销售挂牌价格,根据挂牌价格订货、收款,再在月底制定当月各种钢材实际结算价格。

(10)结算价,是指钢材贸易商每月进货的实际成本价。

(11)市场价,是指各地钢材市场各种钢材销售的成交价格。

(12)工地价,也叫工地采购指导价。工地采购指导价是在市场价格的基础上加出库费、短途运费、短期资金占用费。

**(三)费用相关术语**

(1)出库费,是指买家购买钢材时,去仓库提取货物,需要给仓库管理单位缴纳的相关费用,包括吊装费和仓储费。

(2)短途运费,是指供货商在给建筑工地配送钢材时,在本城市、50 千米范围内的运费支出。

（3）短期资金占用费，由于供货商给建筑工地配送钢材，工地一般会压一段时间再给供货商付款，常见时间为一周至两周；短期资金占用费即为这一周至两周的时间这批货物的货款所产生的利息。

（4）运补，大部分钢厂对各地钢材协议户价格政策为同一价格，但由于钢厂与各地贸易商之间存在距离，钢材运输需要相关费用，为使各地贸易商拿到同一钢厂资源价格基本相当，钢厂会根据运输距离针对不同地区贸易每吨钢材给予不同幅度的运输补贴。

（5）调直费，高线、盘螺产品，在部分工程的使用过程中需要将高线、盘螺加工成固定长度的直条产品，需要特殊的机器将高线、盘螺拉直，再剪切，这期间涉及的费用叫调直费。

### （四）经销商操作相关术语

（1）封库，当价格出现较为明显的上涨走势时，由于销售情况较好，商家为了将手中货物卖更高的价格，在达到一定销售量后，会采取停止销售的操作手法，俗称封库。

（2）限量销售，当价格出现较为明显的上涨走势时，为控制自身库存量不快速下降，对于一些市场上比较紧缺的规格，商家可能采取限制销售的操作手法，即某一买家在本公司每天最多能购买同一规格产品的量，或者某一买家在本公司每天最多能购买钢材的总量。

（3）甩货，也叫跑货或者抛货，即在价格出现明显下跌趋势时，有货的商家，以低于其他商家的价格进行销售的行为。

## 三、产品介绍

### （一）钢材分类

钢是含碳量在 $0.04\%\sim2.3\%$ 的铁碳合金。为了保证其韧性和塑性，含碳量一般不超过 $1.7\%$。钢的主要元素除铁、碳外，还有硅、锰、硫、磷等。钢的分类方法多种多样，其主要方法有七种。

1. 按品质分类

（1）普通钢（$P\leqslant0.045\%$，$S\leqslant0.050\%$）；

（2）优质钢（$P\leqslant0.035\%$、$S\leqslant0.035\%$）；

（3）高级优质钢（$P\leqslant0.035\%$，$S\leqslant0.030\%$）。

2. 按化学成分分类

（1）碳素钢：①低碳钢（$C\leqslant0.25\%$）；②中碳钢（$0.25\%<C<0.60\%$）；③高碳钢（$C\leqslant0.60\%$）。

（2）合金钢：①低合金钢（合金元素总含量$\leqslant5\%$）；②中合金钢（合金元素总含量在$5\%\sim10\%$）；③高合金钢（合金元素总含量$\geqslant10\%$）。

3. 按成形方法分类

（1）锻钢；

（2）铸钢；

（3）热轧钢；

（4）冷拉钢。

**4.按金相组织分类**

(1)退火状态的:①亚共析钢(铁素体+珠光体);②共析钢(珠光体);③过共析钢(珠光体+渗碳体);④莱氏体钢(珠光体+渗碳体)。

(2)正火状态的:①珠光体钢;②贝氏体钢;③马氏体钢;④奥氏体钢。

(3)无相变或部分发生相变的。

**5.按用途分类**

(1)建筑及工程用钢:①普通碳素结构钢;②低合金结构钢;③钢筋钢。

(2)结构钢:1)机械制造用钢。①调质结构钢;②表面硬化结构钢,包括渗碳钢、渗氮钢、表面淬火用钢;③易切结构钢;④冷塑性成形用钢,包括冷冲压用钢、冷镦用钢。2)弹簧钢。3)轴承钢。

(3)工具钢:①碳素工具钢;②合金工具钢;③高速工具钢。

(4)特殊性能钢:①不锈耐酸钢;②耐热钢(包括抗氧化钢、热强钢、气阀钢);③电热合金钢;④耐磨钢;⑤低温用钢;⑥电工用钢。

(5)专业用钢:如桥梁用钢、船舶用钢、锅炉用钢、压力容器用钢、农机用钢等。

**6.综合分类**

(1)普通钢:1)碳素结构钢。①Q195;②Q215(A、B);③Q235(A、B、C);④Q255(A、B);⑤Q275。2)低合金结构钢。3)特定用途的普通结构钢。

(2)优质钢(包括高级优质钢):1)结构钢。①优质碳素结构钢;②合金结构钢;③弹簧钢;④易切钢;⑤轴承钢;⑥特定用途优质结构钢。2)工具钢。①碳素工具钢;②合金工具钢;③高速工具钢。3)特殊性能钢。①不锈耐酸钢;②耐热钢;③电热合金钢;④电工用钢;⑤高锰耐磨钢。

**7.按冶炼方法分类**

(1)按炉种分:1)平炉钢。①酸性平炉钢;②碱性平炉钢。2)转炉钢。①酸性转炉钢;②碱性转炉钢。或①底吹转炉钢;②侧吹转炉钢;③顶吹转炉钢。3)电炉钢。①电弧炉钢;②电渣炉钢;③感应炉钢;④真空自耗炉钢;⑤电子束炉钢。

(2)按脱氧程度和浇注制度分:①沸腾钢;②半镇静钢;③镇静钢;④特殊镇静钢。

**(二)品种介绍**

钢材按外形可分为板材、型材、线材、管材、金属材料五大类。

(1)板材:中厚板、容器板、中板、碳结板、锅炉板、低合金板、花纹板、冷板、热板、冷卷板、热卷板、镀锌板、电镀锌板、电镀铝卷锰板、不锈钢板、硅钢片、彩涂板、彩钢、瓦楞铁、镀锌卷板、热轧带钢。

(2)型材:工字钢、槽钢、角钢、方钢、重轨高工钢、H型钢、圆钢、不等边角钢、扁钢、轻轨齿轮钢、六角钢、耐热钢、棒合结圆钢、合工圆钢、方管、碳工钢、轴承钢、碳结圆钢、不锈圆钢、轴承圆钢、矩形管弹簧钢。

(3)线材:普线高线螺纹钢。

(4)管材:焊管、不锈钢管、热镀锌管、冷镀锌管、无缝管、螺旋管、热轧无缝。

(5)金属材料:生铁、马口铁、铝铝黄铜锡锌。

# 第三节 煤 炭

## 一、行业背景

煤炭是国家能源的主要来源之一,也是国家经济的重要支柱之一。

目前我国的煤炭流通企业总量约为 10 万家,规模偏小。这主要是由于我国煤炭生产与消费企业分布较为分散,行业集中度偏低,为不同规模的煤炭流通服务商提供了生存空间。目前国家正大力推动煤炭开采企业的整合,煤炭流通市场也将趋向集中,这将逐步提高煤炭流通企业的市场进入壁垒,小规模煤炭流通企业的生存空间将不断缩减,大规模、跨区域的流通服务商将成为主流。但受国家节能减排政策,以及国内外宏观经济环境的影响,下游行业进入结构调整,设备更新、产品升级换代阶段,发展速度放慢,对煤炭的需求拉力明显不足,当前的煤炭行业发展呈下行趋势。

## 二、基础知识

### (一)煤炭主要产地

各大陆、大洋岛屿都分布有煤,但煤在全球的分布很不均衡,各个国家煤的储量也很不相同。中国、美国、俄罗斯、德国是煤炭储量丰富的国家,也是世界主要产煤国,其中中国是世界上煤产量最高的国家。中国的煤炭资源在世界居于前列,仅次于美国和俄罗斯。

中国煤炭资源丰富,除上海以外其他各省区市均有分布,但分布极不均衡。在中国北方的大兴安岭—太行山、贺兰山之间的地区,地理范围包括煤炭资源量大于 1000 亿吨以上的内蒙古、山西、陕西、宁夏、甘肃、河南 6 省区的全部或大部,是中国煤炭资源集中分布的地区,其资源量占全国煤炭资源量的 50% 左右,占中国北方地区煤炭资源量的 55% 以上。在中国南方,煤炭资源量主要集中于贵州、云南、四川三省,这三省煤炭资源量之和占中国南方煤炭资源量的 90% 以上;探明保有资源量也占中国南方探明保有资源量的 90% 以上。

### (二)煤炭中转港

我国煤炭中转港主要有:秦皇岛、天津、京唐港、日照、枝城、连云港、广州、钦州、徐州、芜湖等。

煤炭调出区有:内蒙古、山西、陕西、河南、宁夏、黑龙江、贵州、四川、新疆等。

煤炭调入区有:北京、天津、河北、辽宁、山东、吉林、上海、江苏、浙江、福建、湖北、湖南、广东、广西、云南等。

### (三)煤炭报价方式

(1)坑口价,是指在坑口进行交易的价格,一般不包含除煤价外的费用,也叫出厂价。

(2)含税车板价,是指在火车车厢交货、含增值税的价格。

(3)不含税车板价,是指在火车车厢交货、不含增值税的价格,也就是说,没有在煤价上加 13% 的税。

(4)场地价,是指在某个堆放场地交货的价格,一般是不包括税的。

(5)船板价,是指把煤装到船上,未经过平整(不包括这项费用)的交货价。

(6)平仓价,是指把煤装到船上,经过平整以后,包括这项费用的交货价。

(7)含税价和不含税价,是指价格里包括不包括增值税(13%),比如,不含税价是100,含税价就是113。

(8)含税包干价、不含税包干价,是指把煤运到用户指定地点的价格,一般是用火车、船或者汽车运输。含税和不含税是指用户需要不需要发票,如果需要发票,是以煤价和运费为基础,加上税。

(9)含税车板基价,和含税车板价一样,不包括火车运费的价格。

(10)到站价,和含税包干价、不含税包干价一样。

**(四)煤炭消费用途**

煤炭的用途十分广泛,可以根据其使用目的总结为两大主要用途——动力煤和炼焦煤。

1.动力煤

从世界范围来看,动力煤产量占煤炭总产量的 80% 以上。世界十大煤炭公司主要生产动力煤,其比重约占该十大公司煤炭总产量的 82%;美国动力煤产量占其总产量的90% 以上;中国动力煤产量也占到煤炭总产量的 80% 以上。

在国外,动力煤绝大部分用来发电,工业锅炉也有一些用量。全世界约有 55% 的煤炭用于发电,煤炭需求的增量部分基本上都在电力部门,但中国例外,在中国实施工业化的进程中,各行各业都需要大量的煤炭(动力煤)。

从动力煤的品种来看,以长焰煤和不黏煤储量最大,分别占全国动力煤总储量的21.70% 和 20.35%;褐煤和无烟煤也占有相当的比例,而贫煤和弱黏煤则相对较少,仅为全国动力煤总储量的 7.66% 和 2.49%,见表 1-2。

表 1-2 煤种占比

| 煤 种 | 占全国动力煤储量/% | 占全国煤炭总储量/% |
|---|---|---|
| 长焰煤 | 21.70 | 16.14 |
| 不黏煤 | 20.35 | 15.14 |
| 褐煤 | 17.63 | 13.12 |
| 无烟煤 | 16.02 | 11.92 |
| 贫煤 | 7.66 | 5.70 |
| 弱黏煤 | 2.49 | 1.86 |

我国动力煤的主要用途有:发电用煤、蒸汽机车用煤、建材用煤、一般工业锅炉用煤、生活用煤、冶金用动力煤等。

2.炼焦煤

我国虽然煤炭资源比较丰富,但炼焦煤资源还相对较少,炼焦煤储量仅占我国煤炭总储量的 27.65%。

炼焦煤类包括气煤（占 13.75%），肥煤（占 3.53%），主焦煤（占 5.81%），瘦煤（占 4.01%），其他为未分牌号的煤（占 0.55%）；非炼焦煤类包括无烟煤（占 10.93%），贫煤（占 5.55%），弱黏煤（占 1.74%），不黏煤（占 13.80%），长焰煤（占 12.52%），褐煤（占 12.76%），天然焦（占 0.19%），未分牌号的煤（占 13.80%）和牌号不清的煤（占 1.06%）。

炼焦煤的主要用途是炼焦炭，焦炭由焦煤或混合煤高温冶炼而成，一般 1.3 吨左右的焦煤才能炼 1 吨焦炭。焦炭多用于炼钢，是目前钢铁等行业的主要生产原料，被喻为钢铁工业的"基本食粮"，是各国在世界原料市场上必争的原料之一。

## 三、产品介绍

### （一）煤的种类

#### 1. 动力煤

动力煤指用于作为动力原料的煤炭，一般狭义上就是指用于火力发电的煤。动力煤主要包括褐煤、长焰煤、不黏结煤、贫煤、气煤、少量的无烟煤。动力煤的热值和挥发分、灰分的要求不像化工煤（如炼钢用的焦煤）那么高。广义上讲凡是以发电、机车推进、锅炉燃烧等为目的，产生动力而使用的煤炭都属于动力用煤，简称动力煤。

#### 2. 无烟煤

无烟煤俗称白煤或红煤，是煤化程度最大的煤。无烟煤固定碳含量高，挥发分产率低，密度大，硬度大，燃点高，燃烧时不冒烟。黑色坚硬，有金属光泽。

#### 3. 烟煤

烟煤是煤的一类。该种煤含碳量为 75%～90%，大多数具有黏结性；发热量较高。燃烧时火焰长而多烟。多数能结焦。

#### 4. 焦煤

焦煤也称冶金煤，是中等及低挥发分的中等黏结性及强黏结性的一种烟煤；在中国煤炭分类国家标准中，是对煤化度较高、结焦性好的烟煤的称谓，又称主焦煤。

#### 5. 混煤

混煤就是将若干不同种类、不同性质的煤按照一定比例掺配加工而成的混合煤。它虽然具有其组分煤的某些特征，但其综合性能已有所改变，实际上是人为加工而成的新"煤种"。但是，不是单纯的混合，而是粒度小于 50mm 以下的煤的总称。

#### 6. 褐煤

褐煤，又名柴煤，是煤化程度最低的矿产煤，是一种介于泥炭与沥青煤之间的棕黑色、无光泽的低级煤。其化学反应性强，在空气中容易风化，不易储存和远运，燃烧时空气污染严重。但是由于优质煤几乎被采空，褐煤已成为我国主要使用的煤。

### （二）煤炭质量指标分级

煤炭质量是指煤炭的物理、化学特性及其适用性，其主要指标有灰分、水分、硫分、发热量、挥发分、块煤限率、含矸率以及结焦性、黏结性等。

正确使用微机量热仪、升降式微机全自动量热仪、微机灰熔点测定仪、自动测氢仪、工业分析仪、快速灰化炉、微电脑黏结指数测定仪、奥亚膨胀度测定仪、煤燃点测定仪、煤炭结渣性测定仪、活性炭测定仪等煤炭化验设备,可以测试出煤炭的不同指标,从而可以确定煤炭质量。

煤炭硫分按表1-3进行分级。

表1-3 煤炭硫分

| 级别名称 | 特低硫煤 | 低硫分煤 | 低中硫煤 | 中硫分煤 | 中高硫煤 | 高硫分煤 |
|---|---|---|---|---|---|---|
| 代 号 | SLS | LS | LMS | MS | MHS | HS |
| 硫分($S_{t,d}$)范围 | ≤0.50% | 0.51%~1.00% | 1.01%~1.50% | 1.51%~2.00% | 2.01%~3.00% | >3.00% |

煤炭灰分按表1-4进行分级。

表1-4 煤炭灰分

| 级别名称 | 特低灰煤 | 低灰分煤 | 低中灰煤 | 中灰分煤 | 中高灰煤 | 高灰分煤 |
|---|---|---|---|---|---|---|
| 代 号 | SLA | LA | LMA | MA | MHA | HA |
| 灰分($A_d$)范围 | ≤5.00% | 5.01%~10.00% | 10.01%~20.00% | 20.01%~30.00% | 30.01%~40.00% | 40.01%~50.00% |

煤固定碳按表1-5进行分级。

表1-5 煤固定碳分级

| 级别名称 | 特低固定碳煤 | 低固定碳煤 | 中等固定碳煤 | 中高固定碳煤 | 高固定碳煤 | 特高固定碳煤 |
|---|---|---|---|---|---|---|
| 代 号 | SLFC | LFC | MFC | MHFC | HFC | SHFC |
| 分级范围($FC_d$) | ≤45.00% | 45.01%~55.00% | 55.01%~65.00% | 65.01%~75.00% | >75.01%~85.00% | >85.00% |
| 试验方法 | GB/T 212 | | | | | |

### (三)煤的工业分析中各项指标

#### 1.水分

水分是一项重要的煤质指标,它在煤的基础理论研究和加工利用中都具有重要的作用。根据煤中水分随煤的变质程度加深而呈规律性变化:从泥炭、褐煤、烟煤,到年轻无烟煤,水分逐渐减少,而从年轻无烟煤到年老无烟煤,水分又增加。煤的水分对其加工利用、贸易和储存运输都有很大影响。锅炉燃烧中,水分高会影响燃烧稳定性和热传导;在炼焦工业中,水分高会降低焦炭产率,而且由于水分大量蒸发带走热量而延长焦化周期;在煤炭贸易上,煤的水分是一个重要的计质和计量指标。在现代煤炭加工利用中,有时水分高反是一件好事,如煤中水分可作为加氢液化和加氢气化的供氢体。在煤质分析中,煤的水分是进行不同基的煤质分析结果换算的基础数据。

#### 2.灰分

灰分是另一项在煤质特性和利用研究中起重要作用的指标。在煤质研究中由于灰分与其他特性,如含碳量、发热量、结渣性、活性及可磨性等有不同程度的依赖关系,因此可以通过它来研究上述特性。由于煤灰是煤中矿物质的衍生物,因此可以用它来计算煤中矿物质含量。此外,由于煤中灰分测定简单,而它在煤中的分布又不易均匀,因此在煤炭采样和制样方法研究中,一般都用它来评定方法的准确度和精密度。在煤炭洗选工艺研究中,一般也以煤的灰分作为一项洗选效率指标。在煤的燃烧和气化中,根据煤灰含量以及它的诸如熔点、黏度、导电性和化学组成等特性来预测燃烧和气化中可能出现的腐蚀、沾污、结渣问题,并据此进行炉型选择和煤灰渣利用研究。

3.挥发分

煤的挥发分产率与煤的变质程度有密切的关系。随着变质程度的提高,煤的挥发分逐渐降低。如煤化程度低的褐煤,挥发分产率为 37.01％～65.00％;变质阶段进入烟煤时,挥发分产率为 10.01％～55.00％;到达无烟煤阶段,挥发分产率就降到 10％甚至 3％以下。因此,根据煤的挥发分产率可以大致判断煤的煤化程度。在我国的煤炭分类方案中以挥发分作为第一分类指标。根据挥发分产率和测定挥发分后的焦渣特征可以初步确定煤的加工利用途径。如高挥发分煤,干馏时化学副产品产率高,适于作低温干馏或加氢液化的原料,也可作气化原料;挥发分适中的烟煤,黏结性较好,适于炼焦。在配煤炼焦中,要用挥发分来确定配煤比,以将配煤的挥发分控制到适宜范围 25.01％～31.00％。此外,根据挥发分可以估算炼焦时焦炭、煤气和焦油等产率。在动力用煤中,可根据挥发分来选择特定的燃烧设备或特定设备的煤源。在气化和液化工艺的条件选择上,挥发分也有重要的参考作用。在环境保护中,挥发分还作为一个制定烟雾法令的依据。此外,挥发分与其他煤质特性指标如发热量、碳和氢含量都有较好的相关关系。利用挥发分可以计算煤的发热量和碳、氢、氯含量及焦油产率。

4.固定碳

固定碳是煤炭分类、燃烧和焦化中的一项重要指标,煤的固定碳随变质程度的加深而增加。在煤的燃烧中,利用固定碳来计算燃烧设备的效率;在炼焦工业中,根据它来预计焦炭的产率。

# 第四节  塑  料

## 一、行业背景

在我国,塑料工业在 20 世纪 50 至 60 年代快速发展,其中塑料包装于 70 年代起步,80 年代初至 90 年代是成长期,国内各种商品的塑料外包装效果和功能发生了根本性的变化,自 90 年代起,跨国消费品企业陆续进入中国,整个消费市场对塑料包装的要求更加追求完美,需求迅速增长,不少企业开始扩大对塑料包装的投资规模。

据有关统计数字显示,2012 年我国规模以上塑料制品加工业企业已达 1.34 万家,产值达 1.67 万亿元。2013 年,仅广东省塑料制品出口额就占全国 34.3％,塑料制品出口交货值占全国塑料制品出口交货值的 43.1％,可以说,广东已成为国内塑料制品出口份额最大的省份。由于我国塑料薄膜产量逐年增加,年均增长速度达到了15%,我国塑料薄膜市场将保持大容量扩张,使得我国塑料薄膜处于结构性供需矛盾的状态,传统薄膜供过于求;高新薄膜则供不应求。

从最近几年的塑料行情来看,我国的塑料化工行业得到了迅猛发展,塑料加工业实现了历史性跨越。特别是党的十八大召开以后,塑料行业已被重新定位为发展中的支柱产业,塑料制品已从简单满足于民生需求而转变形成一种全新的配套模式,实现了从以消费品为主快速进入生产资料领域的重要转型,成为集新材料、新工艺、新技术、新装备为一体的新型制造业。

## 二、基础知识

塑料为合成的高分子化合物,可以自由改变形体样式,是利用单体原料以合成或缩合反应聚合而成的材料,由合成树脂及填料、增塑剂、稳定剂、润滑剂、色料等添加剂组成,它的主要成分是合成树脂。树脂约占塑料总重量的40%～100%。

塑料的基本性能主要决定于树脂的本性,但添加剂也起着重要作用。有些塑料基本上是由合成树脂所组成,不含或少含添加剂,如有机玻璃、聚苯乙烯等。因此,塑料和树脂这两个名词也常混用。

塑料种类很多,到目前为止世界上投入生产的塑料有300多种。塑料的分类方法较多,常用的有两种:

(1)根据塑料受热后的性质不同分为热塑性塑料和热固性塑料。

热塑性塑料的分子结构都是线型结构,在受热时发生软化或熔化,可塑制成一定的形状,冷却后又变硬。在受热到一定程度又重新软化,冷却后又变硬,这种过程能够反复进行多次,如聚氯乙烯、聚乙烯、聚苯乙烯等。热塑性塑料的成型过程比较简单,能够连续化生产,并且具有相当高的机械强度,因此发展很快。

热固性塑料的分子结构是体型结构,在受热时也发生软化,可以塑制成一定的形状,但受热到一定的程度或加入少量固化剂后,就硬化定型,再加热也不会变软和改变形状了。热固性塑料加工成型后,受热不再软化,因此不能回收再用,如酚醛塑料、氨基塑料、环氧树脂等都属于此类塑料。热固性塑料成型工艺过程比较复杂,所以连续化生产有一定的困难,但其耐热性好、不容易变形,而且价格比较低廉。

(2)根据塑料的用途不同分为通用塑料和工程塑料。

通用塑料是指产量大、价格低、应用范围广的塑料,主要包括聚烯烃、聚氯乙烯、聚苯乙烯、酚醛塑料和氨基塑料五大品种。人们日常生活中使用的许多制品都是由这些通用塑料制成。

工程塑料是可作为工程结构材料和代替金属制造机器零部件等的塑料。例如聚酰胺、聚碳酸酯、聚甲醛、ABS树脂、聚四氟乙烯、聚酯、聚砜、聚酰亚胺等。工程塑料具有密度小、化学稳定性高、机械性能良好、电绝缘性优越、加工成型容易等特点,广泛应用于汽车、电器、化工、机械、仪器、仪表等工业,也应用于火箭、导弹等方面。

## 三、产品介绍

塑料是指以树脂（或在加工过程中用单体直接聚合）为主要成分,以增塑剂、填充剂、润滑剂、着色剂等添加剂为辅助成分,在加工过程中能流动成型的材料。

# 第五节 棉 花

## 一、行业背景

### (一)国产棉花的产量和布局

棉花是我国主要经济作物和大宗农产品,是棉区农民和地方财政收入的主要经济来源,全国棉花产值占农业产值的 7%～8%,而播种面积仅占 3%～4%,棉花生产在中国国民经济发展中具有重要的地位。

我国种植的棉花品种基本上从国外引进。目前,主要种植品种为陆地棉、海岛棉。陆地棉又称细绒棉,是我国棉花种植的当家品种。海岛棉即长绒棉,主产区为新疆。

我国植棉区域广阔,棉花种植地带集中分布在北纬 18°至 46°,东经 76°至 124°之间。通常划分为三大棉区:长江流域棉区、黄河流域棉区、西北内陆棉区。产棉省(自治区、直辖市)23 个,棉田面积在 40 万公顷(600 万亩)以上的 7 个省(自治区)面积占全国的 70%,总产占全国的 80%;全国产棉县(市)有 1100 多个。

棉花上联种植业,下联加工业,是产业关联度最强的大宗农作物。全国有 1.6 亿多劳动力从事棉花或与棉花相关的产业和事业,为 1.5 亿农民提供了就业机会,其中植棉农户 3000 万户,是棉花主产区农民的可支配消费资源的主要来源。棉花流通领域为 120 多万人提供了就业机会。

### (二)我国棉花市场运行特点

1.棉花总量在波动中发展

从我国棉花种植来看,自然灾害对棉花年度间减产有影响,但不是棉花大起大落的主要因素,其波幅变化主要来源于棉花面积的变化。而植棉面积主要受收购价及棉粮比价关系和农用生产资料的价格的影响。

2.棉花单产水平逐年提高

单产是影响棉花生产的另一个重要原因。而科技进步、基础设施和自然灾害是影响棉花单产波动的三个主要因素。从历史发展趋势上看,我国的棉花单产处于持续上升的稳步发展态势。2008 年单产达到 86.8 千克的创纪录水平。

3.棉花产业对外依存度不断提高

加入世界贸易组织(WTO)之后,我国棉花产业对外依存度不断提高。2002—2016 年我国一共进口了 3281 万吨棉花,占我国棉花生产总量的 35.2%。中国政府兑现了入世承诺,降低了棉花进口关税,实行了配额管理,见表 1－6。

表 1 - 6　2002—2016 年我国棉花面积、产量及进口量统计

| 年　度 | 面积/万公顷 | 单产/(千克/公顷) | 总产/万吨 | 进口/万吨 |
|---|---|---|---|---|
| 2002 | 418 | 1102 | 461 | 17 |
| 2003 | 510 | 957 | 488 | 87 |
| 2004 | 569 | 1111 | 632 | 190 |
| 2005 | 506 | 1129 | 571 | 257 |
| 2006 | 582 | 1247 | 753 | 364 |
| 2007 | 593 | 1236 | 762 | 246 |
| 2008 | 575 | 1302 | 749 | 211 |
| 2009 | 495 | 1288 | 638 | 153 |
| 2010 | 485 | 1229 | 596 | 284 |
| 2011 | 504 | 1309 | 660 | 336 |
| 2012 | 469 | 1458 | 684 | 443 |
| 2013 | 435 | 1448 | 630 | 307 |
| 2014 | 422 | 1460 | 616 | 180 |
| 2015 | 380 | 1475 | 561 | 96 |
| 2016 | 338 | 1582 | 534 | 110 |

**4. 我国进口棉花的配额制**

1％关税配额：根据 2000 年中国加入 WTO 的相关协议，关税内配额每年的发放量都在 89.4 万吨，关税内配额的进口税为 1％。

滑准税配额：滑准税是一种关税税率随进口商品价格的由高到低而由低至高设置计征关税的方法。其主要特点是可保持滑准税商品的国内市场价格的相对稳定，尽可能减少国际市场价格波动的影响。

目前我国对关税配额外进口的一定数量棉花实行 5％～40％滑准税，对滑准税率低于 5％的进口棉花按 0.57 元/千克从量税计征，基准价为 11397 元/吨。当进口棉花完税价格高于或等于 11.397 元/千克时，以 0.57 元/千克从量计征；当进口棉花完税价格低于11.397 元/千克时，暂定关税税率按公式计算。

## 二、基础知识

### (一)棉花的品质指标

**1. 棉纤维品质构成**

(1)棉纤维长度是纤维品质中最重要的指标之一，与纺纱质量关系十分密切，当其他品质相同时，纤维越长，其纺纱支数越高。支数的计算，是在公定回潮率条件下(8.5％)，每 1 千克棉纱的长度为若干米时，即为若干公支，纱越细，支数越高。纺纱支数愈高，可纺号数越小，强度越大，见表 1 - 7。

表 1-7  原棉长度与可纺支数的关系

| 原棉种类 | 纤维长度/毫米 | 细度/(米/克) | 可纺织数/公支 |
|---|---|---|---|
| 长绒棉 | 33～41 | 6500～8500 | 100～200 |
| 细绒棉 | 25～31 | 5000～6000 | 33～99 |
| 粗绒棉 | 19～23 | 3000～4000 | 15～30 |

（2）长度整齐度。纤维长度对成纱品质所起的作用也受其整齐度的影响，一般纤维越整齐，短纤维含量越低，成纱表面越光洁，纱的强度越高。

（3）纤维细度。纤维细度与成纱的强度密切相关，纺同样粗细的纱，用细度较细的成熟纤维时，因纱内所含的纤维根数多，纤维间接触面较大，抱合较紧，其成纱强度较高。同时细纤维还适于纺较细的纱支。但细度也不是越细越好，太细的纤维，在加工过程中较易折断，也容易产生棉结。

（4）纤维强度。纤维强度指拉伸一根或一束纤维在即将断裂时所能承受的最大负荷，一般以克或克/毫克或磅/毫克表示，单纤维强度因种或品种不同而异，一般细绒棉多在3.5～5.0克，长绒棉纤维结构致密，强度可达4.5～6.0克。

（5）纤维成熟度。棉纤维成熟度是指纤维细胞壁加厚的程度，细胞壁越厚，其成熟度越高，纤维转曲多，强度高，弹性强，色泽好，相对的成纱质量也高；成熟度低的纤维各项经济性状均差，但过熟纤维也不理想，纤维太粗，转曲也少，成纱强度反而不高。

表 1-8 对棉纤维的经济性状及可纺号数进行了比较。

表 1-8  棉纤维的经济性状及可纺号数比较

| 棉纤维经济性状 | 长绒棉 | 细绒棉 |
|---|---|---|
| 色泽 | 乳白 | 洁白 |
| 长度/毫米 | 35～45 | 21～33 |
| 细度/(米/支) | 6500～9000 | 4500～7000 |
| 直径/微米 | 12～14.5 | 13.5～19 |
| 宽度/微米 | 14～22 | 18～25 |
| 转曲/(转/厘米) | 100～120 | 50～80 |
| 强度/克 | 4.5～6.0 | 3.5～5.0 |
| 断裂长度/千米 | 27～40 | 21～25 |
| 可纺号数/号 | 特细号 4～10 | 细号及中号 11～30 |

2.棉花的分类、加工与检验

（1）分类。根据棉花物理形态的不同，分为籽棉和皮棉。棉农从棉棵上摘下的棉花叫籽棉，籽棉经过去籽加工后的棉花叫皮棉，通常所说的棉花产量，一般指的是皮棉产量。根据加工用机械的不同，棉花分为锯齿棉和皮辊棉。锯齿轧花机加工出来的皮棉叫锯齿棉;皮辊轧花机加工出来的皮棉叫皮辊棉。皮辊棉生产效率低,加工出的棉花杂质含量高,但对棉纤维无损伤,纤维相对较长;锯齿轧花机加工出来的皮棉杂质含量低,工作效率高,但对棉花纤维有一定的损伤。目前细绒棉基本上都是锯齿棉,长绒棉一般为皮辊棉。

(2)加工。一般用衣分来表示籽棉加工成皮棉的比例,正常年份,衣分为36~40,也就是100斤(50千克)籽棉能够加工出36~40斤(16~20千克)皮棉。皮棉不能散放,必须经打包机打成符合国家标准的棉包。我国标准皮棉包装有两种包型:85千克/包(±5千克)、227千克/包(±10千克),以85千克居多。即200型小包,400型大包。

(3)品级。根据棉花的成熟程度、色泽特征、轧工质量这三个条件把棉花划分为1~7级及等外棉。

(4)长度。根据棉纤维的长度划分长度级,以1毫米为级距,把棉花纤维分成25~31毫米七个长度级。

(5)马克隆值。马克隆是英文Micronaire的音译,马克隆值是反映棉花纤维细度与成熟度的综合指标,数值越大,表示棉纤维越粗,成熟度越高。具体测量方法是采用一个气流仪来测定恒定重量的棉花纤维在被压成固定体制后的透气性,并以该刻度数值表示。马克隆值分三个级,即A、B、C,B级为马克隆值标准级。

(6)回潮率。棉花公定回潮率为8.5%,回潮率最高限度为10.5%。实际工作中一般用电测器法测定原棉回潮率。

(7)含杂率。皮辊棉标准含杂率为2.5%。实际工作中一般用原棉杂质分析机测定原棉回潮率。

(8)危害性杂物。棉花中严禁混入危害性杂物。

**3.棉花的分级**

棉花分级是为了在棉花收购、加工、储存、销售环节中确定棉花质量,是衡量棉花使用价值和市场价格必不可少的手段,能够充分合理利用资源,满足生产和消费的需要。棉花等级由两部分组成:一是品级分级,二是长度分级。

(1)品级分级。一般来说,棉花品级分级是对照实物标准(标样)进行的,这是分级的基础,同时辅助于其他一些措施,如用手扯、手感来体验棉花的成熟度和强度,看色泽特征和轧工质量,依据上述各项指标的综合情况为棉花定级,国标规定三级为品级标准级。

(2)长度分级。长度分级用手扯尺量法进行,手扯纤维得到棉花的主体长度(一束纤维中含量最多的一组纤维的长度),用专用标尺测量棉束,得出棉花纤维的长度。各长度值均为保证长度,也就是说,25毫米表示棉花纤维长度为25.0~25.9毫米,26毫米表示棉花纤维长度为26.0~26.9毫米,依此类推。同时国标还规定,28毫米为长度标准级;五级棉花长度大于27毫米,按27毫米计;六七级棉花长度均按25毫米计。品级分级与长度分级组合,可将棉花分为33个等级,构成棉花的等级序列。如国标规定的标准品是328,即表示品级为3级,长度为28.0~28.9毫米的棉花,见表1-9。

表 1 - 9　棉花等级分类

| 品级 长度/毫米 | 一级 | 二级 | 三级 | 四级 | 五级 | 六级 | 七级 |
|---|---|---|---|---|---|---|---|
| 31 | 131 | 231 | 331 | 431 | | | |
| 30 | 130 | 230 | 330 | 430 | | | |
| 29 | 129 | 229 | 329 | 429 | | | |
| 28 | 128 | 228 | 328 | 428 | | | |
| 27 | 127 | 227 | 327 | 427 | 527 | | |
| 26 | 126 | 226 | 326 | 426 | 526 | | |
| 25 | 125 | 225 | 325 | 425 | 525 | 625 | 725 |

（3）马克隆值分级。马克隆值分三级，即 A、B、C 级，B 级为马克隆值标准级，见表 1 - 10。

表 1 - 10　马克隆值分级

| A | 3.7～4.2 | 高级 |
|---|---|---|
| B | 3.5～3.6、4.3～4.9 | 普通级 |
| C | <3.4 或>5.0 | 折扣级 |

328B 细绒白棉为标准等级，即表示品级三级、长度 28 毫米、马克隆值 B 级的细绒白棉。

## 三、产品介绍

棉花是离瓣双子叶植物，属锦葵目锦葵科木槿亚科棉属。喜热、好光、耐旱、忌渍，适宜于在疏松深厚的土壤中种植。

棉花栽培历史悠久，约始于公元前 800 年。我国是世界上种植棉花较早的国家之一。公元前 3 世纪，即战国时代，《尚书》《后汉书》中就有关于我国植棉和纺棉的记载。

在我国的棉花栽培历史上，先后种植过四个栽培品种：海岛棉（长绒棉）、亚洲棉（粗绒棉）、陆地棉（细绒棉）和草棉（粗绒棉）。在不同历史时期，我国的主要栽培品种也不一样，亚洲棉引入历史最久，种植时间最长，同时栽培区域较广；陆地棉引入我国的历史较短，但发展很快，19 世纪 50 年代即取代了亚洲棉。目前广大棉区所种植的棉花多为陆地棉种，新疆还种植有少量海岛棉。

# 第二章　大宗商品电子交易基础知识

## 第一节　大宗商品电子交易术语和交易模式

### 一、交易术语

#### (一)开市
交易系统交易席位允许下单的时间。

#### (二)开市暂停
交易系统暂停下单的时间,是交易商交易中间的休息时间。

#### (三)闭市
交易系统交易席位结束当天下单的时间。

#### (四)交易节
交易系统可以下单的时间段。

#### (五)休市
在星期六、星期日、节假日等交易系统停止交易的日期。

#### (六)电子撮合交易
由有交货能力的卖方在交易市场交易终端发布售货指令,由买方发布购货指令,交易市场的交易系统按价格优先、时间优先原则确定双方成交价格和生成电子交易合同,并在交易市场指定交收仓库进行实物交收的交易方式。

#### (七)集合竞价
每一交易日开市前 10 分钟内进行。交易系统按照价格优先和时间优先的原则,对所有有效的买单按申报价由高到低排列,对所有有效的卖单按申报价由低到高排列。交易系统依次将排列在队列前面的买单和卖单撮合成交,直到不能成交为止。开盘后集合竞价中的未成交申报单自动参与开市后的自由竞价交易。

#### (八)开盘价
某一品种经集合竞价产生的成交价格或开市后的第一笔成交价。

## （九）最高价

当日截至目前某一品种成交价中的最高成交价格。

## （十）最低价

当日截至目前某一品种成交价中的最低成交价格。

## （十一）最新价

当日某一品种的最新一笔成交合同的成交价格。

## （十二）涨跌

某一品种当日交易期间的最新价与上一交易日结算价之差，以±号表示，＋表示上升，－表示下跌。

## （十三）申买价

某一品种当日交易期间从开盘到目前最高的未成交买报价。

## （十四）申买量

某一品种当日交易期间从开盘到目前交易市场交易系统中未成交的最高价位申请买入的下单数量。

## （十五）申卖价

某一品种当日交易期间从开盘到目前最低的未成交卖报价。

## （十六）申卖量

某一品种当日交易期间从开盘到目前交易市场交易系统中未成交的最低价位申请卖出的下单数量。

## （十七）结算价

某一品种当日交易期间从开盘到目前成交价格按成交量的加权平均价。当日无成交的，以上一交易日的结算价作为当日结算价。最后交易日的结算价为交收价。

## （十八）成交量

某一品种在当日交易期间从开盘到目前所有成交品种的双边数量。

## （十九）订货量

该交易品种已签订电子合同，尚未交收的合同标的的数量。

## （二十）交收

买方根据商品电子合同订单把成交后的商品从卖方交收仓库提取到买方仓库的过程。交收也称为交割。

## （二十一）上次余额

昨日资金、期初资金、当日期初资金。

## （二十二）本次余额

今日资金。

**（二十三）入金**

资金划入、其他划入。

**（二十四）出金**

资金划出、其他划出。

**（二十五）转让价差**

交易商订立买进商品合同再转让卖出或订立卖出商品合同再转让买入的差价金额。

**（二十六）交易手续费**

交易市场向买卖的成交双方收取的交易服务费用。

**（二十七）交收手续费**

交易市场向买卖双方收取的交收费用。

**（二十八）借贷利息**

交易商向市场借贷保证金产生的利息。

**（二十九）交收货款**

交易商履行电子合同订单应予、应收、应付的货款。

**（三十）交收价差**

交收盈亏。

**（三十一）其他费用**

服务费退还、开发奖励、利息等。

**（三十二）当前抵顶额度**

卖方用注册仓单抵顶履约保证金或买方用国债等价值稳定、流动性强的有价证券抵免履约保证金的金额。

**（三十三）订货盈亏**

交易商未转让的订立价格与当日该品种结算价的差价金额称为订货盈亏。

**（三十四）订单保证金**

参与撮合交易的交易商按照市场规定的标准和进度交纳的履约保证金或分期货款。

**（三十五）借贷资金**

交易商通过第三方担保向市场借贷的保证金。

**（三十六）冻结货款**

应付分期货款。

**（三十七）可用资金**

买方或卖方为了交易结算在交易市场专用结算账户中预先准备的专用结算资金，用于划转保证金、手续费、货款等，是未被合同占用的保证金。

### (三十八)可出资金

当前可以划出的资金。

### (三十九)结算准备金

当订单交易保证金≥抵顶金,结算准备金＝本次余额－(订单交易保证金－抵顶金)－冻结货款;当订单交易保证金＜抵顶金,结算准备金＝本次余额－冻结货款。

### (四十)账面保底金额

可用资金最小余额。

## 二、交易模式

### (一)现货中远期交易

现货中远期交易一般以六个月内的标准化电子交易合同为交易标的,交易商采用保证金、多对多集中撮合动态定价的交易方式,在合同有效期内根据浮动盈亏实行当日无负债结算,在交收日以仓单进行现货交收。现货中远期交易是目前各电子交易中心最常用、最基本的一种交易模式。

### (二)现货延期交易

现货延期交易,也叫连续现货交易、现货订单延期交易,是指交易商通过交易中心电子交易系统进行交易品种的买入或卖出的价格申报,经电子交易系统撮合成交后自动生成电子交易合同,交易商可根据该电子交易合同约定,自主选择当日交收或是延期交收的交易方式。交易中心在指定时间段接受交易商的交收请求,对符合交收条件的请求进行交收处理。为解决申请交收时买卖数量不等造成的交收差额,由交易中心认定的中间仓交易商,弥补交收差额。

### (三)商城交易

网上商城是指在互联网上建设的"多个商铺对多个采购者"的大型商城,是一种"多对多"的网上交易模式,各供货商可以在网上商城分别建立自己的网上商铺,各采购者可以浏览各商铺展示的在售商品,进行在线购物。网上商城为供货商提供便利的自助开店、展示商品和店铺管理功能,为购物者提供方便的检索商品、浏览店铺、在线购物服务,为商城管理人员提供对会员、商铺及整个商城的后台管理功能。

### (四)现货挂牌洽谈交易

现货挂牌洽谈交易可分为现货要约销售和现货要约采购两种,交易商首先进行现货挂牌要约(销售或采购),感兴趣的采购商查阅到挂牌要约信息后,可以应约(采购或销售),在买卖双方确认成交后,可以通过交易系统签署详尽的电子合同,双方可以打印合同,签字盖章后进入货物交收处理、货款了结、违约处理和违约金支付流程。

### (五)现货挂牌交易

现货挂牌交易是指在交易市场组织下,买方或卖方通过交易市场现货挂牌电子交易系统,将可供需商品的品牌、规格等主要属性和交货地点、交货时间、数量、价格等信息对外发布要约,由符合资格的对手方提出接受该要约的申请,按照"时间优先"原则成交并通过交易市场签订电子购销合同,按合同约定进行实物交收的一种交易模式。现货挂牌交易分为买挂牌和卖挂牌交易。

### (六)现货挂牌撮合交易

现货挂牌撮合交易是指卖方在交易市场委托销售订单/销售应单、买方在交易市场委托购买订单/购买应单,交易市场按照价格优先、时间优先原则确定双方成交价格并生成电子交易合同,并按交易订单指定的交收仓库进行实物交收的交易方式。

### (七)现货竞价交易

现货竞价交易是指在交易市场组织下,买方或卖方通过交易市场现货竞价交易系统,将可供需商品的品牌、规格等主要属性和交货地点、交货时间、数量、底价等信息对外发布要约,由符合资格的对手方自主加价或减价,按照"价格优先"的原则,在规定时间内以最高买价或最低卖价成交并通过交易市场签订电子购销合同,按合同约定进行实物交收的交易方式。现货竞价交易分为竞买专场和竞卖专场。

### (八)网上超市交易

网上超市交易是一种类似于现实生活中的购物超市的交易模式。电子交易市场运营方统一负责所售货物的采购和销售,通过网上超市,可以发布各种类型的商品信息,采购者可以在网上超市中浏览、选购所需的商品下订单(加入购物车),在收银台确认支付即可完成交易。网上超市是能够以较快的速度、立竿见影带来电子商务"人气"和业务量的电子交易模式。

### (九)竞价拍卖交易

竞价拍卖交易是指类似于现场拍卖会式的、卖方交易商对自己的现货进行竞价拍卖的"一对多"的竞价交易模式。卖方交易商填写、发布竞价销售商品委托报单的详细信息,买方交易商可以下单竞买,在交易期限内按照价格(高)优先、数量优先、时间优先的原则成交。

### (十)竞价招投标交易

竞价招投标交易是指买方交易商提出自己的要求在电子交易市场进行招标购买、卖方交易商进行投标的"一对多"的竞价交易模式。买方交易商可在限定的商品范围内选择某种商品进行招标购买,填写、发布竞价采购商品委托报单的详细信息,预计交货日能有符合买方采购条件的商品的卖方交易商可以下单竞卖,在交易期限内按照价格(低)优先、数量优先、时间优先的原则成交。

### (十一)专场交易

专场交易是可对以上各种交易模式进行"特定专场"交易的特殊交易模式,即可以对某些商品或某批商品限定生产厂家、产地、交货地或交货日期等相关条件进行专场交易。

### (十二)团购

团购交易模式既可以作为系统的功能模块来使用,也可以单独使用为客户快速建立团购平台。此平台既为广大顾客提供联合起来向商家进行大宗廉价购买的消费服务,又可为商家带来巨大的营业额。

# 第二节　大宗商品电子交易法规

## 一、电子交易参与方

### （一）总则

电子交易中心为交易商提供与电子交易相关的交易、物流、金融、信息等服务，并制定、执行管理制度，监督其他交易参与方行为，保证交易安全、可靠、公平。参与电子交易的交易商、交货仓库、结算银行都由电子交易中心认定其资格，相互之间签订合同，明确相互关系与权利义务。交货仓库配合电子交易中心提供物流服务，按合同要求负责保管在电子交易系统平台中进行交易的大宗商品，为电子交易提供物流保障。结算银行配合电子交易中心提供金融服务，按合同要求负责为电子交易资金流提供监督与保障。

### （二）电子交易中心

电子交易中心依照国家有关规定批准设立，提供可靠、安全、开放的电子交易系统平台，并对电子交易信息管理系统进行维护。电子交易中心应制定章程、交易过程文件和确保过程有效运作、控制的文件。电子交易中心管理、监督交易的进行与履行，采取必要的风险控制制度，以保证合同的履行。

1. 基础设施

能够开展电子交易的基础设施要求如下：

1）满足电子交易的经营场所及设施；

2）满足保管和其他物流配套服务要求的指定交货仓库；

3）电子交易设施和通信条件完备，满足 24 小时的服务；

4）能保证电子交易过程按本标准要求运作、控制的电子交易系统；

5）有提供配套的物流配送服务的能力；

6）可以实时掌握交货仓库的货物情况；

7）符合有关法律、法规的规定。

2. 交易服务

电子交易中心应提供的交易服务如下：

1）制定并实施电子交易业务规则；

2）安排商品上市交易；

3）管理、监督大宗商品电子交易、结算和交货过程；

4）具有风险防范的措施，并确保措施的实现；

5）监督大宗商品电子交易合同的履行，并有措施保证履约；

6）对交易商的信用情况进行监控与记录，并通过公正的信用评价等级系统来提高网上交易信用度，引导规范、守信的交易作风。

### 3.物流配套服务

电子交易中心应提供的物流配套服务如下：

1）能为交易商提供及时、便利的仓储服务、代理运输服务；

2）指定交货仓库，并保证交货仓库的业务过程可控；

3）与交货仓库共同保证交易货物的真实性，并有相应的措施保证。

### 4.信息服务

电子交易中心应提供的与电子交易相关的信息服务如下：

1）提供电子交易、结算、交货过程的资料，并确保资料的完整、安全、可控；

2）及时提供电子交易参与方的可公开信息；

3）有能力提供与交易有关的行业综合信息、市场行情及分析；

4）对交易资料的可查询期限不低于合同经济纠纷的追索期；

5）发布的公共信息可通过互联网随时获取；

6）确保交易商核心信息的安全，相关信息不被不正当地利用；

7）有完善的系统安全、数据备份和故障恢复的手段，确保交易商交易数据的安全、完整、准确；

8）对交易商的信息、交易指令及交易过程的敏感信息进行可靠加密；

9）通过可靠有效的技术及管理方面措施，确保交易商身份的正确识别认证，确保交易信息的不可抵赖性。

### 5.电子交易中心的文件要求

（1）总则

电子交易中心的电子交易体系文件应包括：

1）电子交易中心章程；

2）电子交易参与方的管理；

3）电子交易各个过程、环节的管理规定；

4）本标准所要求形成的文件的程序；

5）为确保相关交易过程有效策划、运作和控制所要求的其他文件。

（2）电子交易中心章程

电子交易中心章程应包括以下主要内容：

1）目的和职能；

2）名称、地址和营业场所；

3）注册资本；

4）营业期限；

5）组织机构的设置、职权和议事规则；

6）管理人员的产生、任免及其职责；

7）基本业务规则；

8）财务、内部审计制度；

9）变更、终止的条件、程序及清算办法；

10）章程修改程序；

27

11)需要在章程中规定的其他事项。

（3）交易过程文件

电子交易中心对电子交易过程的管理规定应通过一系列文件载明以下基本内容：

1)电子交易的地点、时间；

2)电子交易的模式；

3)电子交易商品及交货期限；

4)电子交易的暂停、恢复与取消程序；

5)电子交易程序及其管理制度；

6)电子交易合同及其管理制度；

7)交易异常情况的处理程序；

8)交易商管理办法；

9)交货仓库管理规定；

10)交货管理制度；

11)交易结算制度；

12)电子交易风险控制制度；

13)交易信息的发布办法；

14)违规、违约行为及其处理办法；

15)仓单管理办法；

16)电子交易的安全保证措施；

17)电子交易的信用保证措施；

18)交易纠纷的处理方式；

19)需要在交易业务规则中明确的其他事项。

6.信息披露

电子交易中心应通过互联网及其他易于获取的方式发布电子交易参与方的基本情况，包括名称、企业概况、服务范围及能力、联系方式等，交易商的信用状况，以及电子交易即时行情，包括商品品种、交货时间、交易价格、涨跌、买卖申报数量、成交数量、订货量等。

（三）交易商

交易商是大宗商品电子交易的买卖方，交易商应遵守电子交易中心的交易规定，接受电子交易中心的监督，配合电子交易中心的工作。

1.选取

交易商是在中华人民共和国境内注册登记的从事与交易商品有关的现货生产、经营、消费活动的企业法人，具有良好的资信。经电子交易中心批准，取得交易商资格。转让或者承继交易商资格，应当经电子交易中心批准，并履行相关手续。

2.交易要求

交易商参与电子交易应遵守以下要求：

1)交易商只能代理业内交易，不得代理社会公众投资；

2)交易商应守法、履约、公平买卖；

3)交易商应保护好自己的交易商账号和密码，并对因其账号在电子交易中心使用所

产生的后果全权负责;

4)交易商应遵守电子交易中心的章程、交易业务规则及有关规定;

5)交易商应与结算银行签订相应协议书,在电子交易中心的结算银行开户;

6)交易商保证提供材料的真实性,并承担相应责任;

7)交易商接受电子交易中心业务管理,电子交易中心行使管理职权时,可以按照电子交易中心规定的权限和程序对交易商进行调查,交易商应当配合;

8)交易商遵守相关法律、规定以及电子交易中心的相应规定。

3.注销

交易商不再继续在电子交易中心参与交易,应申请办理资格注销手续。未办理注销手续的交易商,应对由于其账号发生的所有行为全权负责。

### (四)交货仓库

交货仓库由电子交易中心认定,是电子交易商品的存放地,交货仓库负责对商品进行保管,对其外在品质进行检验。

电子交易中心与交货仓库签订协议,明确双方的权利和义务,由电子交易中心对交货仓库的与电子交易有关的业务进行监督管理。交货仓库不能参与有关商品的电子交易活动。

1.选取

交货仓库应具备以下条件:

1)在中华人民共和国境内注册登记的企业法人,并具有良好的资信;

2)仓库所在地的仓储主管部门的仓储经营许可;

3)仓库基础设施、管理制度符合电子交易的要求;

4)能提供电子交易所需的配套物流服务、信息服务;

5)承认电子交易中心的交易业务规则、交货制度等;

6)电子交易中心规定的其他条件。

电子交易中心根据调查和评估结果择优选用仓储企业,并与之签订交货仓库协议书,明确双方的权利和义务。企业缴纳风险抵押金,接受电子交易中心组织的监督检查。

2.基础设施

交货仓库的基础设施应满足的条件如下:

1)堆场、库房有一定规模,有储存电子交易中心上市商品的条件,设备完好、齐全,计量符合规定要求;

2)满足运输和配送要求的运输条件;

3)良好的商业信誉,完善的仓储管理规章制度;

4)严格、完善的商品检化验制度、商品出入库制度、库存商品管理制度等;

5)承认电子交易中心的交易业务规则、交货制度等;

6)固定资产和注册资本须达到电子交易中心规定的数额;

7)财务状况良好,具有较强的抗风险能力;

8)满足保管、物流服务要求的仓储业务管理信息系统,系统能实时、准确地反映保管物资的动态情况,与电子交易中心实时通信;

9)电子交易中心规定的其他条件。

3.提供的服务

交货仓库提供的服务如下：

1）配合电子交易中心提供物流配送服务；

2）按规定保管好库内的商品，确保商品安全；

3）有代办交货商品运输的能力；

4）货物检验合格入库后，按规定生成仓单；

5）交货仓库应当担保仓单所代表的交货商品的数量及外表品质等属性；

6）配合电子交易中心开展信息发布与查询；

7）保守与交易有关的商业秘密；

8）按要求实时向电子交易中心传输相关数据并提供有关情况；

9）当所存商品的存放时间超出商（质）检规定的有效期时，交货仓库应及时提醒并协助货主委托国家认可的商（质）检部门对所存商品进行复检；

10）当交易双方对商品的质量发生争议时，交货仓库应当协同交易双方去国家认可的商（质）检部门进行复检；

11）根据交易合同规定的标准，对用于交货的货物进行验收入库，货物入库的检验由货物卖方和交货仓库共同进行，检验结果须经双方认可。

4.注销

交货仓库放弃交货仓库资格，应向电子交易中心递交放弃交货仓库资格书面申请，并经电子交易中心审核批准。

交货仓库放弃或被取消资格的，应办理以下事项：

1）交货商品全部出库、经电子交易中心核准注销仓单；

2）结清与电子交易中心的债权债务；

3）按电子交易中心标准清退风险抵押金。

交货仓库资格的确认、放弃或取消，电子交易中心应及时通告交易商及其他交货仓库。

### （五）结算银行

结算银行由电子交易中心统一认定，其主要功能是协助电子交易中心结算、划拨资金。

电子交易中心应在各结算银行开设一个专用结算账户，用于存放交易商的货款及相关款项。

1.选取

为电子交易提供服务的结算银行应具备以下条件：

1）全国性的商业银行，在全国各主要城市设有分支机构和营业网点；

2）安全、快速的异地资金划拨手段；

3）电子交易中心认为结算银行应具备的其他条件。

符合以上条件，结算银行与电子交易中心应签订相应协议，明确双方的权利和义务，以规范相关业务手续。

2.提供的服务

结算银行提供的服务如下：

1）开设电子交易中心专用结算账户和交易商专用资金账户；

2)向电子交易中心和交易商吸收存款、发放贷款;

3)了解并反映交易商在电子交易中心的资信情况;

4)根据电子交易中心提供的票据优先划转交易商的资金;

5)在电子交易中心出现重大风险时,应协助电子交易中心化解风险;

6)保守电子交易中心和交易商的商业秘密。

3.注销

结算银行资格的确认、放弃或取消,电子交易中心应及时通告交易商。结算银行申请放弃结算银行资格,应提前向电子交易中心递交结算银行资格注销的书面说明。

## 二、电子交易业务程序

交易商在电子交易中心通过一定的交易模式,签订电子交易合同,在规定时间内按合同约定履约,进行货物、货款交换,并按规定进行结算。电子交易中心应约定具体的电子交易程序同时制定相应的管理办法,并公告电子交易中心所有交易商。

### (一)电子交易合同的订立

交易商之间通过电子交易中心的交易平台签订电子交易合同,约定彼此之间的买卖行为。电子交易合同的标的物是大宗商品。电子交易合同的订货量,不应大于同期合同标的物的社会供需总量。

1.合同的内容

电子交易中心可以发布经交易商认可的示范性合同文本。合同中应包括以下主要条款:

1)买方、卖方的名称;

2)标的;

3)数量;

4)质量;

5)包装方式;

6)检验标准和方式;

7)交货时间;

8)价款;

9)结算方式;

10)履行期限、地点和方式;

11)违约责任;

12)解决争议的方法;

13)合同订立的地点。

合同具体条款由买卖双方签约时约定。

2.要约

交易商向电子交易中心的交易平台输入的买卖委托指令即为该交易商向其他交易商发出的要约。买卖委托指令的内容要具体,应包括合同主要条款的内容。

### 3. 承诺

交易商回应其他交易商发出的要约,向电子交易中心的交易平台输入的卖出或买入指令即为该交易商向发出要约的交易商做出的承诺。买卖成交时即承诺生效,合同成立。

### (二)货款支付

货款支付通过结算银行完成。货款支付实行一收一付、先收后付、收支相抵的方法。交货款项包括货款和包装款。货款按卖出价加减地区差价和品质差价结算,包装款、地区差价和品质差价按电子交易中心公布的标准执行。

#### 1. 货款支付方式

交易商买进货物时可以选择一次性付款或分期付款两种方式。货款的支付形式及分期付款的进度由买卖方交易商签订的电子交易合同约定。

#### 2. 货款支付过程

在合同规定的交货时间到期以前,买方应将与其买入商品相对应的全额货款与前期已付货款的差额部分划入电子交易中心的专用结算账户。

交货结算时,电子交易中心将交货货款付给卖方,给买方开具仓单持有凭证。

#### 3. 结算过程

电子交易中心对交易商存入电子交易中心专用结算账户的货款实行分账管理,为每一交易商设立明细账户,电子交易中心根据交易商当日成交数量按电子交易合同规定的标准计收交易手续费。电子交易中心与交易商之间交易业务资金的往来结算通过电子交易中心专用账户和交易商专用资金账户办理。

#### 4. 结算结果通知

当日交易结束后,电子交易中心对每一交易商的交易手续费、货款进行结算。电子交易中心采用发放结算单据电文等方式向交易商提供当日结算数据。

遇特殊情况造成电子交易中心不能按时提供结算数据时,电子交易中心将另行通知提供结算数据的时间。

### (三)交货

商品交货是按照电子交易合同约定,交易双方对合同约定商品所有权转移手续办理的过程。交易商进行商品交货,应按规定向电子交易中心交纳交货手续费。具体标准在电子交易中心的交货制度中明确。

#### 1. 货物卖出

卖方交易商将其合格货物送至交货仓库换取仓单并在电子交易中心注册登记即可卖出,如果货物尚未运至仓库,交易商应提供有货证明,并经电子交易中心认可。

#### 2. 交货期限

交易商在订立合同时约定交货期限。订立合同后,如交易商同意,也可在期限内自行安排交货时间。

#### 3. 交货过程

交易商将商品送至交货仓库检验合格后换取仓单。在电子交易中心规定的交货日之前,交易商应将仓单和增值税发票等凭证交至电子交易中心。电子交易中心在确认买卖双方对货物的数量、质量和相关手续无异议后,交付货物、支付货款。

### (四)电子交易合同的转让

交易商一方在把电子交易合同转让给第三方交易商时,应征得对方的同意,并通过电子交易中心。电子交易中心合同转让的总量应小于同期标的物的社会流转总量。

### (五)电子交易合同的解除

通过电子交易中心订立的电子交易合同,买卖方交易商协商一致并经电子交易中心通过后,电子交易合同可以解除。

### (六)风险与责任

交易商入市前应与电子交易中心签订入市协议,规定双方的权利、义务、免责条款和生效的条件。

交易商对其在电子交易中心成交的合同负有承担风险的责任。

交易商不能履行合同责任时,电子交易中心有权对其采取下列保障措施:

1)终止其资格,接受并全权处理其未履约合同,相应盈亏完全由当事交易商承担;

2)将提供的担保手段或质押的权利凭证变现,用变现所得履约赔偿;

3)不足补偿部分通过法律程序,继续对该交易商追偿。

# 第二篇

## 实验平台与实验操作

# 第一章 实验平台简介

## 第一节 实验平台的基本功能

本实验平台主要包含两个子系统：教学管理子系统和大宗商品电子交易操作子系统。

教学管理子系统主要包含教学信息管理模块、教学过程管理模块和教学资源管理模块。教学信息管理模块管理教师信息、学生信息、课堂信息、功能权限等；教学过程管理模块管理课程上课、课程操作、课程结果、在线考试、在线评卷、大宗商品电子交易操作考核等；教学资源管理模块管理课程资源信息，包括教学课件、教学资料文档等。

大宗商品电子交易操作子系统主要包含买方挂牌交易操作，卖方挂牌交易操作，电子竞买交易操作，电子竞卖交易操作，网上商城操作，专场交易操作，在线招标交易操作，模拟大宗商品电子交易模式线上商流、物流、资金流一体化业务。

本实验平台，通过实例操作让学生深入了解大宗商品电子交易模式，提高学生的实践应用能力。

## 第二节 实验平台的操作界面

1. 实验平台登录界面

见图 1-1。

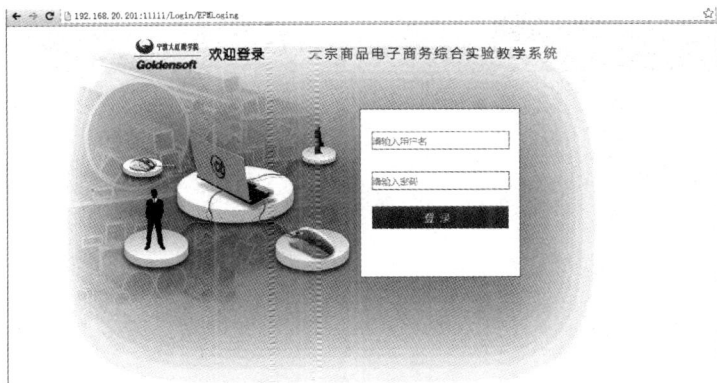

图 1-1 实验平台登录界面

2. 实验平台主界面

见图 1-2。

图 1-2　实验平台主界面

3. 课堂管理界面

见图 1-3。

图 1-3　课堂管理界面

4. 大宗商品电子交易系统进入界面

见图 1-4。

图 1-4　大宗商品电子交易系统进入界面

## 5.课堂查看界面

见图1-5。

图1-5 课堂查看界面

## 6.实训考核界面

见图1-6。

图1-6 实训考核界面

## 7. 卖家挂牌界面
见图1-7。

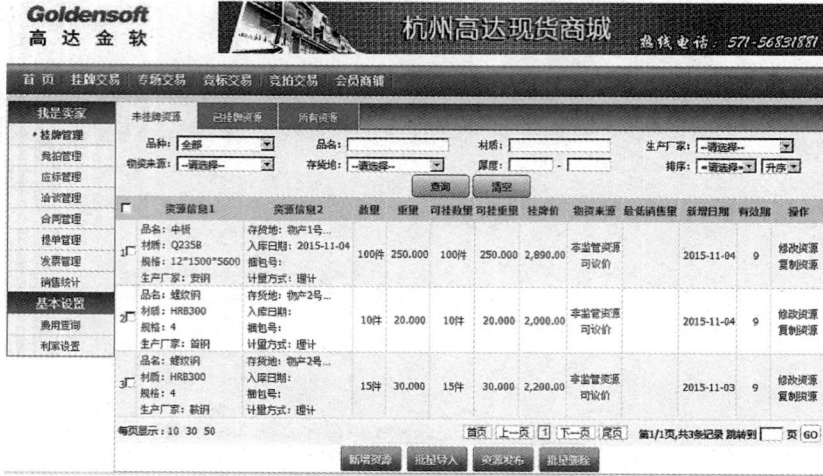

图1-7 卖家挂牌界面

## 8. 电子竞买界面
见图1-8。

图1-8 电子竞买界面

9. 电子竞卖界面

见图 1-9。

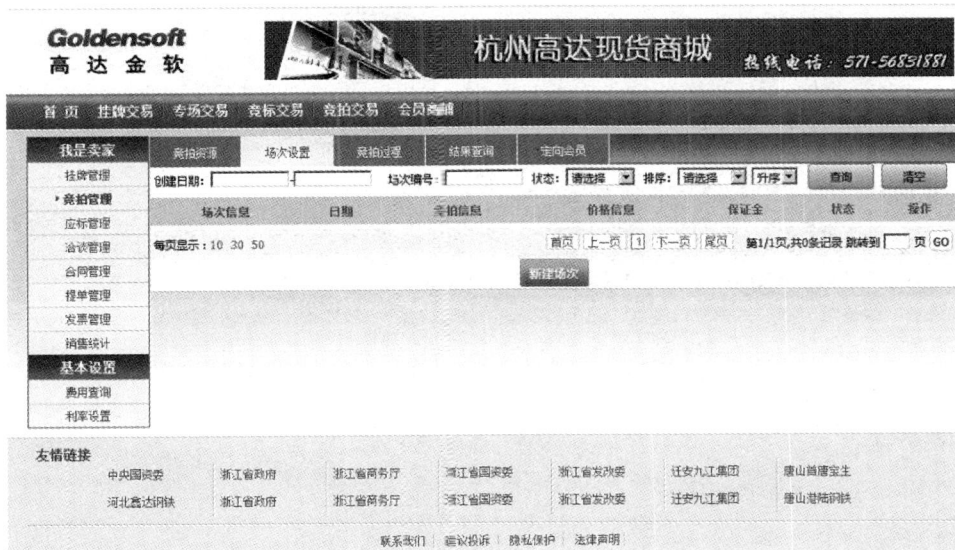

图 1-9　电子竞卖界面

10. 专场交易界面

见图 1-10。

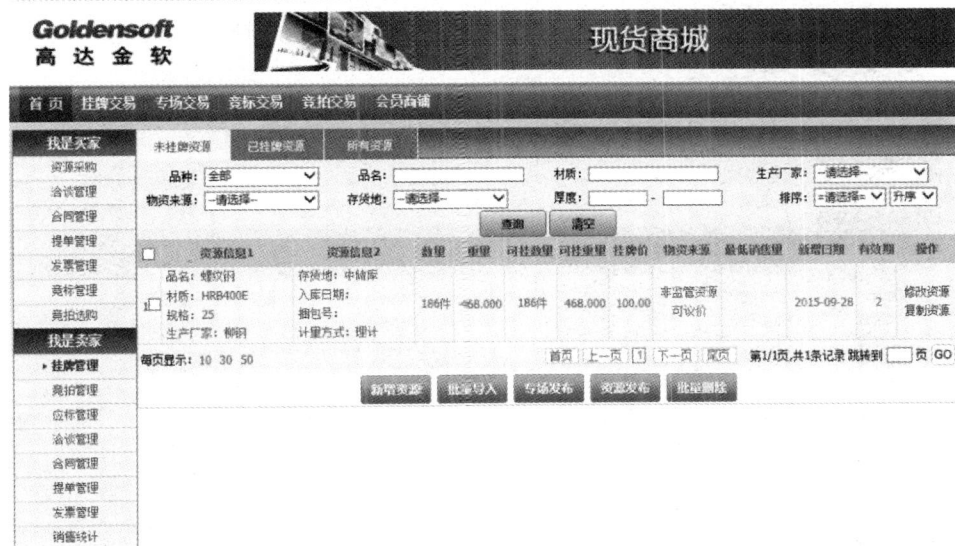

图 1-10　专场交易界面

11. 网上商城界面

见图 1-11。

图 1-11 网上商城界面

12. 运力交易界面

见图 1-12。

图 1-12 运力交易界面

# 第三节 实验的内容及要求

1.后台基础配置实训

要求：掌握电子交易后台商铺设置、钢铁商品信息设置、煤炭商品信息设置、塑料商品信息设置的操作，熟悉平台基础配置的内容和作用。

2.大宗商品交易模式（钢铁挂牌交易）

要求：掌握大宗商品钢铁挂牌交易过程；掌握大宗商品电子交易平台中钢铁挂牌交易的工作流程；熟悉大宗商品电子交易平台中钢铁挂牌交易的的操作步骤。

3.大宗商品交易模式（煤炭挂牌交易）

要求：掌握大宗商品煤炭挂牌交易过程；掌握大宗商品电子交易平台中煤炭挂牌交易的工作流程；熟悉大宗商品电子交易平台中煤炭挂牌交易的操作步骤。

4.大宗商品交易模式（塑料挂牌交易）

要求：掌握大宗商品塑料买方挂牌交易过程（求购交易）；掌握大宗商品塑料卖方挂牌交易过程；掌握大宗商品电子交易平台中塑料买方挂牌、卖方挂牌交易的工作流程；熟悉大宗商品电子交易平台中塑料买方挂牌、卖方挂牌交易的操作步骤。

5.其他品种挂牌实训

要求：掌握其他品种挂牌交易模式流程；熟悉该模式中的步骤节点操作及作用；能够独立完成整体流程的实例操作。

6.大宗商品交易模式（钢铁竞拍交易）

要求：掌握大宗商品电子交易平台中钢铁竞拍交易过程；掌握大宗商品电子交易平台中钢铁竞拍交易的工作流程；熟悉大宗商品电子交易平台中钢铁竞拍交易的操作步骤。

7.其他品种竞拍实训

要求：掌握其他品种竞拍交易模式流程；熟悉该模式中的步骤节点操作及作用；能够独立完成整体流程的实例操作。

8.大宗商品交易模式（钢铁竞标交易）

要求：掌握大宗商品电子交易平台中钢铁竞标交易过程；掌握大宗商品电子交易平台中钢铁竞标交易的工作流程；熟悉大宗商品电子交易平台中钢铁竞标交易的操作步骤。

9.其他品种竞标实训

要求：掌握其他品种竞标交易模式流程；熟悉该模式中的步骤节点操作及作用；能够独立完成整体流程的实例操作。

10.大宗商品交易模式（钢铁专场交易）

要求：掌握大宗商品电子交易平台中钢铁专场交易过程；掌握大宗商品电子交易平台中钢铁专场交易的工作流程；熟悉大宗商品电子交易平台中钢铁专场交易的操作步骤。

11.大宗商品交易模式（会员商铺交易）

要求：掌握大宗商品电子交易平台中会员商铺交易过程；掌握大宗商品电子交易平台中会员商铺交易的工作流程；熟悉大宗商品电子交易平台中会员商铺交易的操作步骤。

12.平台资金系统实训

要求:掌握平台资金客户管理功能、凭证管理功能、转账管理功能、结算账户管理功能、虚拟账户管理功能,熟悉交易模式下资金的流向。

13.大宗商品运力交易

要求:掌握大宗商品电子交易平台中运力交易过程;掌握大宗商品电子交易平台中运力交易的工作流程;熟悉大宗商品电子交易平台中运力交易的操作步骤。

# 第二章　实验平台的基础设置实验

## 一、商铺管理实验

### (一)实验内容

1)熟悉大宗商品交易模式(会员商铺交易)流程中的商铺维护步骤。

2)熟悉电子商铺管理内容及要点。

3)添加商铺并启用商铺模板用于进行大宗商品交易模式(会员商铺交易)流程操作。

### (二)实验要求

1)完成在本会员账号下的商铺添加。

2)完成对添加的商铺启用商销模板。

### (三)实验步骤

1.添加商铺

菜单:平台后台－基础平台－商铺管理－商铺管理。

操作员:交易中心。

界面:见图2-1。

图2-1　商铺管理界面

操作:

1)在商铺管理中点击【新增】按钮。

2)在新增商铺界面(见图2-2)中,会员代码选择本会员代码,商铺名称录入本会员名称,商铺类型选择普通商铺,协议编号录入本会员代码+当前日期+序号(例如本会员代码为001184,当前日期为2016-07-31,则协议编号录入00118416073101),开始时间选择当前时间,结束时间选择当前时间的后一年,主营项目录入"大宗商品",负责人录入本操作员姓名,负责人电话录入本操作员联系电话,负责人邮箱录入本操作员邮箱。

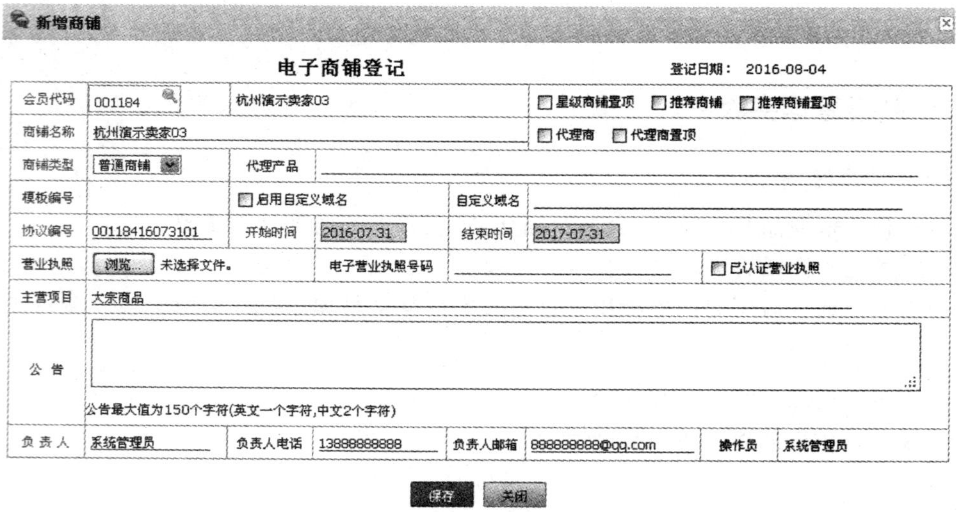

图2-2　新增商铺界面

3)信息录入完成后,点击【保存】按钮,系统提示保存成功。

**2.启用商铺模板**

菜单:平台后台-基础平台-商铺管理-商铺管理。

操作员:交易中心。

操作:

1)在商铺管理信息列表中,查找本会员,例如本会员代码为001184,可以在查询条件会员代码字段选择001184,点击【查询】按钮,查找到本会员信息,见图2-3。

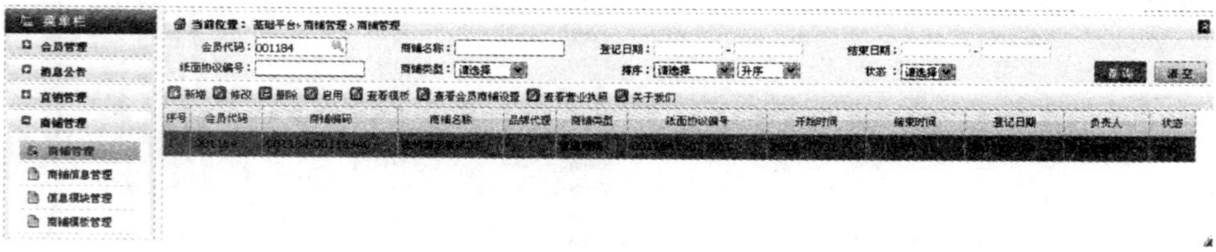

图2-3　启用商铺界面

2)点击【查看模板】功能按钮,系统弹出模板列表界面,见图2-4。

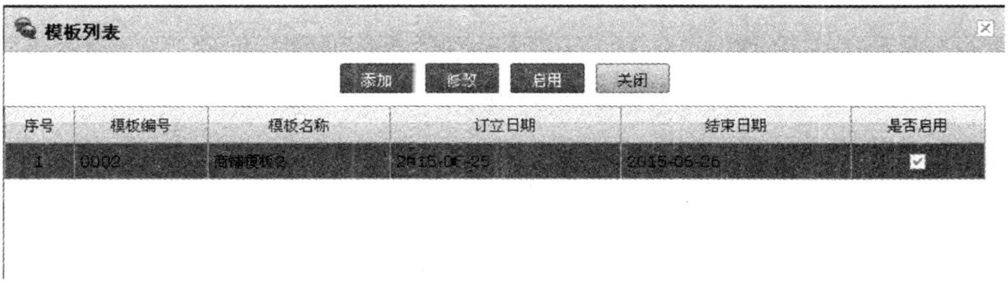

图2-4 模板列表界面

3)在模板列表界面中点击【添加】功能按钮,在新增模板界面中,模板下拉选择"商铺模板2",结束日期选择当前时间的后一年。

4)点击【保存】按钮,系统提示模板保存成功,在模板列表中可以看见启用的商铺模板信息。

## 二、钢铁商品信息设置实验

### (一)实验内容

1)掌握大宗商品钢铁物资属性。
2)熟悉大宗商品钢铁物资管理要素和特点。
3)进入系统增加钢铁物资信息。

### (二)实验要求

登录系统增加钢铁物资信息,如大类:建材;品种:钢筋;品名:螺纹钢;规格:直径20mm、长9m;生产厂家:柳钢;材质:HRB335。

钢铁分类示例数据见表2-1。

表2-1 钢铁分类示例数据

| 大 类 | 品 种 | 品 名 |
|---|---|---|
| 建材类 | 钢筋 | 盘螺、螺纹钢、圆钢 |
| | 钢筋制品 | 钢筋网片、箍筋 |
| | 普线 | 高线、普线、优质碳素钢盘条 |
| | 线材制品 | 冷轧带肋盘条、钢丝绳、高碳钢盘条、钢帘线盘条、弹簧钢盘条 |
| | 线材 | 优线、线材 |
| 热轧类 | 中厚板 | 高强结构板、建筑结构板、低合金结构板、碳素结构板 |
| | 热轧板卷 | 热轧卷、热轧原卷、低合金中板 |
| | 热轧制品 | 精密带钢 |

续表

| 大　类 | 品　种 | 品　　名 |
|--------|--------|----------|
| 冷轧类 | 普冷 | 结构钢、酸洗板卷、冷轧板卷 |
|        | 彩涂板卷 | 彩涂板卷、彩涂尾板卷 |
|        | 热镀锌 | 热镀锌板卷 |
|        | 轧硬卷 | 冷轧轧硬卷 |
|        | 冷轧板卷 | 碳素结构钢 |
| 型材类 | 方管 | 方管 |
|        | H 型钢 | H 型钢、耐低温高强度 H 型钢、普通国标 H 型钢、外标 H 型钢 |
|        | 扁钢 | 扁钢 |
|        | 工字钢 | 工字钢 |
|        | 角钢 | 角钢 |
|        | 槽钢 | 槽钢、叉车用门架槽钢 |
|        | 圆管 | 圆管 |

### (三)实验步骤

**1. 添加大类**

菜单:平台后台－钢铁系统－基本设置－物资大类设置。

操作员:交易中心。

界面:见图 2－5。

图 2－5　物资大类设置界面

操作:

1)点击【新增】按钮,系统弹出新增大类界面,见图 2－6。

图 2－6　新增大类界面

2）在大类名称中输入"建材"。

3）输入完成后，点击【保存】按钮，系统提示保存成功。

2.添加品种

菜单：平台后台－钢铁系统－基本设置－物资品种设置。

操作员：交易中心。

界面：见图2-7。

图2-7　物资品种设置界面

操作：

1）点击【新增】按钮，系统弹出新增品种界面，见图2-8。

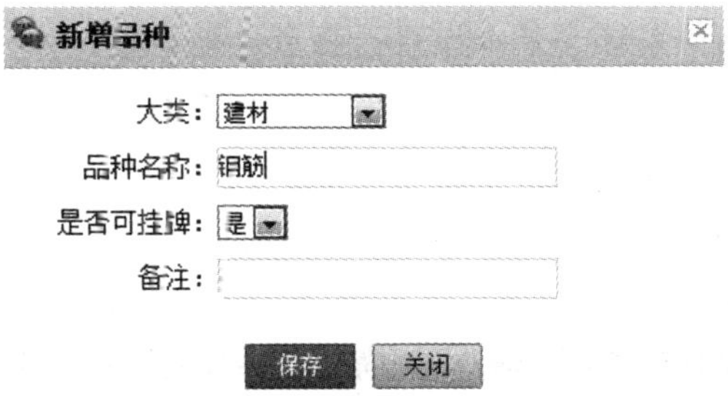

图2-8　新增品种界面

2）在大类下拉选择"建材"，品种名称输入"钢筋"，是否可挂牌选择"是"。

3）输入完成后，点击【保存】按钮，系统提示保存成功。

3.添加品名

菜单：平台后台－钢铁系统－基本设置－物资品名设置。

操作员：交易中心。

界面：见图2-9。

图2-9　物资品名设置界面

操作:

1)点击【新增】按钮,系统弹出新增品名界面,见图2-10。

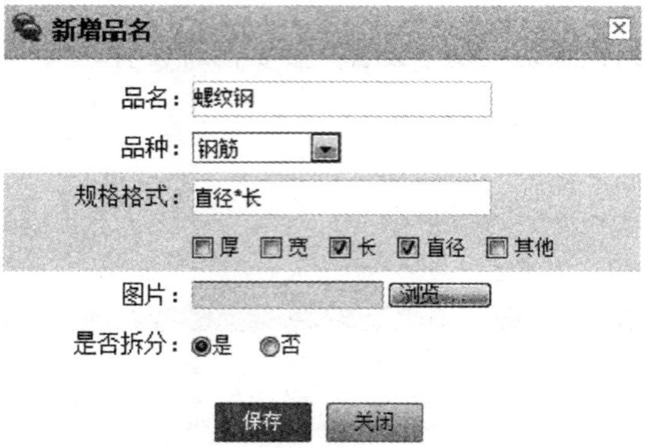

图2-10　新增品名界面

2)在品名中输入"螺纹钢",品种下拉选择"钢筋",规格格式先勾选"直径",再勾选"长",是否拆分选择"是"。

3)输入完成后,点击【保存】按钮,系统提示保存成功。

4. 添加产地

菜单:平台后台－钢铁系统－基本设置－物资产地设置。

操作员:交易中心。

界面:见图2-11。

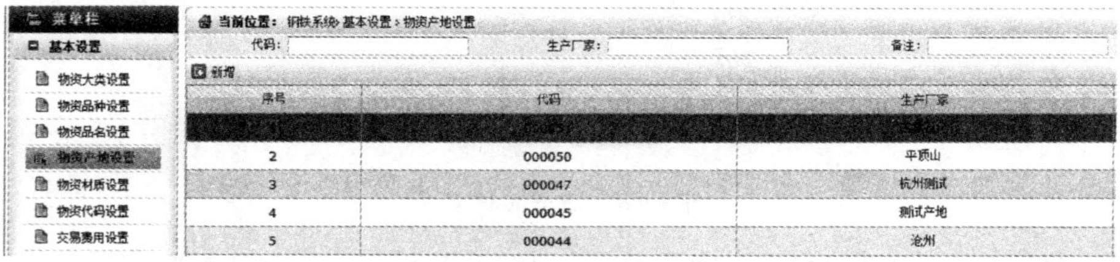

图2-11　物资产地设置界面

操作:

1)点击【新增】按钮,系统弹出新增生产厂家界面,见图2-12。

图2-12　新增生产厂家界面

2)在生产厂家中输入"柳钢"。

3)输入完成后,点击【保存】按钮,系统提示保存成功。

**5.添加材质**

菜单:平台后台－钢铁系统－基本设置－物资材质设置。

操作员:交易中心。

界面:见图2－13。

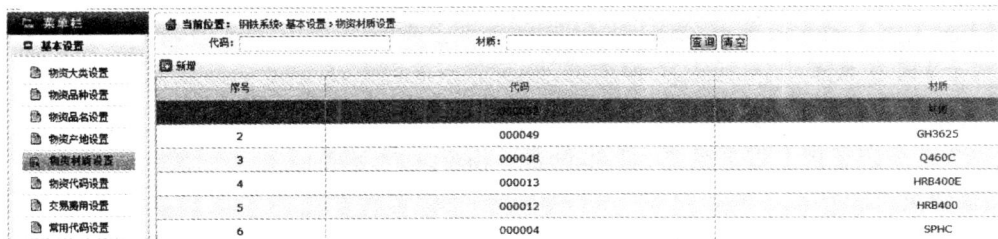

图 2－13 物资材质设置界面

操作:

1)点击【新增】按钮,系统弹出新增材质界面,见图2－14。

图 2－14 新增材质界面

2)在材质中输入"HRB335"。

3)输入完成后,点击【保存】按钮,系统提示保存成功。

## 三、煤炭商品信息设置实验

### (一)实验内容

1)掌握大宗商品煤炭物资属性。

2)熟悉大宗商品煤炭物资管理要素和特点。

### (二)实验要求

登录系统增加煤炭物资信息,如产地:沈阳焦煤;品种:1/3焦煤;品名:洗混煤5400;发热量收到基:5400 kcal/kg;挥发分收到基:35%;全硫收到基:<0.4%;灰分收到基:26%~30%;内水:<2%;全水分:<7%;粒度:<80mm;灰熔点(AFT):>1380℃。

煤炭分类示例数据见表2－2。

表 2-2　煤炭分类示例数据

| 大　类 | 品　种 | 品　名 |
|---|---|---|
| 无烟煤类 | 无烟煤 | 无烟煤、末煤、民用炭、烧结煤、洗中块 |
| 动力煤类 | 动力煤 | 神混、同煤、神一、精煤、贫瘦煤 |
| 炼焦煤类 | 炼焦煤 | 焦煤、炼焦煤、金威精煤、原煤高硫瘦 |
| 喷吹煤类 | 喷吹煤 | 喷吹煤、高炉喷吹煤 |

## (三)实验步骤

1.添加产地

菜单:平台后台－煤炭系统－基本设置－物资产地设置。

操作员:交易中心。

界面:见图 2-15。

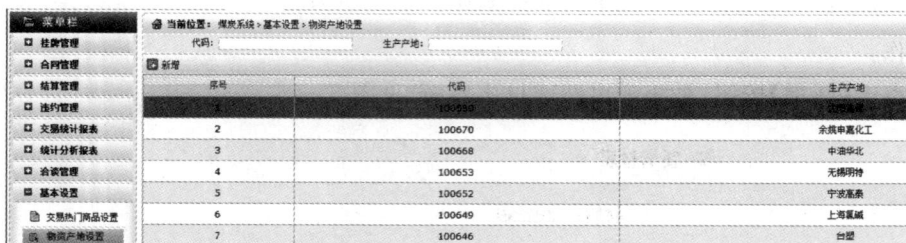

图 2-15　物资产地设置界面

操作:

1)点击【新增】按钮,系统弹出新增产地界面,见图 2-16。

图 2-16　新增产地界面

2)在产地名称中输入"沈阳焦煤"。

3)输入完成后,点击【保存】按钮,系统提示保存成功。

2.添加品种

菜单:平台后台－煤炭系统－基本设置－品种大类设置。

操作员:交易中心。

界面:见图 2-17。

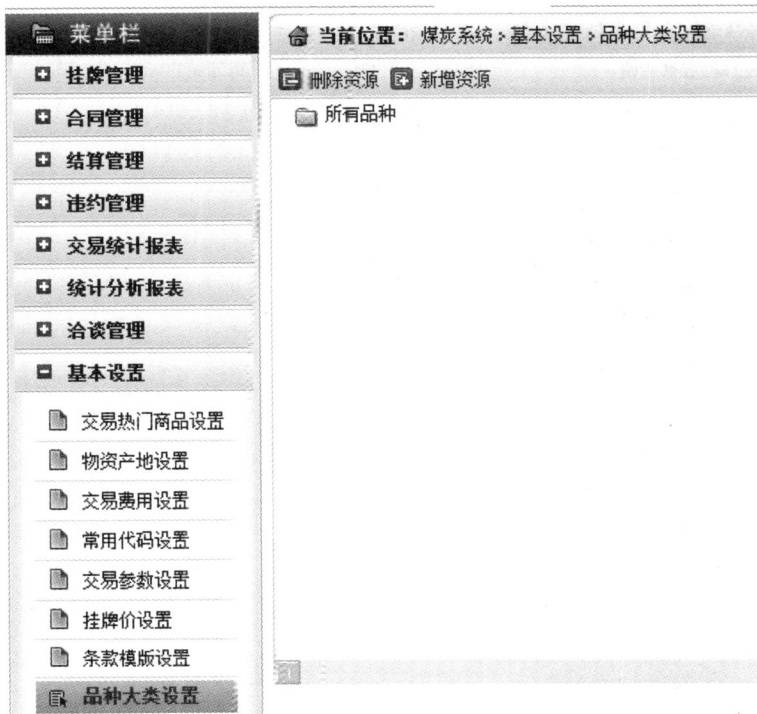

图 2-17 品种大类设置界面

操作：

1)点击【所有品种】,点击【新增资源】按钮,系统弹出新增资源界面,见图 2-18。

图 2-18 新增资源界面

2)在资源名称中输入"1/3 焦煤"。

3)输入完成后,点击【保存】按钮,系统提示保存成功。

3. 添加品名

菜单：平台后台－煤炭系统－基本设置－品种大类设置。

操作员：交易中心。

界面：见图 2-19。

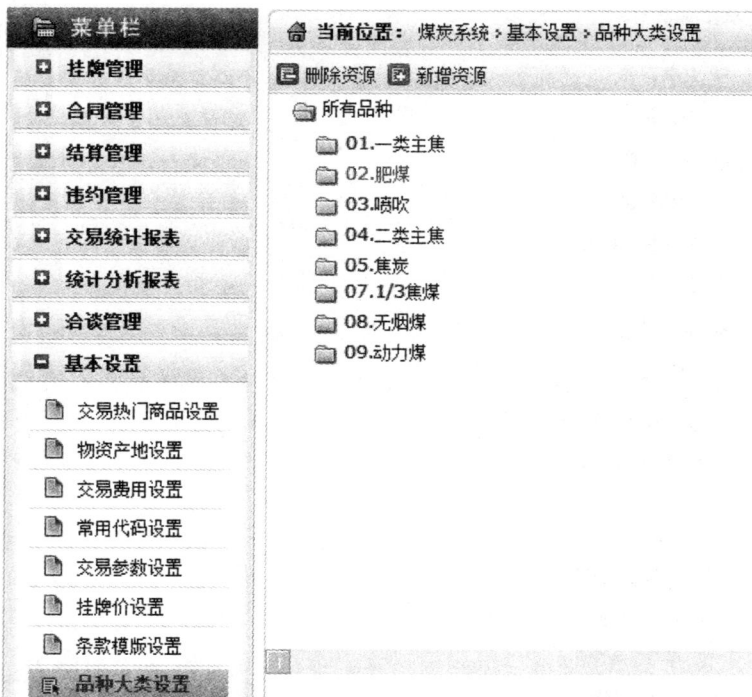

图 2-19 品种大类设置界面

操作：

1）点击【所有品种】，点击【1/3 焦煤】，点击【新增资源】按钮，系统弹出新增资源界面，见图 2-20。

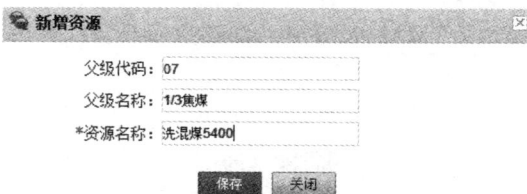

图 2-20 新增资源界面

2）在资源名称中输入"洗混煤 5400"。

3）输入完成后，点击【保存】按钮，系统提示保存成功。

4. 添加品名属性

菜单：平台后台－煤炭系统－基本设置－品种大类设置。

操作员：交易中心。

界面：见图 2-21。

图 2-21 品名属性界面

操作：

1)点击【所有品种】,点击【1/3 焦煤】,点击【洗混煤 5400】,点击【添加属性】按钮,系统弹出新增品名属性界面,见图 2-22。

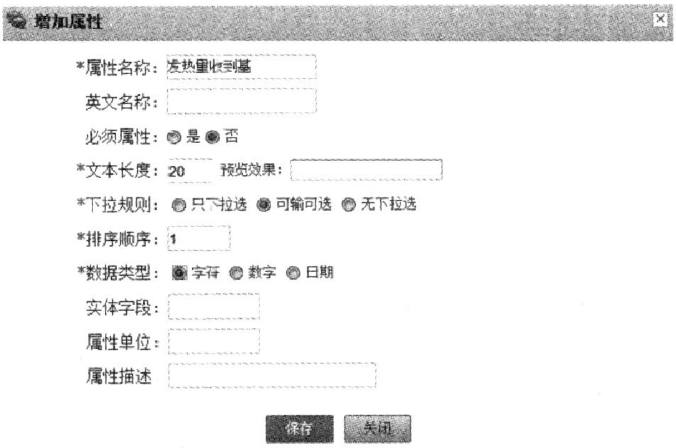

图 2-22 增加属性界面

2)在属性名称中输入"发热量收到基",必须属性选择"否",文本长度输入"20",下拉规则选择"可输可选",排列顺序输入"1",数据类型选择"字符"。

3)输入完成后,点击【保存】按钮,系统提示保存成功。

4)按照第 2 步操作,依次增加"挥发分收到基""全硫收到基""灰分收到基""内水""全水分""粒度""灰熔点",其中增加属性中"排列顺序"依次为：2、3、4、5、6、7、8。

## 四、塑料商品信息设置实验

### (一)实验内容

1)掌握大宗商品塑料物资属性。

2)熟悉大宗商品塑料物资管理要素和特点。

3)进入系统增加塑料物资信息。

## （二）实验要求

登录系统增加塑料物资信息,如品种:塑料原料;品名:ABS;牌号:0215A;产地:吉林石化;厂商:吉林石化;用途级别:通用级;质量标准:国标 正牌;包装规格:25 公斤/包[①]。

塑料分类示例数据见表 2-3。

表 2-3 塑料分类示例数据

| 品　名 | 牌　号 |
|---|---|
| ABS、PC/ABS | 0215A、GN5001RFL、GN5001RFH、MC1300-100、T85 000000、PC-510、PC-540、C6200-111 |
| PP | FS5612、R401、EP332C、BU510、7871、HP450J |
| HIPS | PH-888H、PH-888G、PH-879、PH-88、HI-425 |
| GPPS | GPPS-123P、666H、PG-33 |
| AS(SAN) | 80HF、310TR、310CTR、82TR、C552485、PN-127L200、PN-106L150、C552485 |
| HDPE | DGDK-3364、PE0235、ME9180、DMDA8920 |
| LDPE | G811、G810-S、DNDV0405R、RG50035、222W |
| LLDPE | RG50035、MG200024、FD21HS、EFDC-7050 |
| EVA | UE630、N8038、MV1055、7A60H、7470M |
| PVC | SG-5、S-02、SG-8、SG-7 |
| PA66 | C3U、A3WG5、A3X2G5、A3X2G7、A3EG3 |
| PC | 6487、6485BK、6265X、2805BK、2458 |
| PBT | S600F10、1403G6、1164G-30、1401X06、4815 |
| PA6 | B3EG6、B30S、1300S、FR50、ST801、70G33L |
| PETG | GN300、6763、Z6018、GN310、GN120、EN067 |
| PC/ABS | PC-365、FR3010 BK、GN-5001RF、GP5001RF |
| PMMA | V825、V825A-100、VH001、TF8、NW431 |
| POM | F30-03、FM090、F20-02、M90-44、500P |
| POE | 7447、7467、8003、8100、8137、8200、8407 |
| POP | PL1850G、GA1900、GA1950 |
| SBS | F675、YH-792、1475、3411、3546 |
| TPEE | 6356、4056、4069、4047、5557、6347 |
| TPO | 9001 |
| TPU | 385、192X、345X、385SX、5377、B95A、786E |
| EMA | AX8900、1125AC |

---

①　1 公斤＝1 千克。

## (三)实验步骤

### 1.添加品种

菜单:平台后台－塑料系统－基本设置－物资品种设置。

操作员:交易中心。

界面:见图2－23。

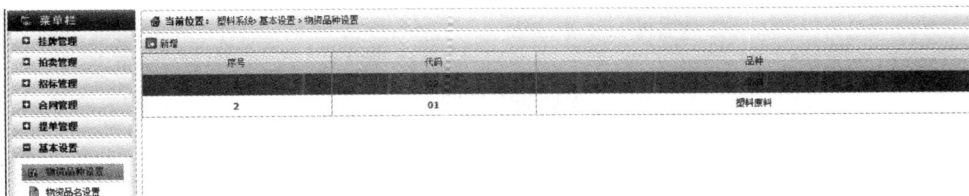

图2－23 物资品种设置界面

操作:

1)点击【新增】按钮,系统弹出新增品种界面,见图2－24。

图2－24 新增品种界面

2)在品种名称中输入"塑料原料"。

3)输入完成后,点击【保存】按钮,系统提示保存成功。

### 2.添加品名

菜单:平台后台－塑料系统－基本设置－物资品名设置。

操作员:交易中心。

界面:见图2－25。

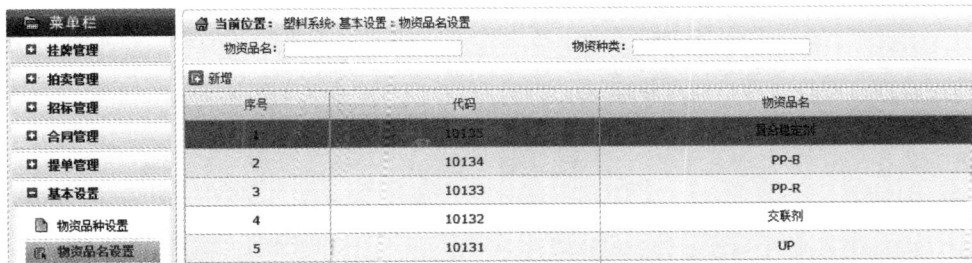

图2－25 物资品名设置界面

操作:

1)点击【新增】按钮,系统弹出新增品名界面,见图2-26。

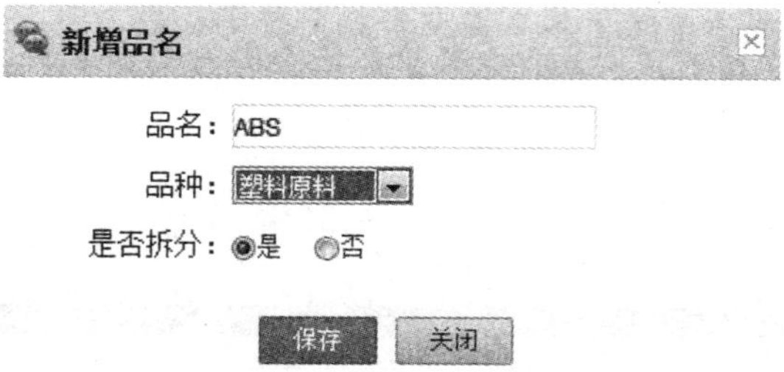

图2-26 新增品名界面

2)在品名中输入"ABS",品种下拉选择"塑料原料",是否拆分选择"是"。

3)输入完成后,点击【保存】按钮,系统提示保存成功。

3. 添加牌号

菜单:平台后台-塑料系统-基本设置-物资牌号设置。

操作员:交易中心。

界面:见图2-27。

图2-27 物资牌号设置界面

操作:

1)点击【新增】按钮,系统弹出新增牌号界面,见图2-28。

图2-28 新增牌号界面

2)在牌号中输入"0215A"。

3)输入完成后,点击【保存】按钮,系统提示保存成功。

4. 添加产地

菜单:平台后台-塑料系统-基本设置-物资产地设置。

操作员:交易中心。

界面:见图 2-29。

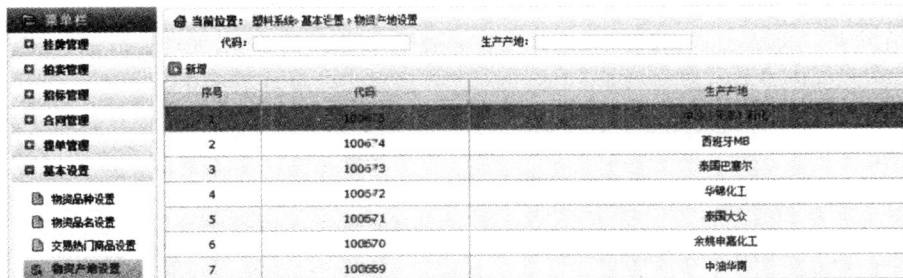

图 2-29 物资产地设置界面

操作:

1)点击【新增】按钮,系统弹出新增产地界面,见图 2-30。

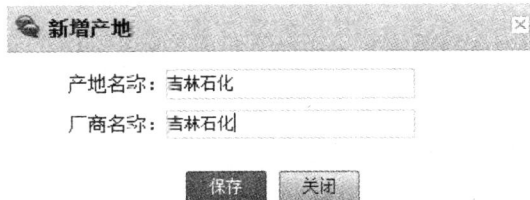

图 2-30 新增产地界面

2)在产地名称中输入"吉林石化",厂商名称中输入"吉林石化"。

3)输入完成后,点击【保存】按钮,系统提示保存成功。

5.添加用途级别

菜单:平台后台-塑料系统-基本设置-常用代码设置-用途级别。

操作员:交易中心。

界面:见图 2-31。

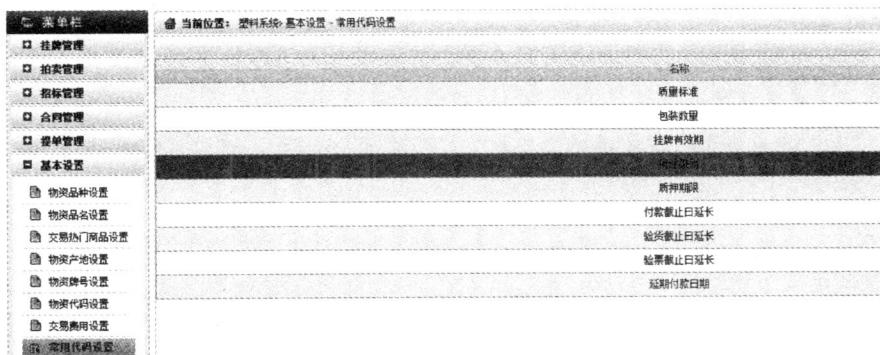

图 2-31 常用代码设置-用途级别界面

操作：

1）点击【常用代码设置】，在"用途级别"行，点击【查看】按钮，系统弹出用途级别维护功能界面。

2）在维护功能界面点击【添加】功能按钮，系统弹出用途级别增加功能界面，见图 2 - 32。

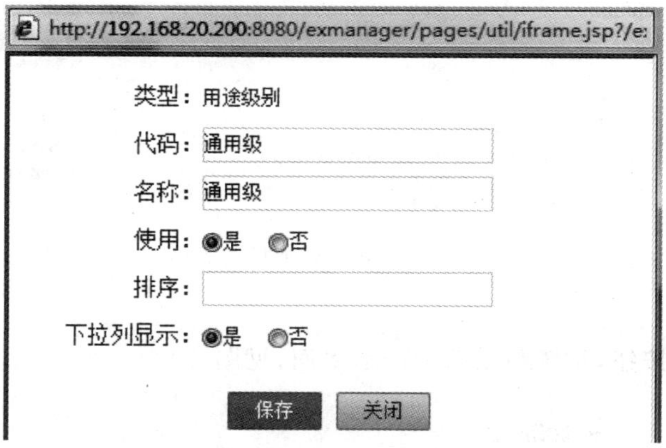

图 2 - 32　用途级别增加功能界面

3）在代码中输入"通用级"，名称输入"通用级"，使用选择"是"，下拉列显示选择"是"。

4）输入完成后，点击【保存】按钮，系统提示保存成功。

6.添加质量标准

菜单：平台后台－塑料系统－基本设置－常用代码设置－质量标准。

操作员：交易中心。

界面：见图 2 - 33。

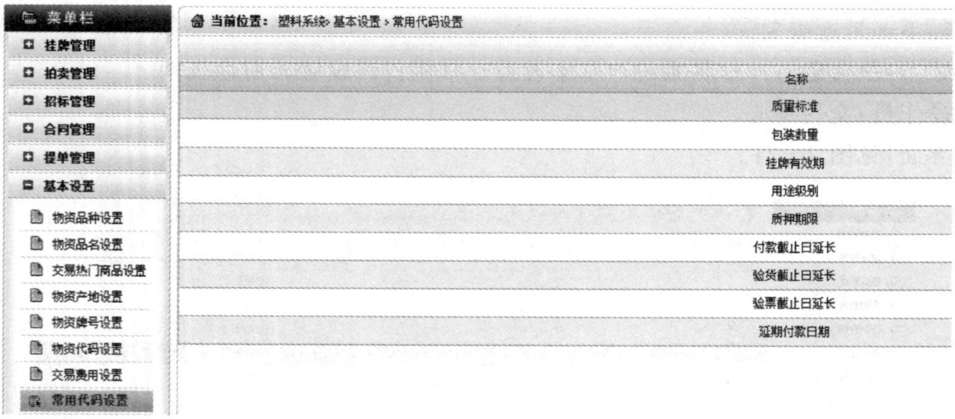

图 2 - 33　常用代码设置－质量标准界面

操作：

1）点击【常用代码设置】，在"质量标准"行，点击【查看】按钮，系统弹出质量标准维护功能界面。

2）在维护功能界面点击【添加】功能按钮,系统弹出质量标准增加功能界面,见图2-34。

图2-34　质量标准增加功能界面

3）在代码中输入"国标 正牌",名称输入"国标 正牌",使用选择"是",下拉列显示选择
"是"。

4）输入完成后,点击【保存】按钮,系统提示保存成功。

7.添加包装规格

菜单:平台后台－塑料系统－基本设置－常用代码设置－包装数量。

操作员:交易中心。

界面:见图2-35。

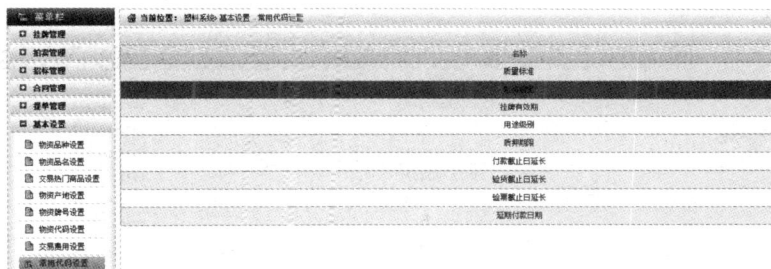

图2-35　常月代码设置－包装数量界面

操作:

1）点击【常用代码设置】,在"包装数量"行,点击【查看】按钮,系统弹出包装数量维护
功能界面。

2）在维护功能界面点击【添加】功能按钮,系统弹出包装数量增加功能界面,见图2-36。

图2-36　包装数量增加功能界面

3)在代码中输入"25",名称输入"25",使用选择"是",下拉列显示选择"是"。

4)输入完成后,点击【保存】按钮,系统提示保存成功。

## 五、钢铁专场设置实验

### (一)实验内容

1)设置专场交易模式中会员专场挂牌操作权限。

2)熟悉专场设置要素和特点。

### (二)实验要求

登录系统增加本会员专场挂牌操作权限。

### (三)实验步骤

添加专场

菜单:平台后台－基础平台－钢铁系统－专场管理－专场设置。

操作员:交易中心。

界面:见图2-37。

图2-37 会员专场设置界面

操作:

1)点击【新增】按钮,系统弹出新增会员界面,见图2-38。

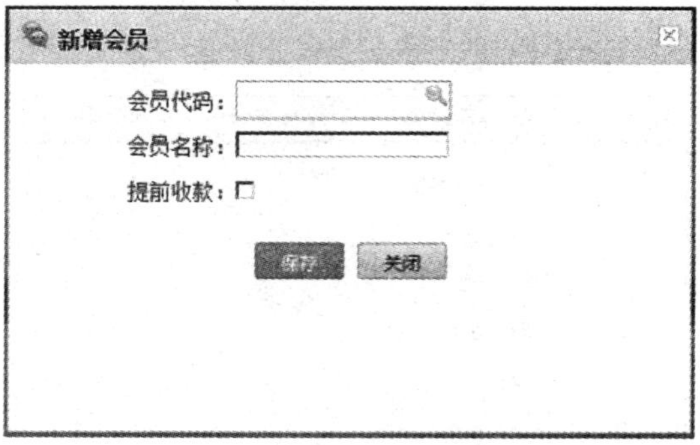

图2-38 新增会员界面

2)会员代码选择本会员代码,选择完成后点击【保存】,见图 2 - 39,系统提示保存成功。

图 2 - 39 会员保存界面

# 第三章 电子交易模式实验

## 第一节 挂牌交易

挂牌交易分为卖方挂牌和买方挂牌。卖方挂牌是指卖方将其自有或未来拥有的商品详细情况录入交易系统,确认后发布挂牌要约,买方通过交易系统查询挂牌要约内容,并摘牌成交签订电子交易合同的一种交易模式;买方挂牌是指在买方将其需要订购的商品的详细情况录入交易系统,确认后发布挂牌要约,卖方通过交易系统查询挂牌要约内容,并摘牌成交签订电子交易合同的一种交易模式。

### 一、钢铁挂牌交易实验

#### (一)实验目的

1)掌握大宗商品电子交易平台中钢铁挂牌交易的过程。

2)掌握大宗商品电子交易平台中钢铁挂牌交易的工作流程。

3)熟悉大宗商品电子交易平台中钢铁挂牌交易的操作步骤。

#### (二)实验内容

本实验主要是通过大宗商品电子交易平台中钢铁挂牌交易模块展现大宗商品中的钢铁材料挂牌交易流程,使学生直观体验钢铁挂牌交易流程中角色的变化,认识买家、卖家、交易中心在大宗商品钢铁挂牌交易中的职能。通过实际操作演示,使学生更加形象地理解大宗商品钢铁挂牌交易模式的特点与流程要点。

1. 实验角色分配

实验采用分角色的形式,为当前课堂中的学生分配买家、卖家、交易中心角色,整个流程需要几个角色共同工作才能完成一个交易过程。

买家角色功能:充值管理、购物车管理、订单管理、订单支付管理、提货人信息维护管理、验货管理、到票管理、评分管理。

卖家角色功能:充值管理、挂牌管理、提单管理、实提维护管理、发票管理。

交易中心角色功能:线下充值通知、凭证审核、余款释放管理。

2. 操作流程

(1)初始信息设置

买家角色:线下账户充值。

卖家角色:线下账户充值。

交易中心角色:线下充值受理、凭证审核。

(2)挂牌示例物资

品名:螺纹钢;材质:HRB335;规格:直径 20mm、长 9m;生产厂家:柳钢;数量:10 件;单位:件;重量:20 吨;计量方式:理计;生产日期:2015−08−09;是否议价:一口价。

(3)挂牌交易流程

图 3−1 为钢铁挂牌交易流程。

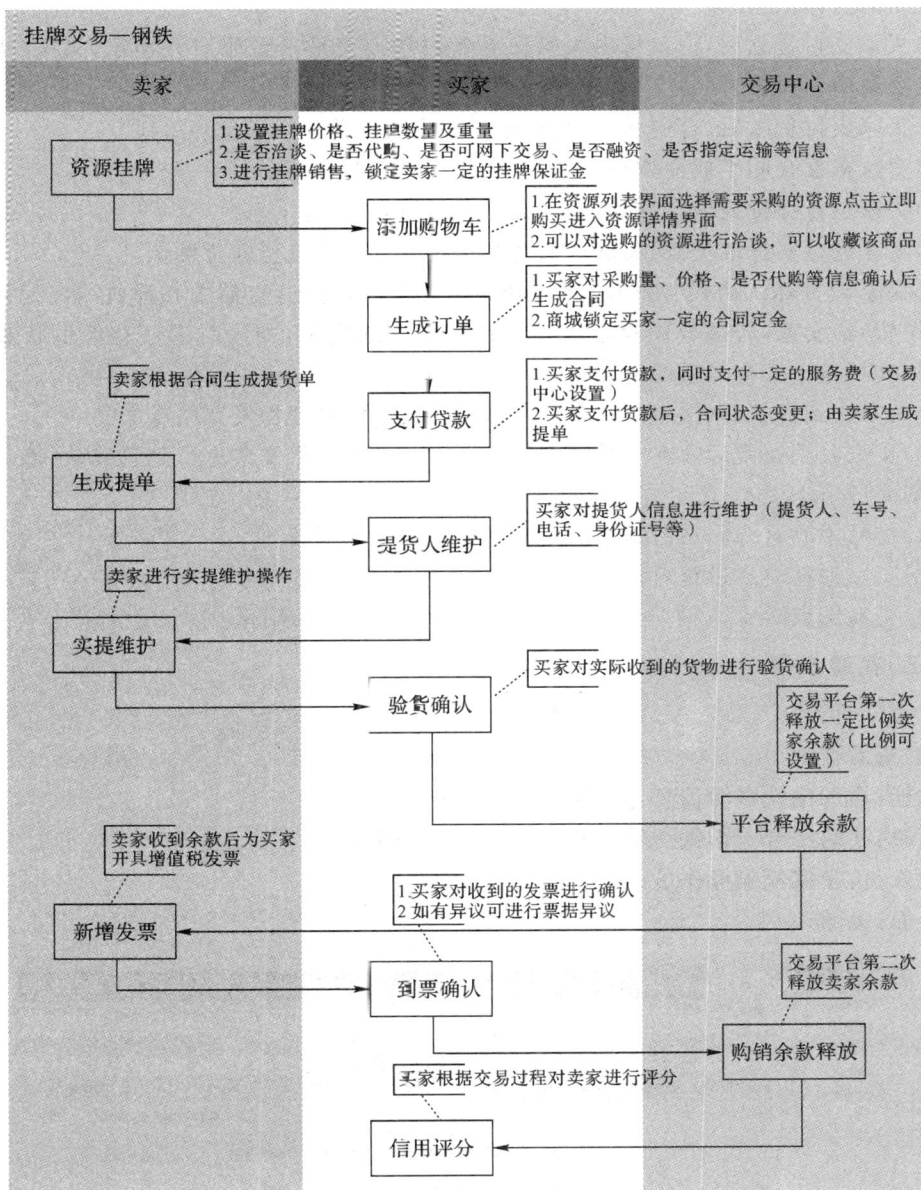

图 3−1 钢铁挂牌交易流程

（4）流程说明

1）卖家发布资源信息，设置挂牌价格、挂牌数量及重量，是否洽谈、是否代购、是否可网下交易、是否融资、是否指定运输等信息，并进行挂牌销售，锁定卖家一定的挂牌保证金（可设置，监管资源不用锁定挂牌保证金）。

2）卖家发布资源成功后，买家业务员即可在交易系统的资源选购中查找到相应的专场资源并选购，可以对选购的资源进行洽谈（即时通信工具）；买家对采购量、价格、是否代购等信息确认后生成合同，同时商城锁定买家一定的合同定金（可设置）。该合同为买卖双方交易的法律依据。

3）买家支付货款后，货款将由买家交易账户划入交易平台账户并锁定，买家（买家服务费由交易中心设置）同时支付交易服务费。

4）买家支付货款后，合同状态变更；由卖家生成提单。

5）卖家根据合同生成提货单，针对一个合同可以开具多个提单。

6）买家进行提货人信息维护，录入提货车号、提货人等信息。

7）卖家进行实提维护操作，确认最终实提量后待买家进行验货确认。

8）买家验货确认后，交易中心即可开始结算货款，首先，交易中心释放一定比例的货物（可设置）给卖家，若该合同存在需要退还给买家的货款，则同时退还相应的货款给买家，比如实提量小于合同量的情况下。

9）卖家收到货款后（平台释放余款），即可开具增值税销售发票给买家。

10）买家收到发票后需在交易平台中对卖家开具的销售发票进行到票确认，确认无误后，合同完成。

11）交易中心对合同最后锁定的余款进行购销余款释放。

12）买家根据交易过程对卖家进行评分。

13）交易结束。

**（三）实验步骤**

1. 卖家角色

（1）资源挂牌

功能：增加钢铁资源信息并操作挂牌以供交易。

菜单：我的平台－钢铁交易－我是卖家－挂牌管理。

操作员：卖家权限操作员。

界面：见图3-2。

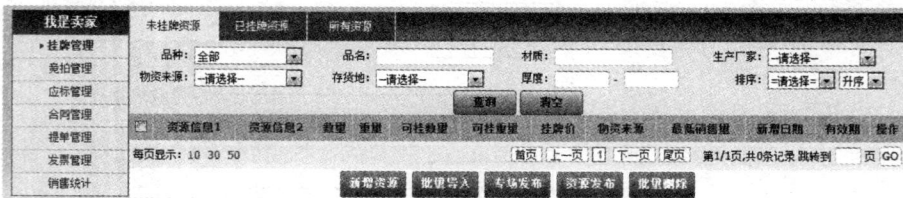

图3-2　资源挂牌界面

操作：

1）点击【挂牌管理】，点击【未挂牌资源】。

2）在未挂牌资源中点击【新增资源】，弹出资源新增界面，见图3-3。

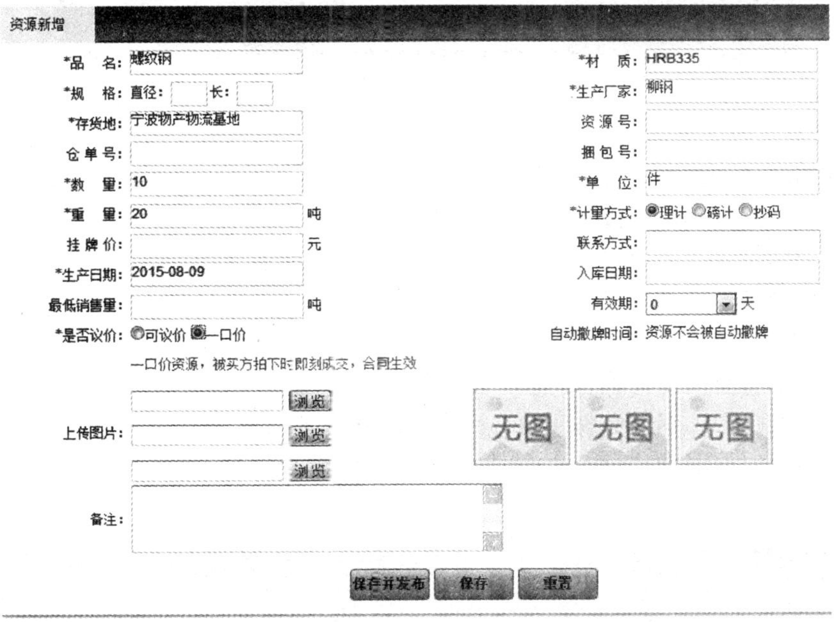

图3-3 资源新增界面

3）在资源新增界面中，品名下拉选择"螺纹钢"，材质下拉选择或输入"HRB335"，规格直径输入"20"，规格长输入"9"，生产厂家下拉选择"柳钢"，存货地指物资存放所在地，输入"宁波物产物流基地"，数量输入"10"，单位选择"件"，重量输入"20"，计量方式选择"理计"，生产日期指物资的生产日期，选择"2015-08-09"，是否议价选择"一口价"。

4）资源信息输入完成后，点击【保存并发布】，系统提示保存成功，界面跳转至资源发布界面，见图3-4。

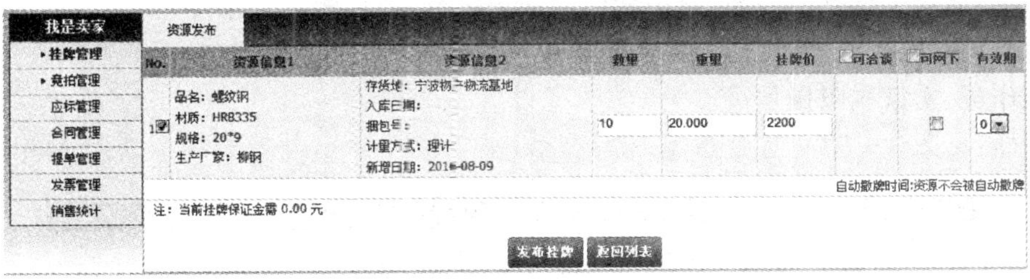

图3-4 资源发布界面

5）勾选需要挂牌的物资（系统默认勾选），输入挂牌价"2200"，点击【发布挂牌】。

6）系统提示资源已发布，并锁定挂牌保证金，点击【确定】，完成钢铁资源新增并发布操作，见图3-5。

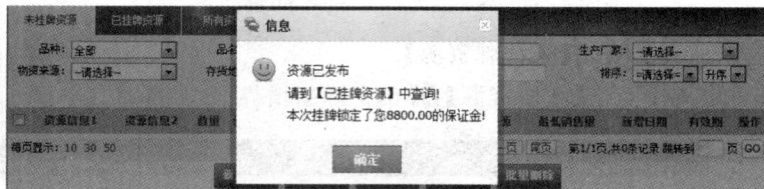

图 3-5　未挂牌资源发布界面

说明：

1）保存并挂牌成功的资源会移至已挂牌资源里面。

2）卖家挂牌资源可进行网下交易。买家选购该资源可自主选择是否网下交易。（网下交易时，合同生成后，交易流程结束。）

（2）挂牌管理

**所有资源**

功能：显示所有的可挂牌、已挂牌资源信息。

菜单：我的平台－钢铁交易－我是卖家－挂牌管理－所有资源。

操作员：卖家权限操作员。

界面：见图 3-6。

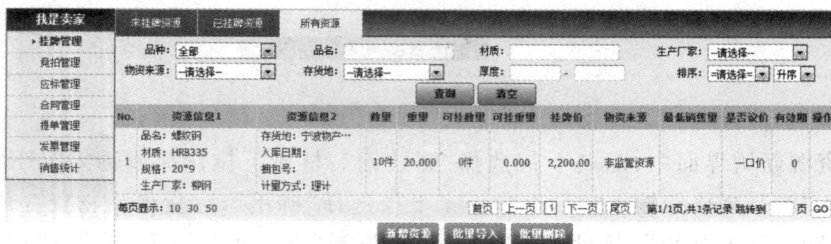

图 3-6　所有资源界面

操作：列表中显示所有的可挂牌和已挂牌的资源信息，可根据查询条件进行查询。

**未挂牌资源**

功能：显示未挂牌的资源，对未挂牌的资源进行修改、删除操作。

菜单：我的平台－钢铁交易－我是卖家－挂牌管理－未挂牌资源。

操作员：卖家权限操作员。

界面：见图 3-7。

图 3-7　未挂牌资源界面

操作：

1）列表中显示所有未挂牌的资源信息，可根据查询条件进行查询。

2）选择需要挂牌的物资，点击【资源发布】，输入挂牌价，点击【发布挂牌】，完成挂牌操作。

3）选择需要删除的物资，点击【批量删除】，系统弹出确认删除框，点击【确定】，完成资源删除操作。

4）选择需要修改的物资，点击【修改资源】，系统弹出资源修改界面，修改完成后点击【保存】，完成资源修改操作。

**已挂牌资源**

功能：显示已挂牌资源，对已挂牌资源进行撤牌操作。

菜单：我的平台－钢铁交易－我是卖家－挂牌管理－已挂牌资源。

操作员：卖家权限操作员。

界面：见图3－8。

图3－8 已挂牌资源界面

操作：

1）列表中显示已成功挂牌的资源信息，可以根据搜索条件进行搜索查询。

2）选择需要撤牌的资源信息，点击【批量撤牌】，系统弹出确认对话框，点击【确定】，完成资源撤牌操作。

撤牌成功以后，该资源从已挂牌资源列表中消失。在"未挂牌资源"列表下可以查看撤牌的资源信息，可对撤牌资源进行修改再挂牌。

（3）生成提单

功能：生成提单。

菜单：我的平台－钢铁交易－我是卖家－合同管理。

操作员：卖家权限操作员。

界面：见图3－9。

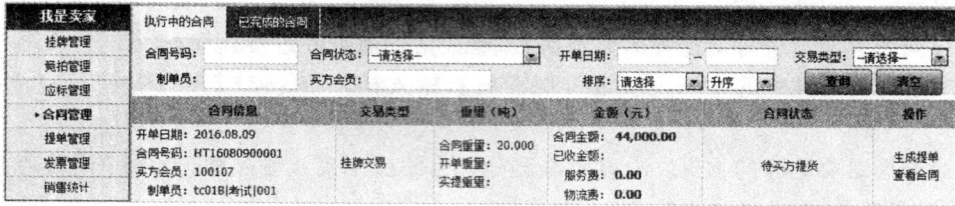

图 3-9　生成提单界面

操作：

1)在需要生成提单的合同信息后,点击【生成提单】,系统显示生成提单界面。

2)维护提货数量和提货重量,点击【下一步】,进入提货单信息确认界面。

3)点击【确认】,系统显示确认提示框,点击【确定】后,系统提示生成提单成功。

(4)打印提单

功能：打印提单作为到仓库的提货凭证。

菜单：我的平台－钢铁交易－我是卖家－提单管理。

操作员：卖家权限操作员。

界面：见图 3-10。

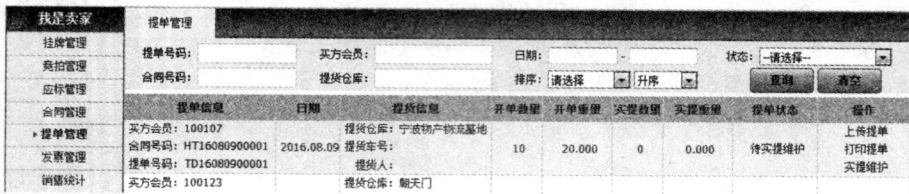

图 3-10　打印提单界面

操作：

1)在需要打印的提货单后,点击【打印提单】,系统显示打印预览界面。

2)点击【打印】,如果电脑已连接打印机,则打印机会打印纸质提单,系统显示打印成功。

(5)实提维护/修改

功能：实提维护/修改。

菜单：我的平台－钢铁交易－我是卖家－提单管理。

操作员：卖家权限操作员。

界面：见图 3-11。

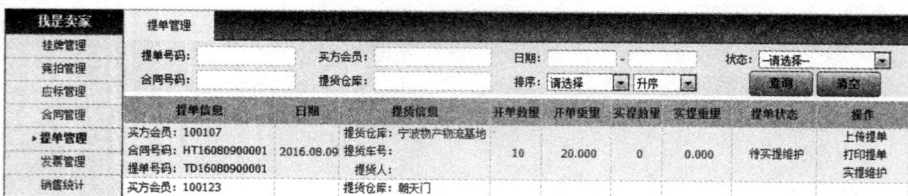

图 3-11　实提维护和修改界面

操作:

1)在需要维护实提的提货单后,点击【实提维护】,系统显示实提维护界面。

2)在实提维护界面中维护实提数量、实提重量信息,实提信息是在买家提货后维护的实际出库量信息。

3)点击【实提】,系统显示确认提示框,点击【确定】后,系统提示实提维护成功。

(6)新增发票

功能:对买家生成的提单开票操作。

菜单:我的平台－钢铁交易－我是卖家－发票管理。

操作员:卖家权限操作员。

界面:见图3－12。

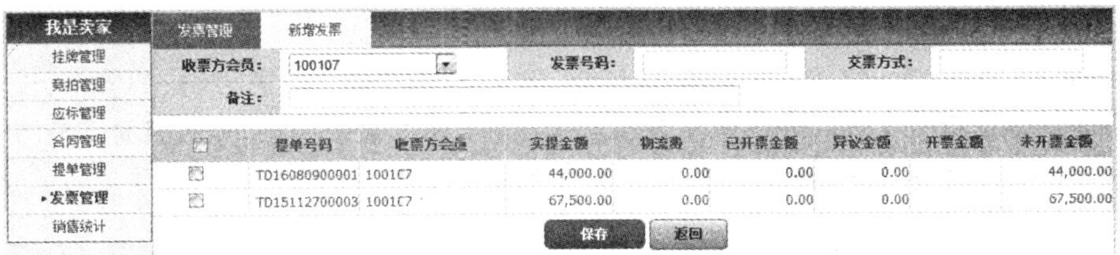

图 3－12 新增发票界面

操作:

1)点击【新增发票】,系统显示新增发票界面,列表显示所有待开发票的提货单信息。

2)勾选开具发票的提货单,录入发票号码与交票方式、开票金额,发票号码表示实际开具发票的号码,交票方式表示发票开具后交予买家的方式。

3)点击【保存】,见图3－13,系统提示确认后,新增发票成功。

图 3－13 新增发票保存界面

2.买家角色

(1)添加购物车－生成订单

功能:将需要购买的物资加入购物车生成订单。

菜单:我的平台－钢铁交易－我是买家－资源采购。

操作员:买家权限操作员。

界面:见图3－14。

图 3-14　挂牌资源列表界面

操作：

1)点击【挂牌交易】,系统显示平台所有会员的挂牌资源。

2)选择需要购买的物资,如品名:螺纹钢;材质:HRB335;规格:直径 20mm、长 9m;生产厂家:柳钢;数量:10 件;单位:件;重量:20 吨;计量方式:理计;生产日期:2015-08-09;是否议价:一口价。点击【加入购物车】,系统显示"已加入",见图 3-15。

图 3-15　添加购物车界面

3)点击【购物车】,系统显示购物车界面。

4)在购物车界面中确认购买物资信息,见图 3-16。

图 3-16　购物车界面

5)确认信息无误后,选择需要成交的物资。

6)点击【预览】,系统显示买卖双方购销合同,输入业务支付密码,点击【同意并付款】,买卖双方在平台生成订单成功,见图 3-17。

图 3-17　同意或拒绝界面

（2）支付货款

功能：买家支付剩余的货款。

菜单：我的平台－钢铁交易－我是买家－合同管理。

操作员：买家权限操作员。

界面：见图 3－18。

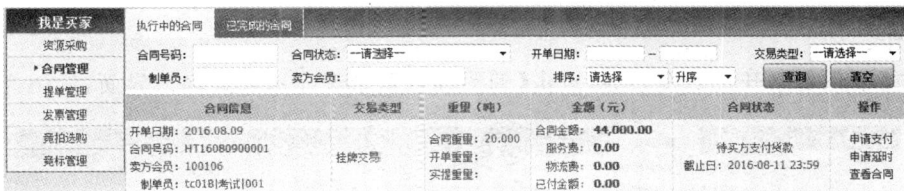

图 3－18　支付货款界面

操作：

1）在需要付款的合同后点击【申请支付】，系统弹出支付清单预览界面，点击【确认】，提交支付清单，系统显示付款界面。

2）在当前付款界面，输入支付密码，点击【立即支付】，系统提示是否确认支付。

3）点击【确定】，支付成功。

（3）验货确认

功能：买家收验货物后线上确认收验货物。

菜单：我的平台－钢铁交易－我是买家－提单管理。

操作员：买家权限操作员。

界面：见图 3－19。

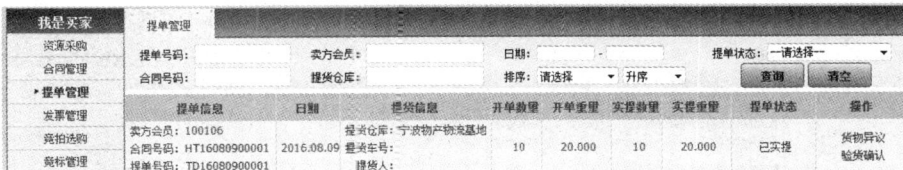

图 3－19　验货确认界面

操作：

1）在需要验货确认的提货单后，点击【验货确认】，系统显示验货确认界面。

2）输入支付密码，点击【验货确认】，系统提示"您提交验货确认后，平台即解冻卖方 90.0％货款，是否继续？"

3）点击【确定】，系统显示验货确认成功。

（4）到票确认

功能：买家收到卖家开具的票据后在线上进行确认操作。

菜单：我的平台－钢铁交易－我是买家－发票管理。

操作员：买家权限操作员。

界面：见图 3－20。

73

图 3-20 发票管理界面

操作:

1)在收到卖家开具的发票后,点击【到票确认】,系统显示到票确认界面,见图 3-21。

图 3-21 到票确认界面

2)点击【到票确认】,系统提示"确认要到票确认"。

3)点击【确定】,到票确认成功。

(5)评分

功能:买家对本次交易进行评分。

菜单:我的平台-钢铁交易-我是买家-合同管理。

操作员:买家权限操作员。

界面:见图 3-22。

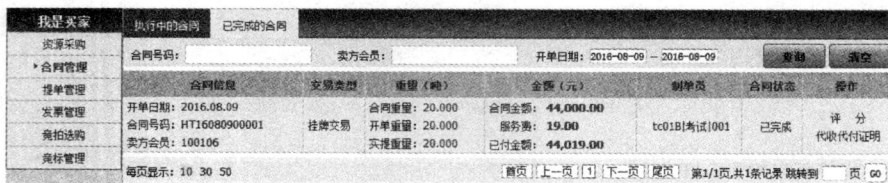

图 3-22 已完成合同评分界面

操作:

1)点击【已完成的合同】,在需要评分的已完成合同后,点击【评分】,系统显示评分界面,见图 3-23。

图 3-23 提交评分界面

2)根据卖家的服务,点击后面的星星进行评分。

3)点击【提交评分】,进行提交,系统提示"据交易规则一个合同只能进行一次评分而且不能修改,确认对卖家评分?"确定后完成评分并返回到合同管理界面。

4)点击【返回合同】,返回到合同管理界面。

3.交易中心角色

(1)余款释放

功能:对交易合同货款进行释放。

菜单:钢铁系统—结算管理—购销余款释放。

操作员:交易中心。

界面:见图3-24。

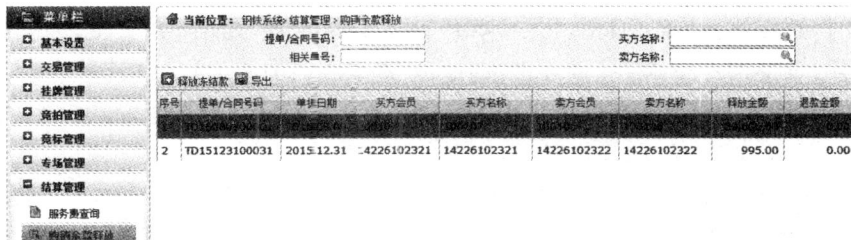

图3-24 余款释放界面

操作:

1)选中需要释放款项的提货单,点击【释放冻结款】,系统显示购销余款释放界面,见图3-25和3-26。

图3-25 第一次余款释放界面

图3-26 第二次余款释放界面

2)点击【确定】,系统显示购销余款释放成功。

说明:

1)买家验货确认后可以进行第一次合同部分货款释放。

2)交易流程结束后(买家到票确认)进行第二次剩余合同货款释放。

3)第一次合同货款没释放的情况下是不允许释放第二次需要释放的货物余款的。

**(四)实验要求**

1)按要求进行分角色操作,系统记录操作步骤。

2)课堂操作:在教师指导下完成大宗商品钢铁挂牌交易的所有流程(每个角色)。

3)考核操作:在无教师指导下完成大宗商品钢铁挂牌交易的所有流程(每个角色)。

**(五)实验数据**

1)品名:螺纹钢;材质:HRB335E;规格:直径 12mm、长 9m;生产厂家:安钢;数量:10 件;单位:件;重量:21.58 吨;计量方式:理计;生产日期:2016—11—11。

2)品名:盘螺;材质:HRB335E;规格:12mm;生产厂家:安钢;数量:10 件;单位:件;重量:20 吨;计量方式:磅计;生产日期:2016—11—11。

3)品名:花纹卷板;材质:Q235B;规格:直径 11.75mm、长 1.5m;生产厂家:安钢;数量:1 件;单位:件;重量:12.56 吨;计量方式:磅计;生产日期:2016—11—11。

4)品名:中厚板;材质:Q345B;规格:直径 44mm、长 2.5m;生产厂家:安钢;数量:10 件;单位:件;重量:32.4 吨;计量方式:磅计;生产日期:2016—11—11。

# 二、煤炭挂牌交易实验

**(一)实验目的**

1)掌握大宗商品电子交易平台中煤炭挂牌交易的过程。

2)掌握大宗商品电子交易平台中煤炭挂牌交易的工作流程。

3)熟悉大宗商品电子交易平台中煤炭挂牌交易的操作步骤。

**(二)实验内容**

本实验主要是通过大宗商品电子交易平台中煤炭挂牌交易模块展现大宗商品中的煤炭材料挂牌交易流程,使学生直观体验煤炭挂牌交易流程中角色的变化,认识买家、卖家、交易中心在大宗商品煤炭挂牌交易中的职能。通过实际操作演示,使学生更加形象地理解大宗商品煤炭挂牌交易模式的特点与流程要点。

1. 实验角色分配

实验采用分角色的形式,为当前课堂中的学生分配买家、卖家、交易中心角色,整个流程需要几个角色共同工作才能完成一个交易过程。

买家角色功能:线下账户充值、订单管理、订单支付管理、提货申请管理、确认结算管理、开票申请管理、验票确认管理。

卖家角色功能:线下账户充值、资源新增、资源挂牌、订单管理、发货通知管理、结算管理。

交易中心角色功能:线下账户充值、线下充值受理、凭证审核、品种设置。

2.操作流程

(1)挂牌示例物资

产地:沈阳焦煤;种类:1/3 焦煤;品名:洗混煤 5400;发热量收到基:5400kcal/kg;挥发分收到基:35%;全硫收到基:<0.4%;灰分收到基:26%～30%;内水:<2%;全水分:<7%;粒度:<80mm;灰熔点(AFT):>1380℃;重量:3000 吨;单价:355 元/吨。

(2)挂牌交易流程

图 3-27 为煤炭挂牌交易流程。

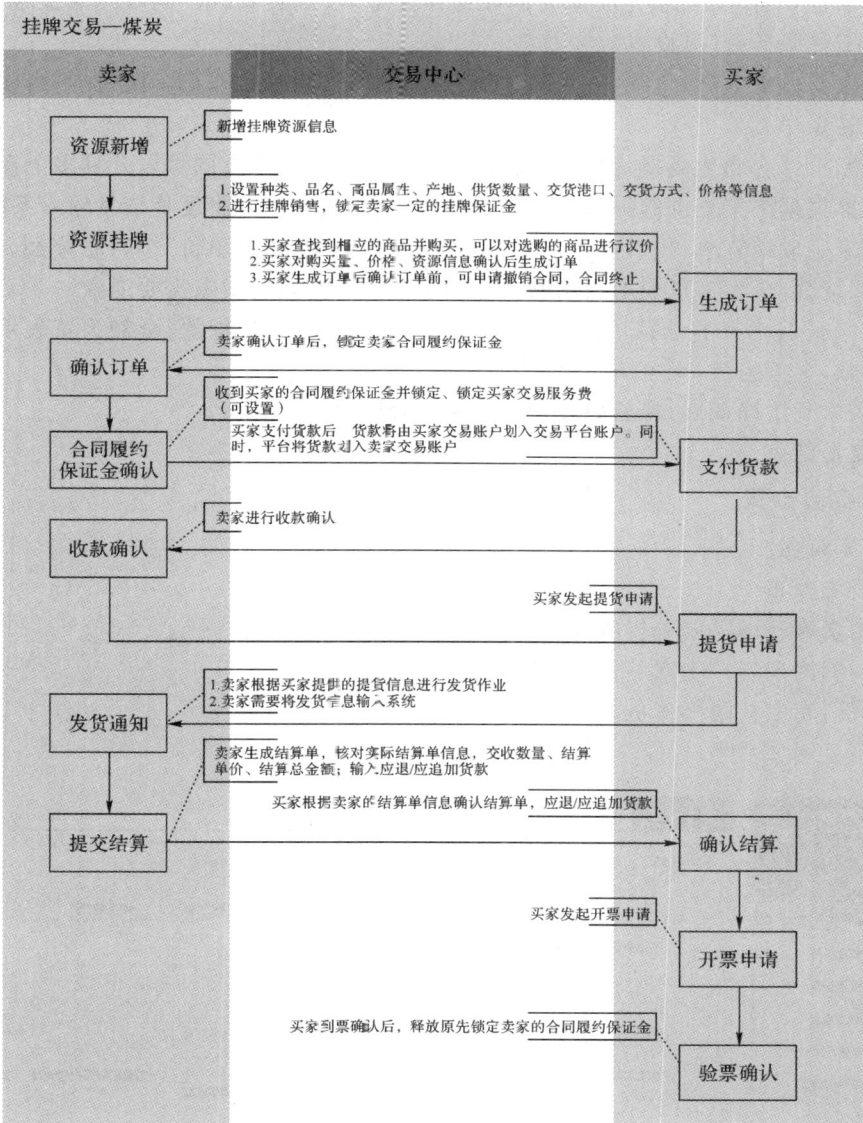

图 3-27 煤炭挂牌交易流程

（3）流程说明

1）卖家发布资源，设置种类、品名、商品属性、产地、供货数量、交货港口、交货方式、价格等信息，并进行挂牌销售，锁定卖家一定的挂牌保证金（可设置）。

2）卖家发布资源成功后，买家业务员即可在交易大厅中查找到相应的商品并购买，可以对选购的商品进行议价；买家对购买量、价格、资源信息确认后生成订单，卖家释放买家选购数量的挂牌保证金，挂牌数量要减去生成订单的数量。

3）买家生成订单后确认订单前，可申请撤销合同，合同终止。

4）卖家确认订单后，锁定卖家合同履约保证金，收到买家的合同履约保证金并锁定、锁定买家交易服务费（可设置）。

5）买家支付货款后，货款将由买家交易账户划入交易平台账户。同时，平台将货款划入卖家交易账户。

6）买家根据合同生成提货单，并设置提单信息，针对一个合同可以开具多个提单。

7）卖家根据买家提供的提货信息进行发货作业；卖家需要将发货信息输入系统。

8）卖家生成结算单，核对实际结算单信息，交收数量、结算单价、结算总金额。输入应退/应追加货款（金额为正表示买家需要追加货款，金额为负，卖家需要退款）。

9）买家根据卖家的结算单信息确认结算单，应退/应追加货款（金额为正表示买家需要追加货款，金额为负，卖家需要退款）。

10）买家到票确认后，释放原先锁定卖家的合同履约保证金。

11）交易结束。

**（三）实验步骤**

1. 卖家角色

（1）资源发布

功能：卖家新增需要销售的商品。

菜单：国内现货—卖家—资源发布。

操作员：卖家权限操作员。

界面：见图 3 - 28。

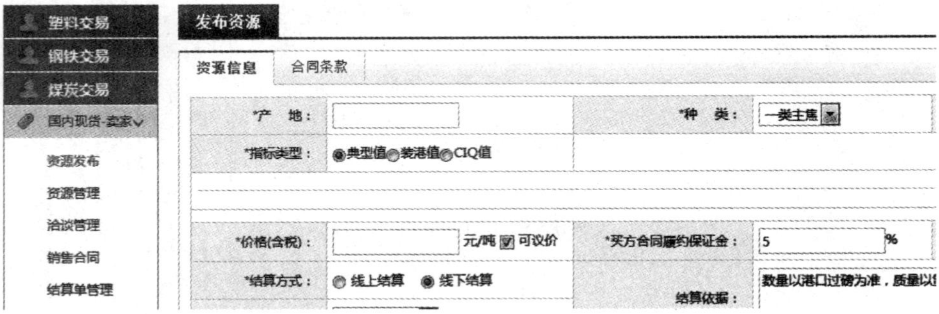

图 3 - 28　资源发布界面

操作：

1)在导航中点击"资源发布"，系统显示资源信息界面，见图 3 - 29。

图 3 - 29　资源信息界面

2)在资源信息界面中，产地下拉选择"沈阳焦煤"，种类下拉选择"1/3 焦煤"，品名下拉选择"洗混煤 5400"，指标类型选择"典型值"，发热量收到基输入"5400KCAL/KG"，挥发分收到基输入"35％"，全硫收到基输入"＜0.4％"，灰分收到基输入"26—30％"，内水输入"＜2％"，全水分输入"＜7％"，粒度输入"＜80MM"，灰熔点输入"＞1380℃"，价格输入"355"，买方合同履约保证金输入"5"，价格有效期输入"3"，结算方式选择"线下结算"，供货数量输入"3000"，最低购买量输入"2500"，最低变动量输入"100"，交货方式下拉选择"港提交货"，交货港口下拉选择"杭州港"，提货方式选择"自提"，运输方式选择"海运"。

3)资源信息输入无误后，系统显示商品发布资源预览界面，见图 3 - 30。

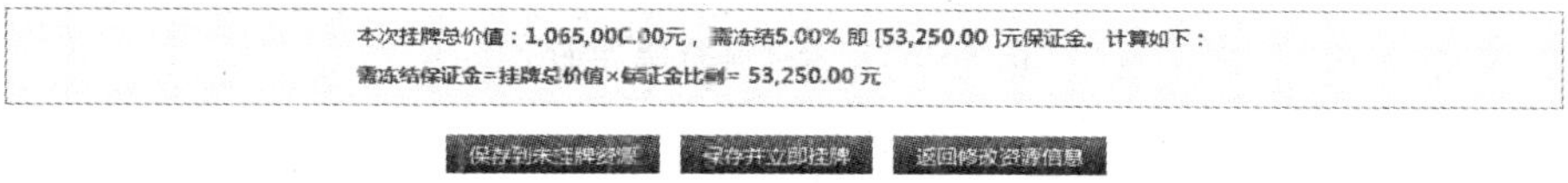

图 3 - 30　商品发布预览界面

4)点击【保存并立即挂牌】，商品挂牌成功，界面跳转到挂牌成功提示界面（查看已挂牌商品、继续发布商品），见图 3 - 31。

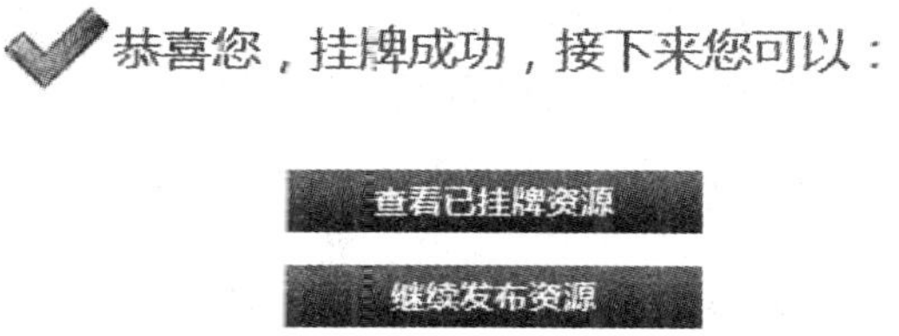

图 3 - 31　挂牌成功提示界面

5)发布成功后等待会员采购。

(2)资源管理

**所有资源**

功能:显示所有的未挂牌、已挂牌商品信息。

菜单:国内现货－卖家－资源管理－所有资源。

操作员:卖家权限操作员。

界面:见图 3-32。

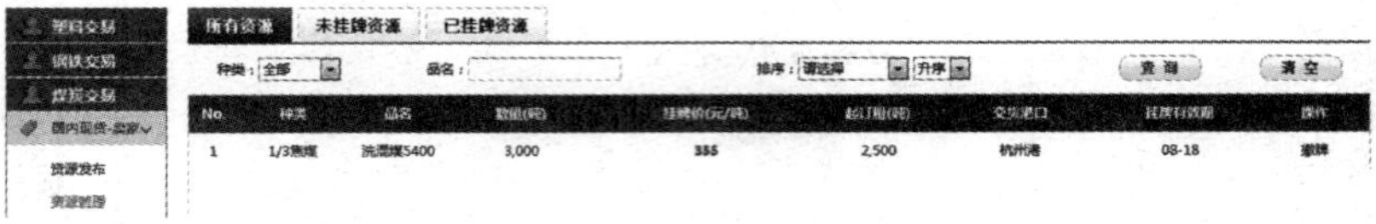

图 3-32 所有资源界面

操作:

1)列表中显示所有的可挂牌和已挂牌的商品信息,可根据查询条件进行查询。

2)可挂牌商品:有【修改】【删除】操作。

3)已挂牌商品:有【撤牌】操作。

**未挂牌资源**

功能:显示未挂牌的资源,对未挂牌的资源进行修改、删除操作。

菜单:国内现货－卖家－资源管理－未挂牌资源。

操作员:卖方权限操作员。

界面:见图 3-33。

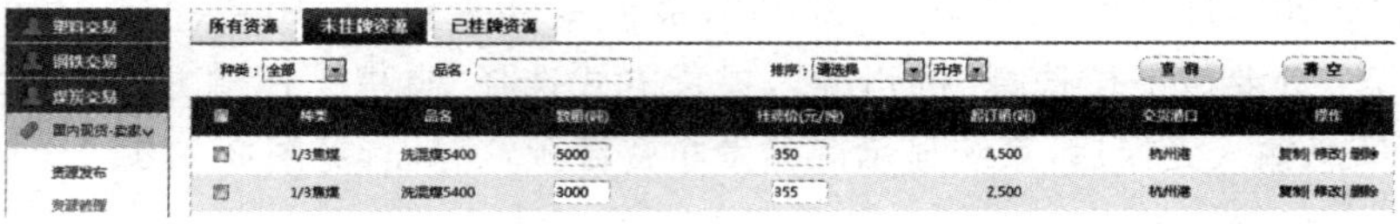

图 3-33 未挂牌资源界面

操作:

1)在需要修改的未挂牌资源后,点击【修改】,系统显示修改界面,在修改界面中显示该资源前一次修改的信息,修改完成后,点击【发布预览】。

2)在商品列表中选择多条需要挂牌的资源,在序号后面复选框打"√",点击【批量挂牌】按钮,系统提示"是否确定对选定的资源进行挂牌操作?"点击【确定】,点击【批量挂牌】,确定提示信息后提示批量销售挂牌成功。

3)在需要删除的未挂牌资源后,点击【删除】,系统提示"您是否确定删除这条挂牌资源?"点击【确定】,系统提示删除成功,该商品信息从列表中消失;选择【取消】,退出删除操作。

4)在商品列表中选择多条商品信息,在序号后面复选框打"√",点击【批量删除】按钮,系统提示"是否确认删除选中的商品?"点击【确定】,批量删除成功。

**已挂牌资源**

功能:显示已挂牌商品,对已挂牌商品进行撤牌操作。

菜单:国内现货－卖家－资源管理－已挂牌资源。

操作员:卖家权限操作员。

界面:见图3-34。

图3-34　已挂牌资源界面

操作:

1)列表中显示已成功挂牌的商品信息,可以根据搜索条件进行搜索查询。

2)在需要撤牌的挂牌物资后,点击【撤牌】按钮,系统提示"您是否确定对选择的商品执行撤牌操作?"点击【确定】,商品撤牌成功,点击【取消】,退出撤单操作。

3)在列表中选择多条需要撤牌的商品信息(在复选框里打"√")点击【批量撤牌】,弹出提示,点击【确定】,成功撤单。

(3)合同确认

功能:卖家确认合同。

菜单:国内现货－卖家－销售合同。

操作员:卖家权限操作员。

界面:见图3-35。

图3-35　销售合同界面

操作:

1)在需要确认的销售合同后,点击【确认合同】,系统显示确认订单信息界面,见图3-36。

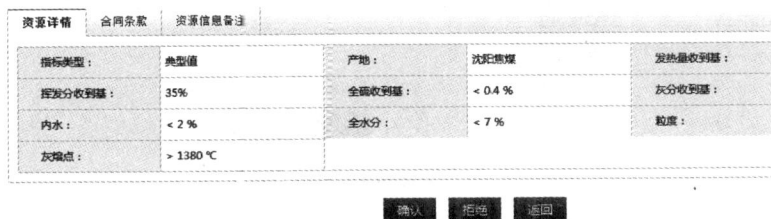

图3-36　订单信息界面

2)点击【确认】,系统提示"确认同意订单吗?"点击【确定】,系统显示确认订单成功。

3)点击【拒绝】,系统提示"确认取消订单吗?"点击【确定】,订单取消。

说明：

1）确认买家的意向订单，并可以对合同条款内容、数量、结算方式等进行修改，其中价格不允许修改。

2）合同条款中有提货期确认。

3）如果是可议价，点击【同意】，系统弹出提示"您确定您的成交价是1000元/吨?"以提醒卖家。

4）可以拒绝买家意向订单（要求输入拒绝理由，买家可以查看拒绝理由），买家可以在修改后再由卖家确认。

（4）合同履约保证金到款确认

功能：卖家收到买家合同履约保证金后进行线上确认。

菜单：国内现货－卖家－销售合同。

操作员：卖家权限操作员。

界面：见图3-37。

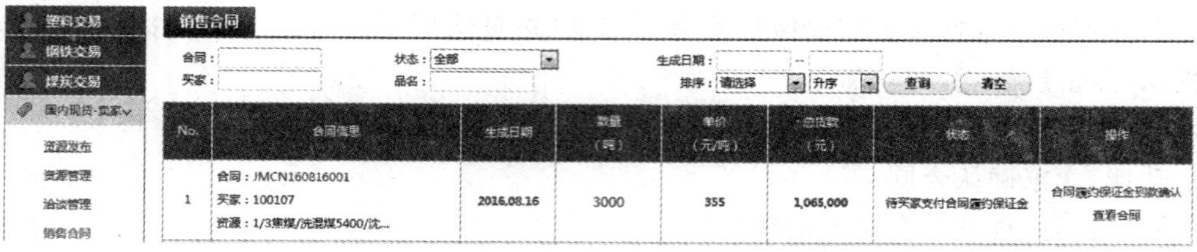

图3-37　保证金到款确认界面

操作：

1）在需要合同保证金到款确认的销售合同后，点击【合同履约保证金到款确认】，系统显示到款确认界面，见图3-38。

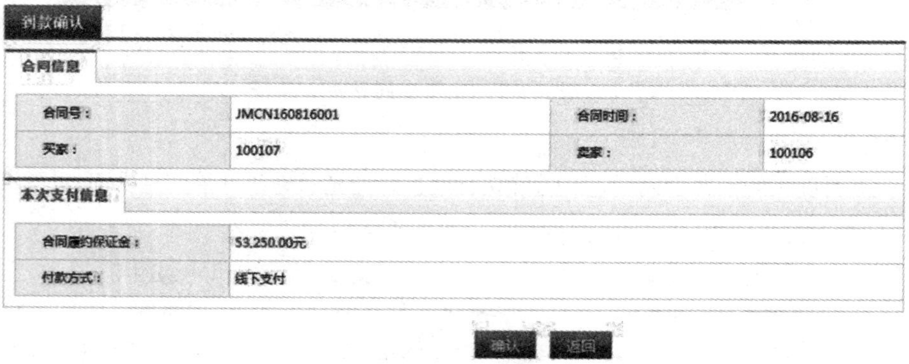

图3-38　保证金到款确认界面

2）在到款确认界面，点击【确认】，系统弹出确认提示，点击【确定】，系统提示到款确认成功。

（5）收款确认

功能：卖家收到买家货款后进行线上确认。

菜单:国内现货－卖家－销售合同。

操作员:卖家权限操作员。

界面:见图3－39。

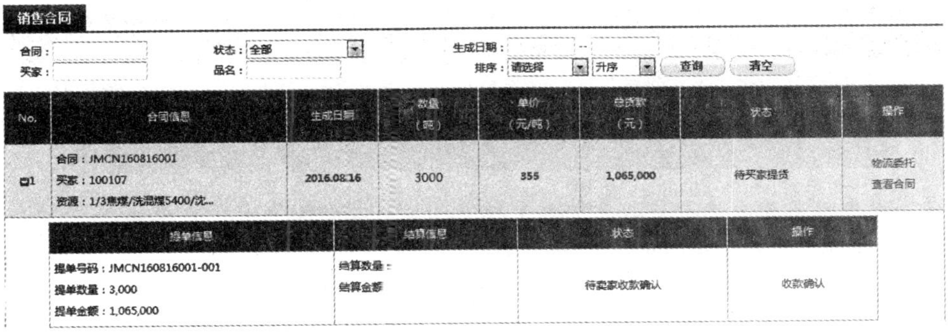

图3－39　收款确认界面

操作:

1)在需要货款到款确认的销售合同后,点击【收款确认】,系统显示收款确认界面,见图3－40。

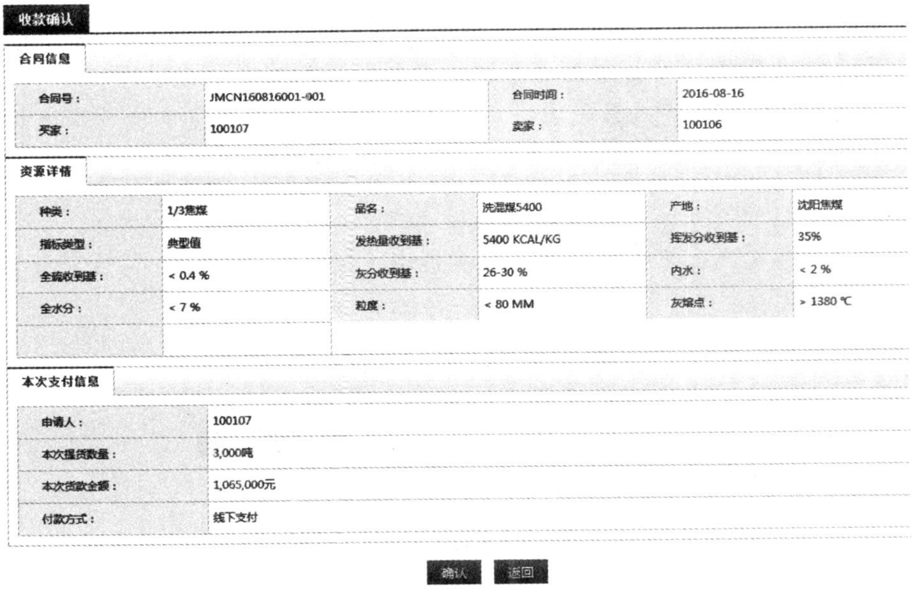

图3－40　收款确认界面

2)在收款确认界面,点击【确认】,系统弹出确认提示,点击【确定】,系统提示收款确认成功。

(6)发货通知

功能:确认发货的资源、提货人等信息并形成发货通知单通知发货人员发货。

菜单:国内现货－卖家－销售合同。

操作员:卖家权限操作员。

83

界面:见图 3-41。

图 3-41　发货通知界面

操作:

1)在需要通知发货的销售合同后,点击【发货通知单】,系统显示发货信息界面,见图 3-42。

2)我司要求输入"到港提货",商检要求输入"到港检验",结算依据输入"到港检验单",点击【提交】,系统显示确认提示,点击【确定】,系统显示保存发货通知单成功。

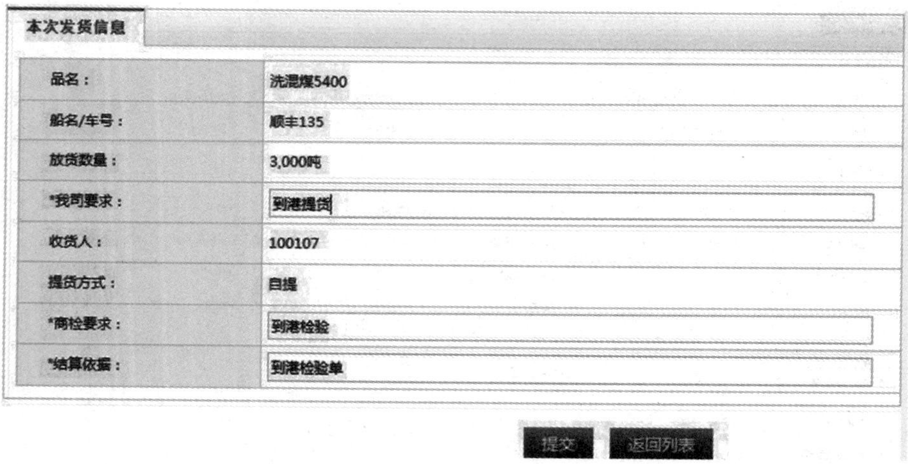

图 3-42　发货信息界面

3)点击【返回列表】,跳转到销售合同界面。

说明:

1)确认发货的资源信息、收货人、发货数量,以及其他相关条款信息。

2)发货单支持打印。

(7)生成结算单

功能:以检验单为准,填写实际交收货物的属性信息。

菜单:国内现货-卖家-销售合同。

操作员:卖家权限操作员。

界面:见图 3-43。

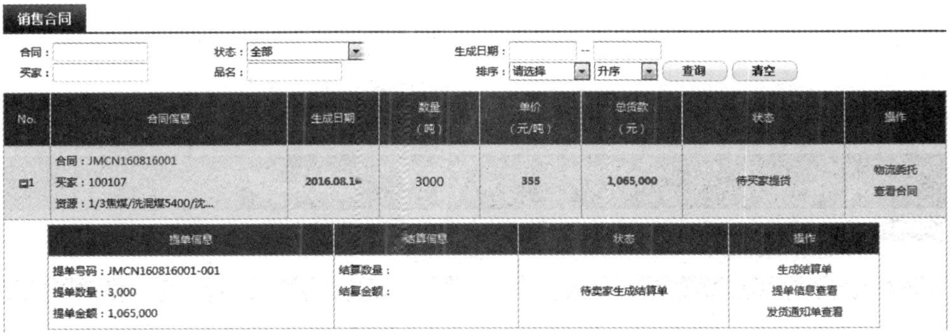

图 3-43 生成结算单界面

操作:

1)在需要结算的销售合同后,点击【生成结算单】,系统显示结算单界面,见图 3-44。

图 3-44 结算单界面

2)在结算单界面,结算指标不改变,实际结算单信息不改变。

3)点击【提交】,系统弹出确认提示,点击【确定】,系统显示保存结算单成功。

4)点击【返回列表】,返回到销售合同界面。

说明:

1)可以填写实际交收的商品属性值、交收数量、结算单价、结算金额。

2)需要买家同意,结算单才生效。

2.买家角色

(1)资源采购并生成订单

功能:资源采购。

菜单:煤炭交易－国内现货－买家－资源采购。

操作员:买家权限操作员。

界面:见图 3-45。

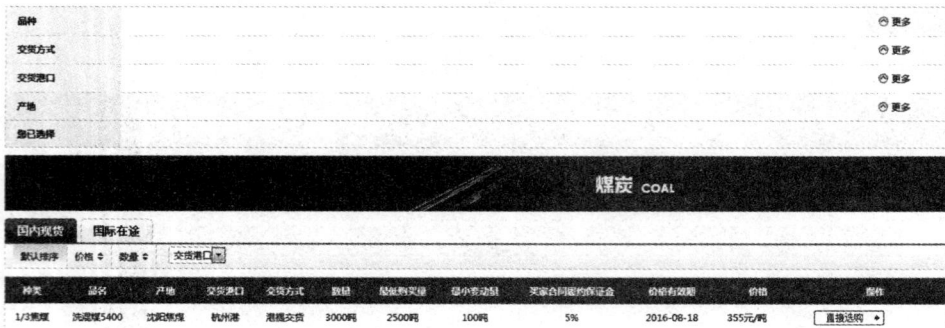

图 3-45 资源采购界面

操作:

1)在需要购买的挂牌资源后,点击【直接选购】,系统显示商品购买信息界面,见图 3-46。

图 3-46 商品信息界面

2)在确认购买信息界面,购买数量输入"3000",点击【同意并生成订单】,系统显示买卖采购合同界面。

3)在采购合同界面,点击【同意提交】,系统弹出提示,点击【确定】,采购合同生成成功,见图 3-47。

恭喜您,订单[JMCN160816001]已生成,等待卖家确认,接下来您可以:

查看采购合同

继续选购资源

图 3-47 生成订单提示界面

(2)支付货款

功能:买家支付货款。

菜单:国内现货—买家—采购合同—支付货款。

操作员:买家权限操作员。

界面:见图 3-48。

图 3-48 支付货款界面

操作：

1）在已经付款的采购合同后，点击【线下支付申请】，系统显示支付清单界面。

2）在支付清单界面，本次提货量输入"3000"。

3）点击【生成支付清单并支付】，系统显示支付货款详情界面。

4）在支付货款详情界面，单击【确认】，系统弹出确认提示，点击【确定】，系统显示生成支付申请单成功，见图 3-49。

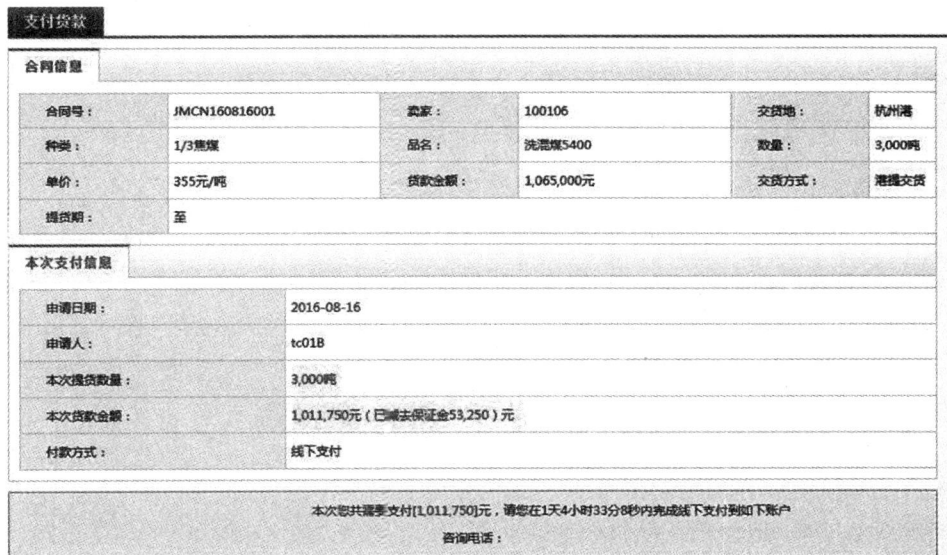

图 3-49 支付货款确认界面

支付成功后，买家提货申请。

（3）提货申请

功能：买家支付货款后，进行提货申请。

菜单：国内现货－买家－采购合同－提货申请。

操作员：买家权限操作员。

界面：见图 3-50。

图 3-50  提货申请界面

操作：

1)在需要提货的采购合同后，点击【提货申请】，系统显示提货信息界面，见图 3-51。

图 3-51  提货信息界面

2)在提货申请界面，提货时间选择"2016-08-16"，提货人输入"张三"，提货人联系方式输入"13565874585"，船号/车号输入"顺丰 135"。

3)提货信息输入完成后，点击【提交】，系统弹出确认提示，点击【确定】，系统显示提货申请信息成功。

说明：提货申请不能修改提货数量，支付多少货款就可以提多少货，可以分多次支付，多次提货。

(4)确认结算单

功能：收到货物后线上确认货物信息。

菜单：国内现货-买家-采购合同-确认结算单。

操作员：买家权限操作员。

界面：见图 3-52。

图 3-52 确认结算单界面

操作：

1）在需要收到货物的采购合同后，点击【确认结算单】，系统显示结算单界面，见图 3-53。

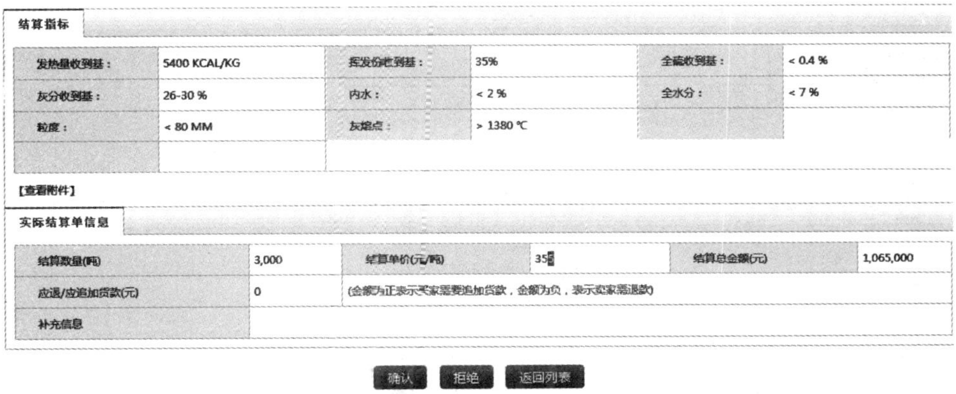

图 3-53 结算单界面

2）在结算单界面，点击【确认】，系统显示同意结算单成功。

说明：卖家如果有追加货款，负数就是要退款给买家，正数就是要买家追加货款。

（5）开票申请

功能：买家货款全部支付完成，并收到了货物，可进行开票申请。

菜单：国内现货－买家－采购合同－开票申请。

操作员：买家权限操作员。

界面：见图 3-54。

**采购合同**

| 合同： | | 状态：全部 ▼ | | 生成日期： | -- | | |
| 卖家： | | 品名： | | 排序：请选择 ▼ 升序 ▼ | | 查询 | 清空 |

| No. | 合同信息 | 生成日期 | 数量（吨） | 单价（元/吨） | 总货款（元） | 状态 | 操作 |
|---|---|---|---|---|---|---|---|
| □1 | 合同：JMCN160816001<br>卖家：100106<br>资源：1/3焦煤/洗混煤5400/沈… | 2016.08.16 | 3000 | 355 | 1,065,000 | 待买家验票确认 | 开票申请<br>到票确认<br>查看合同 |

| 提单信息 | 结算信息 | 状态 | 操作 |
|---|---|---|---|
| 提单号码：JMCN160816001-001<br>提单数量：3,000<br>提单金额：1,065,000 | 结算数量：3,000<br>结算金额：1,065,000 | 已完成 | 提单信息查看<br>发货通知单查看<br>查看结算单 |

图 3-54  开票申请界面

操作：

1)在需要提出开票申请的采购合同后,点击【开票申请】,系统显示开票申请界面,
见图 3-55。

**开票申请**

**开票信息**

| 会员名称： | 100106 | | |
|---|---|---|---|
| 购货单位： | 100107 | | |
| 地址： | | | |
| 电话： | | | |
| 税务登记号： | | | |
| 开户银行及账号： | : | | |
| 发票抬头： | 100107 | *期望开票日期： | 2016-08-17 |
| 货物名称： | 洗混煤5400 | 税率： | 17 % |
| 结算数量： | 3,000 吨 | 含税单价： | 355 元/吨 |
| 价税合计： | 1,065,000 元 | | |
| *开票内容： | 商品信息、商品单价、商品金额 | | |
| | 可以输入80个字符,当前已输入0字符(1个汉字等于2个字符) | | |
| 备注： | | | |

提交    返回

图 3-55  开票申请界面

2)在开票申请界面中,选择期望开票日期,选择开票日期,开票内容输入"商品信息、
商品单价、商品金额"。

3)信息输入完成后,点击【提交】,系统显示开票申请成功。

(6)验票确认

功能:收到卖家开具的票据后在线上进行确认操作。

菜单:国内现货－买家－采购合同－验票确认。

操作员:买家权限操作员。

界面:见图 3-56。

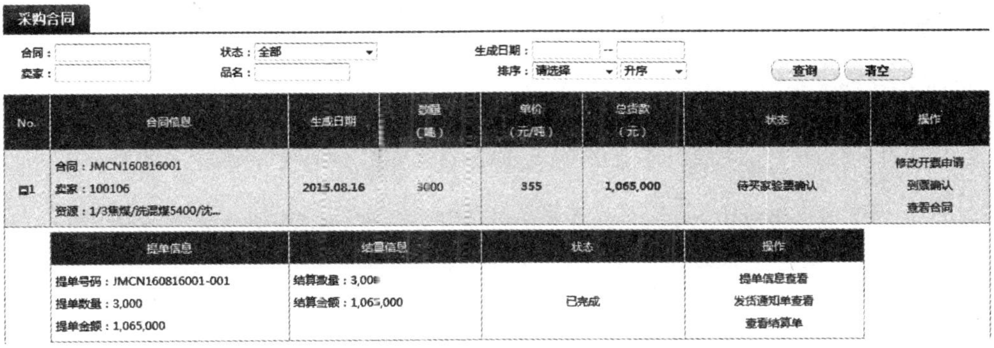

图 3-56 验票确认界面

操作:

1)在收到发票的采购合同后,点击【到票确认】,系统显示到票确认界面,见图 3-57。

图 3-57 到票确认界面

2)在到票确认界面,点击【到票确认】,系统显示到票确认成功。

(7)结算单管理

功能:买家确认结算单后可查看结算单相关信息。

菜单:国内现货-买家-结算单管理-查看结算单。

操作员:买家权限操作员。

界面:见图 3-58。

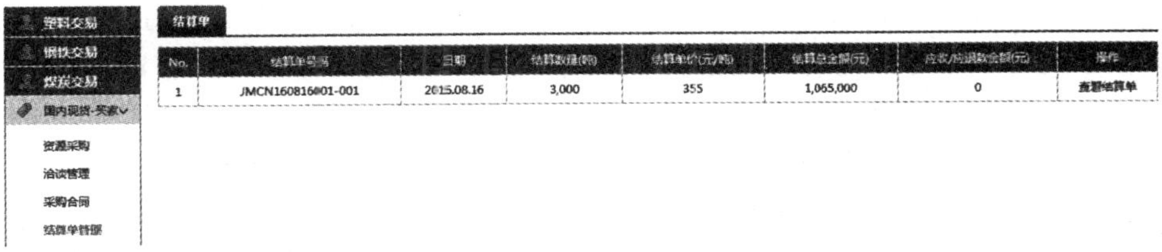

图 3-58 结算单管理界面

操作：点击【查看结算单】，弹出结算单查看界面，见图 3－59。

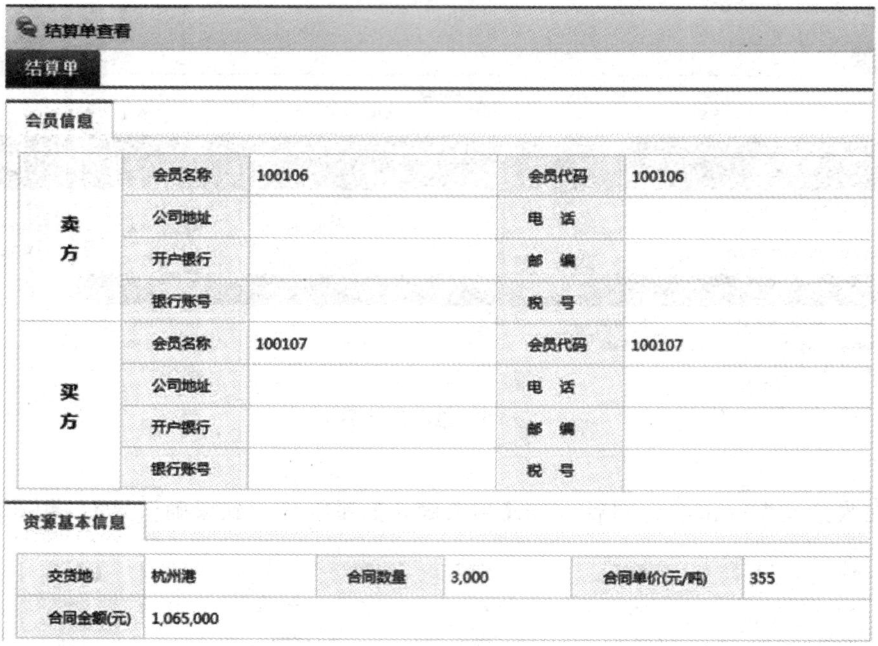

结算单查看

结算单

会员信息

| | | | | |
|---|---|---|---|---|
| 卖方 | 会员名称 | 100106 | 会员代码 | 100106 |
| | 公司地址 | | 电　话 | |
| | 开户银行 | | 邮　编 | |
| | 银行账号 | | 税　号 | |
| 买方 | 会员名称 | 100107 | 会员代码 | 100107 |
| | 公司地址 | | 电　话 | |
| | 开户银行 | | 邮　编 | |
| | 银行账号 | | 税　号 | |

资源基本信息

| | | | | | |
|---|---|---|---|---|---|
| 交货地 | 杭州港 | 合同数量 | 3,000 | 合同单价(元/吨) | 355 |
| 合同金额(元) | 1,065,000 | | | | |

图 3－59　结算单查看界面

### （四）实验要求

1）按要求进行分角色操作，系统记录操作步骤。

2）课堂操作：在教师指导下完成大宗商品煤炭挂牌交易的所有流程（每个角色）。

3）考核操作：在无教师指导下完成大宗商品煤炭挂牌交易的所有流程（每个角色）。

### （五）实验数据

1）产地：澳洲；种类：动力煤；品名：筛煤；发热量（$Q_{net}$）：7000kcal；全水分（$M_t$）：10.00%；挥发分（$V_d$）：25.00%；灰分（$A_d$）：8.00%；全硫份（$S_{t,d}$）：1.80%；指标类型：典型值；价格：800 元/吨；价格有效期：7 天；结算方式：线上结算；供货数量：500 吨；最低购买量：50 吨；最低变动量：5 吨；交货方式：港提交货；交货港口：天津港；运输方式：海运。

2）产地：澳洲；种类：无烟煤；品名：峰景焦煤；发热量（$Q_{net}$）：6500kcal；全水分（$M_t$）9.00%；挥发分（$V_d$）：26.00%；灰分（$A_d$）：8.00%；全硫分（$S_{t,d}$）：1.50%；指标类型：典型值；价格：850 元/吨；价格有效期：15 天；结算方式：线上结算；供货数量：700 吨；最低购买量：50 吨；最低变动量：5 吨；交货方式：港提交货；交货港口：上海港；运输方式：海运。

3）产地：澳洲；种类：炼焦煤；品名：贡耶拉焦煤；发热量（$Q_{net}$）：7500kcal；全水分（$M_t$）：10.00%；挥发分（$V_d$）：26.00%；灰分（$A_d$）：8.00%；全硫分（$S_{t,d}$）：1.80%；指标类型：典型值；价格：900 元/吨；价格有效期：7 天；结算方式：线上结算；供货数量：500 吨；最低购买量：50 吨；最低变动量：5 吨；交货方式：港提交货；交货港口：宁波港；运输方式：海运。

4)产地:澳洲;种类:贫瘦煤;品名:普瑞焦煤;发热量($Q_{net}$):7000kcal;全水分($M_t$):12.00%;挥发分($V_d$):24.00%;灰分($A_d$):8.00%;全硫分($S_{t,d}$):2.0%;指标类型:典型值;价格:800元/吨;价格有效期:20天;结算方式:线上结算;供货数量:800吨;最低购买量:50吨;最低变动量:5吨;交货方式:港提交货;交货港口:天津港;运输方式:海运。

## 三、塑料挂牌交易实验

### 塑料卖方挂牌

#### (一)实验目的

1)掌握大宗商品电子交易平台中塑料卖方挂牌交易的过程。

2)掌握大宗商品电子交易平台中塑料卖方挂牌交易的工作流程。

3)熟悉大宗商品电子交易平台中塑料卖方挂牌交易的操作步骤。

#### (二)实验内容

本实验主要是通过大宗商品电子交易平台中塑料卖方挂牌交易模块展现大宗商品中的卖方挂牌交易流程,使学生直观体验塑料卖方挂牌交易流程中角色的变化,认识买家、卖家、交易中心在大宗商品塑料卖方挂牌交易中的职能。通过实际操作演示,使学生更加形象地理解大宗商品塑料挂牌交易模式的特点与流程要点。

1. 实验角色分配

实验采用分角色的形式,为当前课堂中的学生分配买家、卖家、交易中心角色,整个流程需要几个角色共同工作才能完成一个交易过程。

买家角色功能:线下账户充值、订单管理、订单支付管理、提单管理、验货确认管理、验票确认管理。

卖家角色功能:线下账户充值、资源新增、资源挂牌、订单管理、送货单管理。

交易中心角色功能:线下账户充值、线下充值受理、凭证审核、品种设置。

2. 操作流程

(1)卖方挂牌示例物资

种类:塑料原料;品名:ABS;牌号:0215A;厂商:吉林石化;用途级别:通用级;质量标准:国标 正牌;包装规格:25公斤/包;销售数量:10吨;起订量:10吨;销售单价:11000元/吨;有效期:3天;提货方式:自提;交货地:浙江省宁波市镇海区物产物流基地;交货仓库:宁波物产物流基地。

(2)卖方挂牌交易流程

图3-60为塑料卖方挂牌流程。

挂牌交易—塑料卖家

| 卖家 | 买家 | 交易中心 |
|---|---|---|

**资源新增** — 卖家新增挂牌销售资源信息

**资源挂牌** — 1.卖家设置挂牌价格、系统是否优惠、优惠价、付款截止日、验货截止日、验票截止日及起订量等信息
2.卖家进行挂牌销售，系统锁定卖家3%交易保证金

**生成订单** — 买家对采购量、价格、交收信息确认后，点击【同意提交】，系统锁定买家2%履约保证金

**支付货款** — 1.买家支付货款后，货款将由买家交易账户划入交易平台账户
2.平台将货款划入卖家交易账户并锁定；买卖双方同时支付交易服务费
3.系统自动生成购销合同，该合同为买卖双方交易的法律依据

**卖家配送** / **提货方式** / 自提

**生成送货单** — 卖家生成送货单

**生成提单** — 买家生成提单

**打印送货单** — 卖家打印送货单

**打印提单** — 买家打印提单

**验货确认** — 1.买家提货后进行验货处理（数量、质量等）
2.无异议的，需在交易平台输入支付密码进行验货确认

**到票确认** — 买家收到卖家线下开具的发票后需在交易平台中对卖家开具的销售发票进行确认，确认无误后，交易中心即可将卖家剩余的货款解冻

**信用评分** — 买家对交易过程进行评价

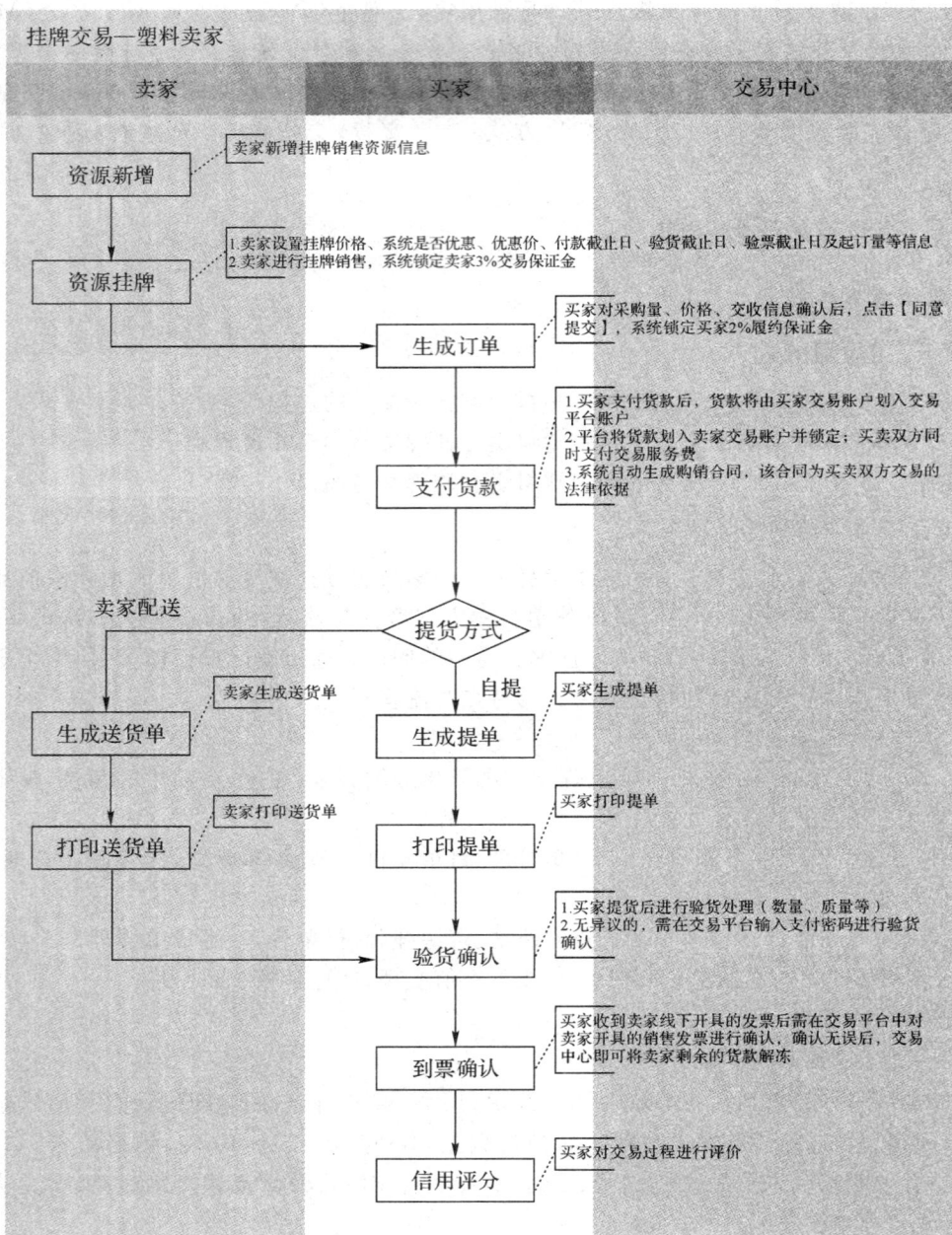

图 3-60　塑料卖方挂牌流程

（3）流程说明

1）卖家发布待销售资源信息，设置挂牌价格、是否优惠、优惠价、付款截止日、验货截止日、验票截止日及起订量等信息，并进行挂牌销售，系统锁定卖家3%交易保证金。

2）卖家发布资源成功后，买家业务员即可在交易系统资源选购中查找到相应的资源并选购，可以对选购的资源进行议价；买家对采购量、价格、交收信息确认后进行人支付

环节。

3）买家支付货款后,货款将由买家交易账户划入交易平台账户。同时,平台将货款划入卖家交易账户并锁定;买卖双方同时支付交易服务费;系统自动生成购销合同,该合同为买卖双方交易的法律依据。

4）买家根据合同生成提货单,并设置提单打印密码,针对一个合同可以开具多个提单;也可以由买家根据合同生成送货单,卖家打印送货单。

5）买家打印提单,需要输入提单打印密码。

6）买家凭打印的提单与货主联系提货。

7）买家提货后进行验货处理(数量、质量等),无异议的,需在交易平台输入支付密码进行验货确认。

8）买家到货确认后,交易中心即可开始结算货款,首先,交易中心结算需要支付给卖家货款的80%(可配置),若该合同存在需要退还给买家的货款,则同时退还相应的货款给买家。

9）卖家收到货款后,即可线下开具增值税销售发票给买家。

10）买家收到发票后需在交易平台中对卖家开具的销售发票进行验票确认,确认无误后,交易中心即可将卖家剩余的货款解冻。

11）买家对交易过程进行评价。

12）交易结束。

**(三)实验步骤**

1.卖家角色

(1)资源挂牌

功能:挂牌新的资源信息以供交易。

菜单:塑料交易-我是卖家-销售发布。

操作员:卖家权限操作员。

界面:见图3-61。

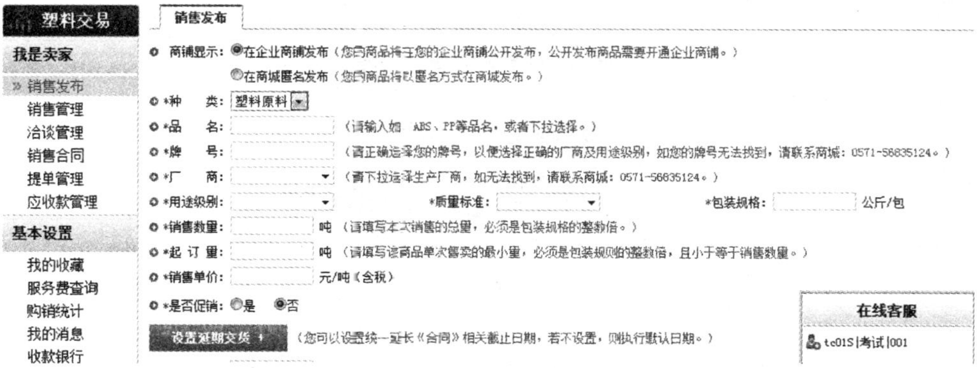

图3-61 销售发布界面1

操作：

1)在导航菜单中点击【销售发布】，系统出现销售发布界面，见图 3－62。

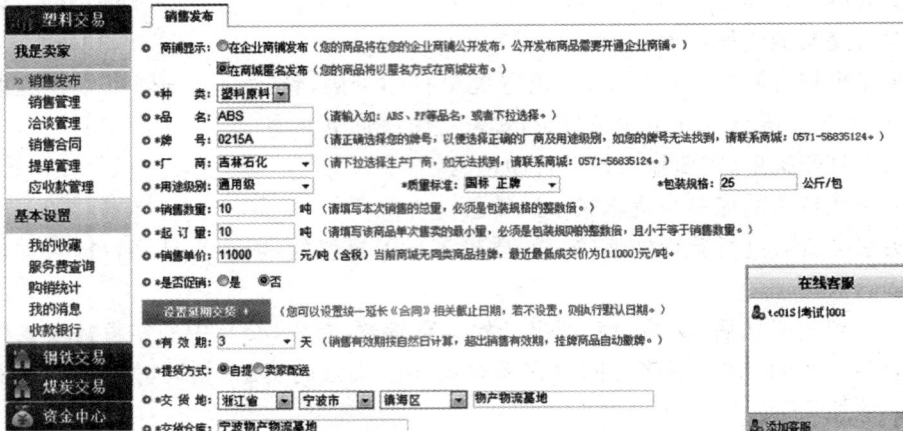

图 3－62　销售发布界面 2

2)在销售发布界面中，商铺显示选择"在商城匿名发布"，种类下拉选择"塑料原料"，品名下拉选择"ABS"，牌号下拉选择"0215A"，厂商下拉选择"吉林石化"，用途级别下拉选择"通用级"，质量标准下拉选择"国标 正牌"，包装规格输入"25"，销售数量输入"10"，起订量输入"10"，销售单价输入"11000"，是否促销选择"否"，有效期输入"3"，提货方式选择"自提"，交货地输入"浙江省宁波市镇海区物产物流基地"，交货仓库输入"宁波物产物流基地"。

3)信息输入无误后，点击【保存并立即挂牌】，系统跳转到销售发布确认界面。

4)在销售发布界面输入密码，点击【保存并立即挂牌】，资源挂牌成功，系统跳转到挂牌成功提示界面，见图 3－63。

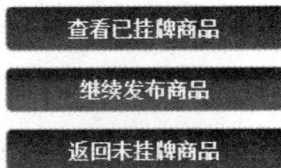

恭喜您，挂牌成功，接下来您可以：

查看已挂牌商品

继续发布商品

返回未挂牌商品

图 3－63　挂牌成功提示界面

说明：

1)种类、品名、牌号、厂商、用途级别都是经过后台关联起来的信息。

2)起订量、挂牌数量必须是包装规格的整数倍。

3)点击【保存并立即挂牌】，挂牌成功的资源会移至已挂牌资源里面。

4)点击【保存到未挂牌商品】,资源并未挂牌成功,只是被保存到了未挂牌资源列表界面。

(2)挂牌管理

**所有销售商品**

功能:显示所有的可挂牌、已挂牌资源信息。

菜单:塑料交易－我是卖家－销售管理－所有销售商品。

操作员:卖家权限操作员。

界面:见图3-64。

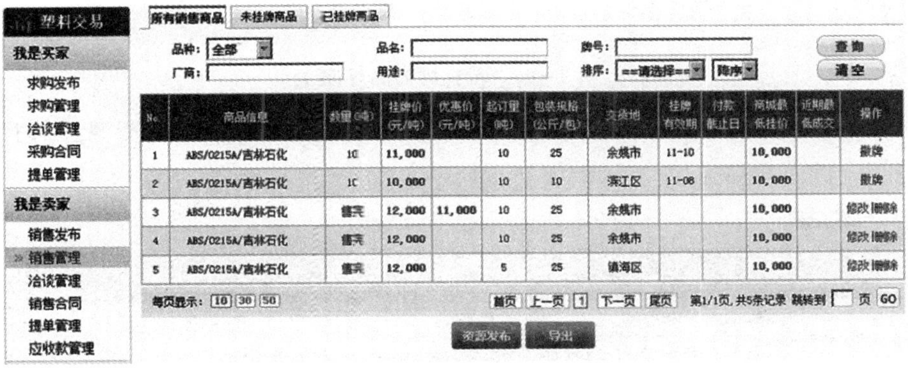

图3-64 所有销售商品界面

操作:

1)列表中显示所有的可挂牌和已挂牌的资源信息,可根据查询条件进行查询。

2)可挂牌资源:有【修改】【删除】操作;已挂牌资源:有【撤牌】操作。

**未挂牌商品**

功能:显示未挂牌的资源,对未挂牌的资源进行修改、删除操作。

菜单:塑料交易－我是卖家－销售管理－未挂牌商品。

操作员:卖家权限操作员。

界面:见图3-65。

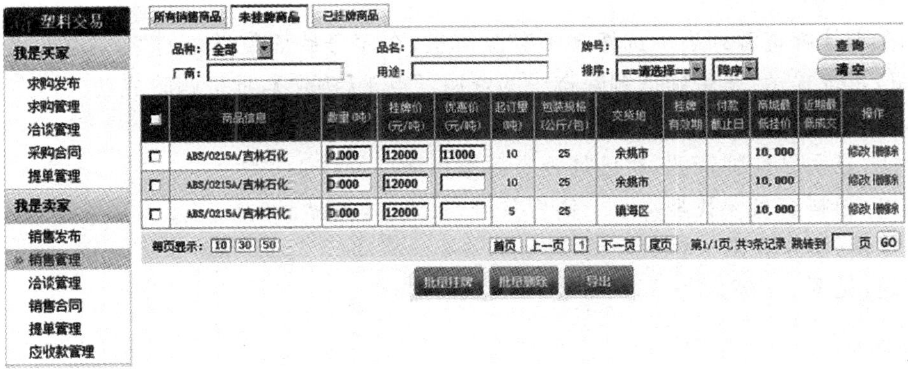

图3-65 未挂牌商品界面

操作：

1)在"未挂牌资源"列表中选择要修改的单据,点击修改单据后面的【修改】,系统显示商品信息修改界面。

2)在修改界面中,可修改商品信息。

3)修改完成后,点击【保存到未挂牌商品】或【保存并立即挂牌】。

4)选择需要挂牌的商品,点击【批量挂牌】,系统显示待挂牌商品界面,见图3-66。

| ☑ | 商品信息 | 数量(吨) | 挂牌价(元/吨) | 优惠价(元/吨) | 起订量(吨) | 包装规格(公斤/包) | 交货地 | 挂牌有效期 | 付款截止日 | 商城最低挂价 | 近期最低成交 | 操作 |
|---|---|---|---|---|---|---|---|---|---|---|---|---|
| ☑ | ABS/0215F/吉林石化 | 100.000 | 11000 | | 20 | 50 | 武昌区 | | | | | 修改\|删除 |
| ☑ | ASA/PC/XP4025/沙伯基·· | 3.000 | 12000 | | 1 | 20 | 安化县 | | | | | 修改\|删除 |

图3-66 待挂牌商品界面1

5)在待挂牌商品界面中,输入支付密码,点击【批量挂牌】,完成资源挂牌操作,见图3-67。

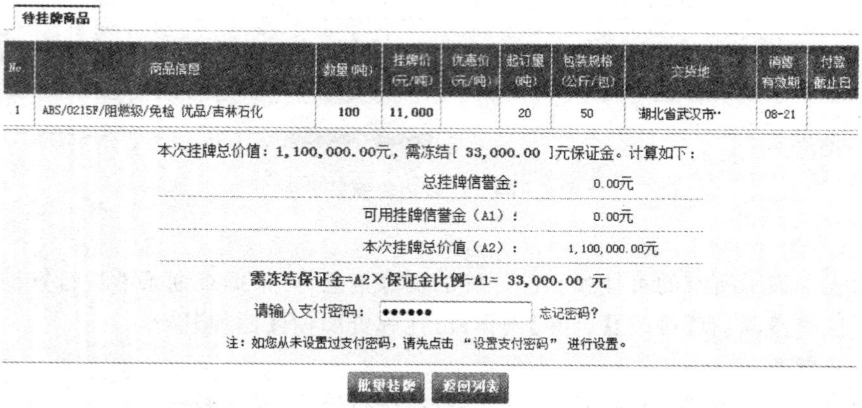

待挂牌商品

| No. | 商品信息 | 数量(吨) | 挂牌价(元/吨) | 优惠价(元/吨) | 起订量(吨) | 包装规格(公斤/包) | 交货地 | 询盘有效期 | 付款截止日 |
|---|---|---|---|---|---|---|---|---|---|
| 1 | ABS/0215F/阻燃级/免检 优品/吉林石化 | 100 | 11,000 | | 20 | 50 | 湖北省武汉市·· | | 08-21 |

本次挂牌总价值: 1,100,000.00元,需冻结[ 33,000.00 ]元保证金。计算如下:

总挂牌信誉金: 0.00元

可用挂牌信誉金(A1): 0.00元

本次挂牌总价值(A2): 1,100,000.00元

需冻结保证金=A2×保证金比例-A1= 33,000.00 元

请输入支付密码: ●●●●●● 忘记密码?

注:如您从未设置过支付密码,请先点击"设置支付密码"进行设置。

批量挂牌 返回列表

图3-67 待挂牌商品界面2

6)在需要删除的商品后,点击【删除】按钮,系统提示"您是否确定删除这条挂牌资源?"点击【确定】,系统提示删除成功,该资源信息从列表中消失;选择【取消】,退出删除操作。

7)在未挂牌资源列表中选择多条资源信息,在序号后面复选框打"√",点击【批量删除】按钮,系统提示"是否确认删除选中的资源?"点击【确定】,批量删除成功。

**已挂牌商品**

功能:显示已挂牌资源,对已挂牌资源进行撤牌操作。

菜单:塑料交易—我是卖家—销售管理—已挂牌商品。

操作员:卖家权限操作员。

界面:见图3-68。

图 3-68 已挂牌商品界面

操作：

1）列表中显示已成功挂牌的资源信息,可以根据搜索条件进行搜索查询。

2）在需要撤牌的商品后,点击【撤牌】按钮,系统提示"您确定要撤牌该条求购商品信息吗?"点击【确定】,资源撤牌成功;点击【取消】,退出撤牌操作。

3）在列表中选择多条需要撤牌的资源信息（在复选框里打"√"）,点击【批量撤牌】,系统弹出提示,点击【确定】,成功撤牌。

4）撤牌成功以后,该资源从已挂牌商品列表中消失。在"未挂牌商品"列表下可以查看到撤牌的资源信息,可对撤牌后的资源进行编辑。

2.买家角色

（1）资源采购并生成合同

功能：采购资源。

菜单：塑料交易－我是买家－我要购销－挂牌交易。

操作员：买家权限操作员。

界面：见图 3-69。

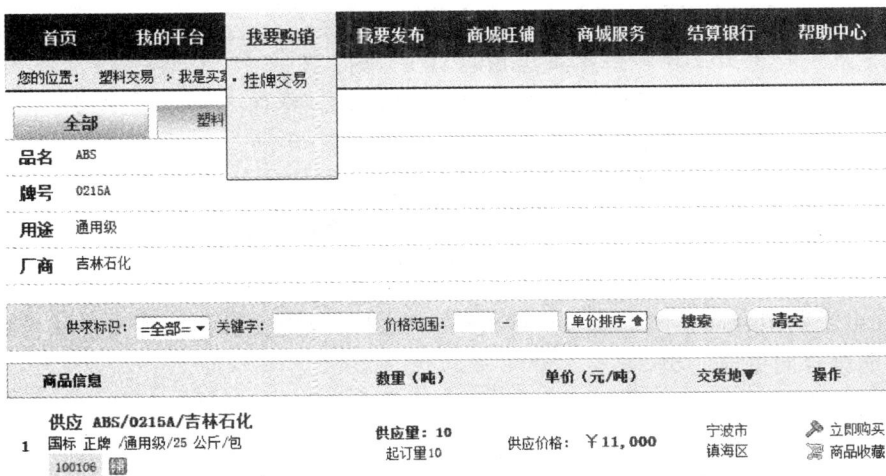

图 3-69 资源采购界面

99

操作：

1）列表显示所有挂牌可购买商品。

2）点击【立即购买】，系统显示商品购买界面，见图 3-70，点击【立即购买】，系统显示确认购买信息。

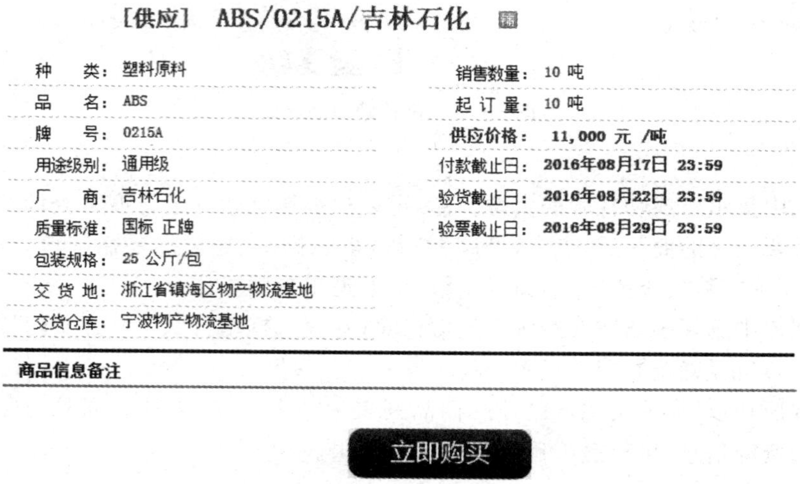

### [供应] ABS/0215A/吉林石化

| | | |
|---|---|---|
| 种　　类：塑料原料 | | 销售数量：10 吨 |
| 品　　名：ABS | | 起订量：10 吨 |
| 牌　　号：0215A | | 供应价格：**11,000 元 /吨** |
| 用途级别：通用级 | | 付款截止日：**2016年08月17日 23:59** |
| 厂　　商：吉林石化 | | 验货截止日：**2016年08月22日 23:59** |
| 质量标准：国标 正牌 | | 验票截止日：**2016年08月29日 23:59** |
| 包装规格：25 公斤/包 | | |
| 交货地：浙江省镇海区物产物流基地 | | |
| 交货仓库：宁波物产物流基地 | | |

**商品信息备注**

**立即购买**

图 3-70　商品购买界面

3）在确认购买信息界面中，购买数量输入"10"，点击【合同预览】，系统显示电子购销合同界面，见图 3-71。

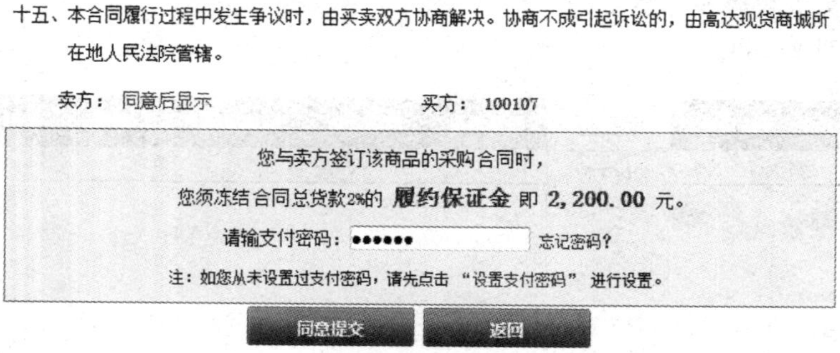

十五、本合同履行过程中发生争议时，由买卖双方协商解决。协商不成引起诉讼的，由高达现货商城所
　　在地人民法院管辖。

卖方：同意后显示　　　　　　　　　买方：100107

您与卖方签订该商品的采购合同时，

您须冻结合同总货款2%的 **履约保证金** 即 **2,200.00 元**。

请输支付密码：●●●●●●　　　忘记密码？

注：如您从未设置过支付密码，请先点击 "设置支付密码" 进行设置。

**同意提交**　　**返回**

图 3-71　电子购销合同界面

4）在电子购销合同界面中输入支付密码，点击【同意提交】，系统弹出确认窗口，点击【确定】，购销合同生成成功。

（2）支付货款

功能：买家支付剩余的货款。

菜单：塑料交易－我是买家－采购合同。

操作员：买家权限操作员。

界面：见图 3-72。

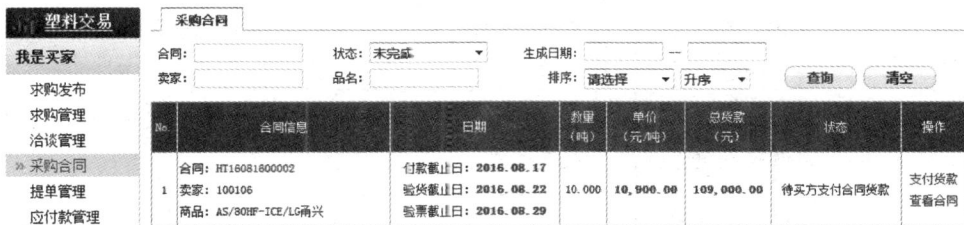

图 3-72 支付货款界面

操作：

1）在需要支付货款的合同后，点击【支付货款】，系统显示货款支付界面，见图 3-73。

图 3-73 货款支付界面

2）在支付界面输入支付密码，点击【立即支付】，系统提示是否确认支付。

3）点击【确定】，支付成功。

（3）生成提单

功能：生成提货单。

菜单：塑料交易－我是买家－采购合同。

操作员：买家权限操作员。

界面：见图 3-74。

图 3-74 生成提单界面

操作：

1）在需要生成提单的采购合同后，点击【生成提单】，进入提单信息生成界面，见图 3-75。

| 合同数量 | 10.000 吨 | |
|---|---|---|
| 已开单数量 | 0 吨 | |
| 本次开单量 | **10.000** | ＊（最大开单量10.000吨）。 |
| 配送方式 | 自提 | |
| 提货人姓名 | | |
| 提货人手机号码 | | |
| 提货人证件号 | | （身份证号） |
| 提货人车牌号 | | |
| 提单打印密码 | ●●●●●● | ＊ 请记住提单打印密码，否则无法打印提单。 |
| 打印密码确认 | ●●●●●● | ＊ |

生成预览　返回

图 3-75　提单信息生成界面

2)输入正确的提货人信息和打印密码,打印密码是提单打印时的确认密码。

3)点击【生成预览】,系统提示是否确认提单信息无误,点击【确定】,系统显示提货单预览界面。

4)在提货单预览界面点击【确认】,系统提示是否确认生成提单,确认后系统提示生成提单成功。

(4)修改和打印提单

功能:打印提货单。

菜单:塑料交易－我是买家－提单管理。

操作员:买家权限操作员。

界面:见图 3-76。

图 3-76　提单管理界面

操作:

1)在需要打印的提货单后,点击【打印提单】,进入提单打印密码输入界面,见图 3-77。

| 合同数量 | 10.000 吨 |
|---|---|
| 已开单数量 | 10.000 吨 |
| 本次开单量 | 10.000 吨 |
| 配送方式 | 自提 |
| 提货人姓名 | |
| 提货人电话 | |
| 提货人手机号码 | |
| 提货人证件号 | |
| 提货车牌号 | |

提单打印密码：●●●●●●　　忘记提单密码？点这里重新初始化提单密码

已打印次数：0

打印　返回

图 3-77　提单打印密码输入界面

2）输入打印密码，点击【确认】，弹出打印预览界面，点击【打印】，打印成功（硬件设备正常）。

（5）验货确认

功能：收到货物后线上确认收到货物。

菜单：塑料交易－我是买家－采购合同。

操作员：买家权限操作员。

界面：见图3-78。

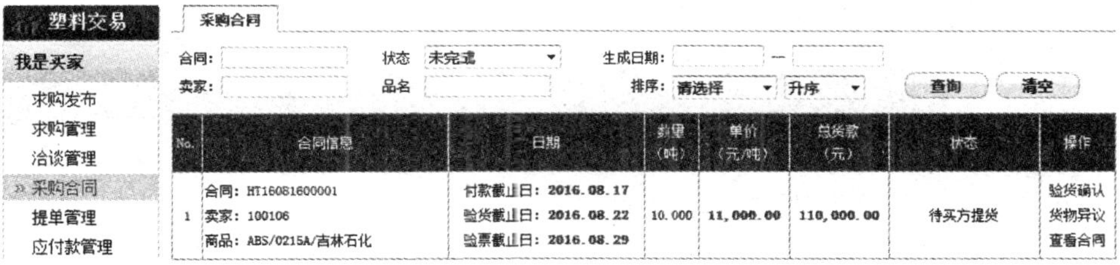

图3-78　采购合同界面

操作：

1）在收到货物后需要确认的合同后，点击【验货确认】，系统显示验货确认界面，见图3-79。

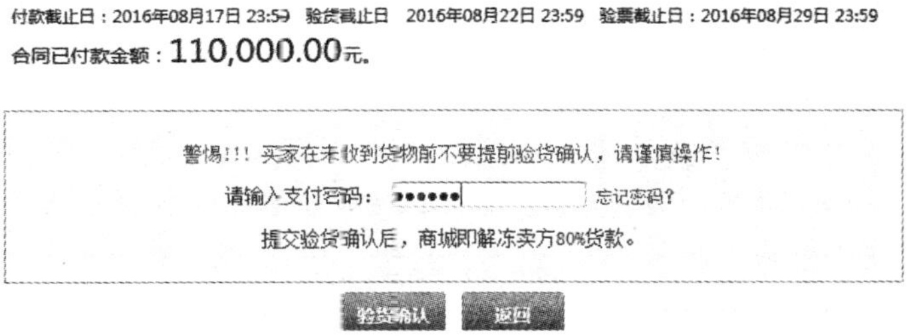

图3-79　验货确认界面

2）在验货确认界面中，输入支付密码，点击【验货确认】，系统提示"确认要验货确认"。

3）点击【确认】，验货确认成功，见图3-80。

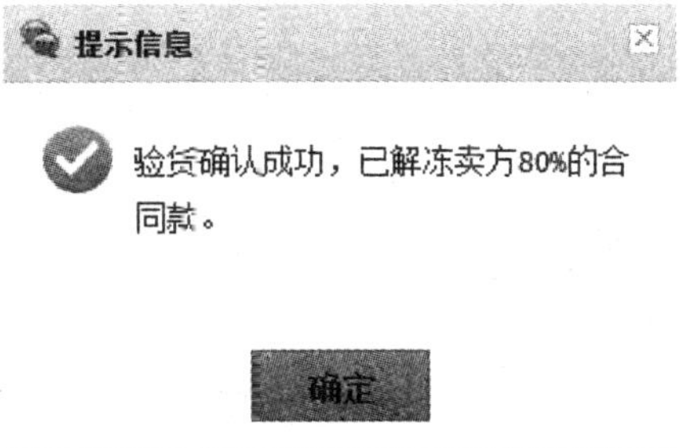

图3-80　验货确认成功提示界面

说明：验货确认后，锁定的合同款有部分(可配置)会释放给卖家(第一次释放)。

(6)验票确认

功能：收到卖家开具的票据后在线上进行确认操作。

菜单：塑料交易－我是买家－采购合同。

操作员：买家权限操作员。

界面：见图3-81。

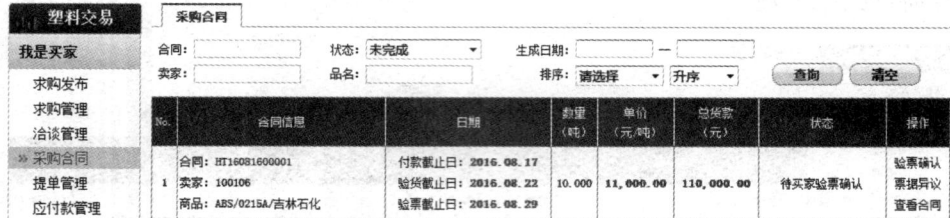

图3-81　验票确认界面

操作：

1)在收到发票需要确认的合同后，点击【验票确认】，系统显示验票确认界面，见图3-82。

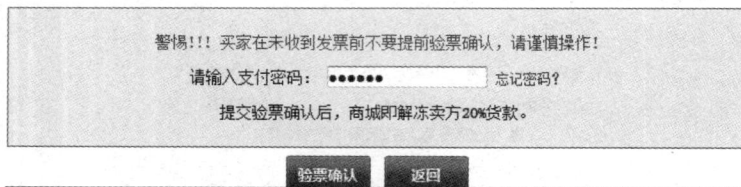

图3-82　验票确认界面

2)输入支付密码，点击【验票确认】，系统显示验票确认提示。

3)点击【确认】，验票确认成功。

说明：验票确认后，锁定的合同剩余款(可配置)会释放给卖家(第二次释放)并收取卖家交易服务费，交易结束。

(7)评分

功能：对本次交易进行评分。

菜单：塑料交易－我是买家－采购合同。

操作员：买家权限操作员。

界面：见图3-83。

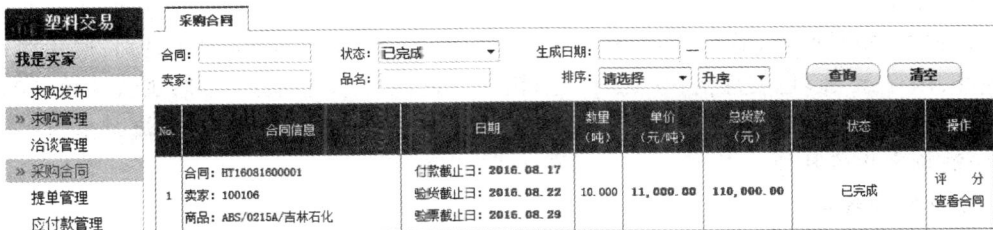

图 3-33 评分界面

操作:

1)在采购合同功能界面,查询条件中状态下拉选择"已完成",系统显示所有已完成的采购合同。

2)在需要评分的采购合同后,点击【评分】,系统显示合同评分界面,见图 3-84。

图 3-84 合同评分界面

3)点击【提交评分】,进行提交,系统显示确认提示,点击【确定】后完成评分并返回到合同管理界面。

**(四)实验要求**

1)课堂内按要求进行分角色操作,熟练掌握各个步骤和含义。

2)考核操作:在无教师指导下完成大宗商品塑料卖方挂牌交易的所有流程。

**(五)实验数据**

1)种类:塑料原料;品名:ABS;牌号:0215A;厂商:吉林石化;用途级别:通用级;质量标准:国标 正牌;包装规格:25 公斤/包;销售数量:10 吨;起订量:10 吨;销售单价:11000元/吨;有效期:3 天;提货方式:自提;交货地:浙江省宁波市镇海区物产物流基地;交货仓库:宁波物产物流基地。

2)种类:塑料原料;品名:PP;牌号:PPH-T03;厂商:中石化湛江东兴;用途级别:通用级;质量标准:国标 正牌;包装规格:25 公斤/包;销售数量:5 吨;起订量:2 吨;销售单价:8250 元/吨;有效期:3 天;提货方式:自提;交货地:浙江省宁波市镇海区物产物流基地;交货仓库:宁波物产物流基地。

3)种类:塑料原料;品名:HIPS;牌号:SR600;厂商:香港石化;用途级别:通用级;质量标准:国标 正牌;包装规格:25 公斤/包;销售数量:10 吨;起订量:10 吨;销售单价:10020 元/吨;有效期:3 天;提货方式:自提;交货地:浙江省宁波市镇海区物产物流基地;

交货仓库:宁波物产物流基地。

4)种类:塑料原料;品名:GPPS;牌号:GP5250;厂商:宁波台化;用途级别:通用级;质量标准:国标 正牌;包装规格:25公斤/包;销售数量:10吨;起订量:5吨;销售单价:10400元/吨;有效期:3天;提货方式:自提;交货地:浙江省宁波市镇海区物产物流基地;交货仓库:宁波物产物流基地。

### 塑料买方挂牌

**(一)实验目的**

1)掌握大宗商品电子交易平台中塑料买方挂牌交易的过程(求购交易)。

2)掌握大宗商品电子交易平台中塑料买方挂牌交易的工作流程。

3)熟悉大宗商品电子交易平台中塑料买方挂牌交易的操作步骤。

**(二)实验内容**

本实验主要是通过大宗商品电子交易平台中塑料买方挂牌交易模块展现大宗商品中的买方挂牌交易流程,使学生直观体验塑料买方挂牌交易流程中角色的变化,认识买家、卖家、交易中心在大宗商品塑料买方挂牌交易中的职能。通过实际操作演示,使学生更加形象地理解大宗商品塑料挂牌交易模式的特点与流程要点。

1. 实验角色分配

实验采用分角色的形式,为当前课堂中的学生分配买家、卖家、交易中心角色,整个流程需要几个角色共同工作才能完成一个交易过程。

买家角色功能:线下账户充值、资源新增、资源挂牌、订单管理、订单支付管理、提单管理、验货确认管理、验票确认管理。

卖家角色功能:线下账户充值、订单管理、送货单管理。

交易中心角色功能:线下账户充值、线下充值受理、凭证审核、品种设置。

2. 操作流程

(1)买方挂牌示例物资

种类:塑料原料;品名:AS;牌号:80HF-ICE;厂商:LG甬兴;用途级别:通用级;质量标准:国标 正牌;包装规格:25公斤/包;求购数量:10吨;起订量:10吨;求购单价:10900元/吨;提货方式:自提;有效期:3天;送货地址:浙江省宁波市镇海区物产物流基地。

（2）买方挂牌交易流程

图 3-85 为塑料买方挂牌流程。

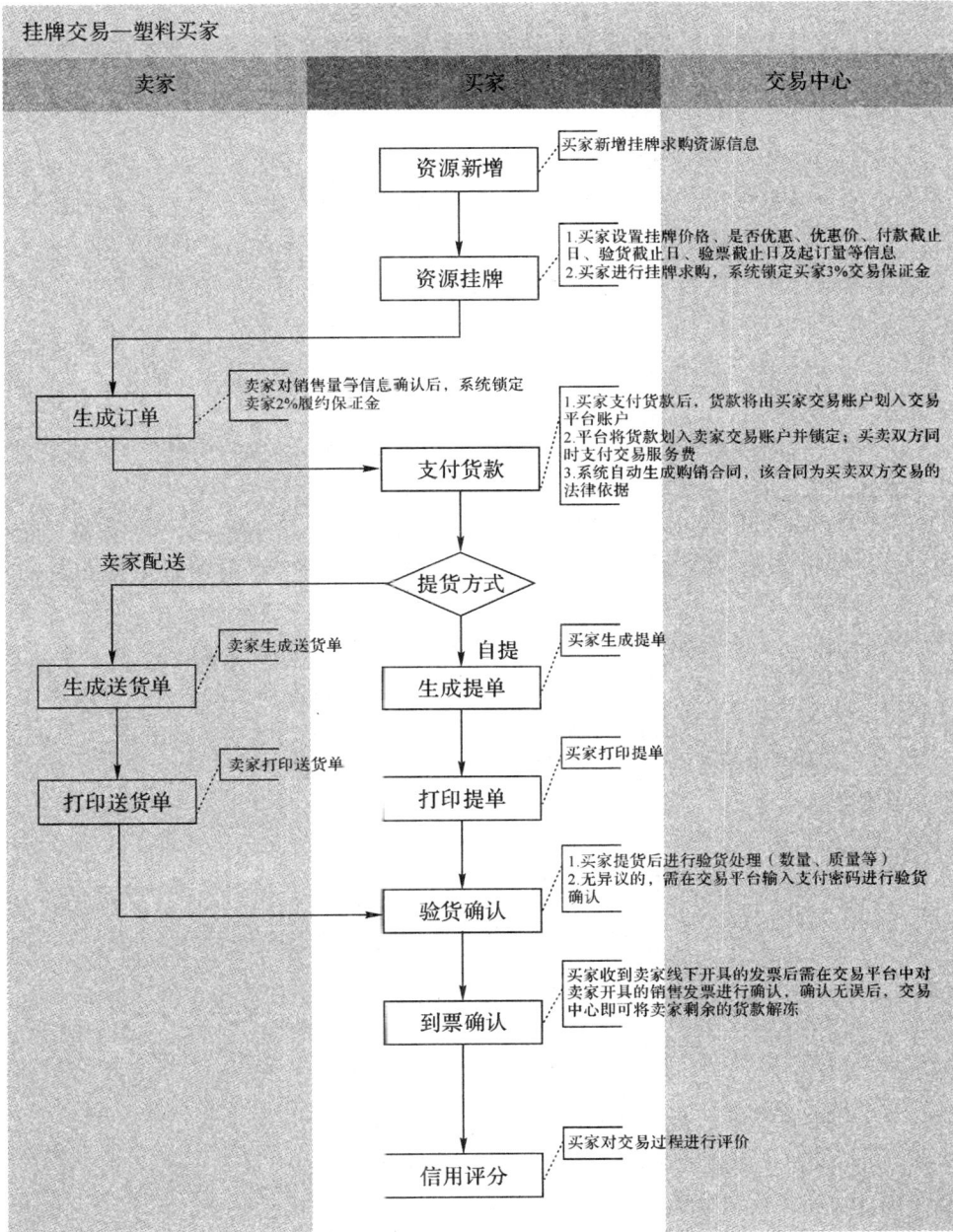

挂牌交易—塑料买家

| 卖家 | 买家 | 交易中心 |
|---|---|---|

资源新增 — 买家新增挂牌求购资源信息

资源挂牌 —
1.买家设置挂牌价格、是否优惠、优惠价、付款截止日、验货截止日、验票截止日及起订量等信息
2.买家进行挂牌求购，系统锁定买家3%交易保证金

生成订单 — 卖家对销售量等信息确认后，系统锁定卖家2%履约保证金

支付货款 —
1.买家支付货款后，货款将由买家交易账户划入交易平台账户
2.平台将货款划入卖家交易账户并锁定；买卖双方同时支付交易服务费
3.系统自动生成购销合同，该合同为买卖双方交易的法律依据

卖家配送

提货方式　自提

生成送货单 — 卖家生成送货单
生成提单 — 买家生成提单

打印送货单 — 卖家打印送货单
打印提单 — 买家打印提单

验货确认 —
1.买家提货后进行验货处理（数量、质量等）
2.无异议的，需在交易平台输入支付密码进行验货确认

到票确认 — 买家收到卖家线下开具的发票后需在交易平台中对卖家开具的销售发票进行确认，确认无误后，交易中心即可将卖家剩余的货款解冻

信用评分 — 买家对交易过程进行评价

图 3-85　塑料买方挂牌流程

（3）流程说明

1）买家发布待求购资源信息，设置挂牌价格、是否优惠、优惠价、付款截止日、验货截止日、验票截止日及起订量等信息，并进行挂牌求购，系统锁定买家3％交易保证金。

2）买家发布资源成功后，卖家业务员即可在交易系统资源选购中查找到相应的资源并销售，卖家输入最终的销售量，确定销售信息，输入支付密码，系统锁定卖家2％履约保证金，生成合同。

3）买家支付货款后，货款将由买家交易账户划入交易平台账户。同时，平台将货款划入卖家交易账户并锁定；买卖双方同时支付交易服务费；系统自动生成购销合同，该合同为买卖双方交易的法律依据。

4）买家根据合同生成提货单，并设置提单打印密码，针对一个合同可以开具多个提单；也可以由买家根据合同生成送货单，卖家打印送货单。

5）买家打印提单，需要输入提单打印密码。

6）买家凭打印的提单与货主联系提货。

7）买家提货后进行验货处理（数量、质量等），无异议的，需在交易平台输入支付密码进行验货确认。

8）买家到货确认后，交易中心即可开始结算货款，首先，交易中心结算需要支付给卖家货款的80％（可配置），若该合同存在需要退还给买家的货款，则同时退还相应的货款给买家。

9）卖家收到货款后，即可线下开具增值税销售发票给买家。

10）买家收到发票后需在交易平台中对卖家开具的销售发票进行验票确认，确认无误后，交易中心即可将卖家剩余的货款解冻。

11）买家对交易过程进行评价。

12）交易结束。

**（三）实验要求**

1）课堂内按要求进行分角色操作，熟练掌握各个步骤和含义。

2）考核操作：在无教师指导下完成大宗商品塑料买方挂牌交易的所有流程。

**（四）实验步骤**

1. 买家角色

（1）求购发布

功能：发布新的资源求购信息以供交易。

菜单：塑料交易－我是买家－求购发布。

操作员：买家权限操作员。

界面：见图3－86。

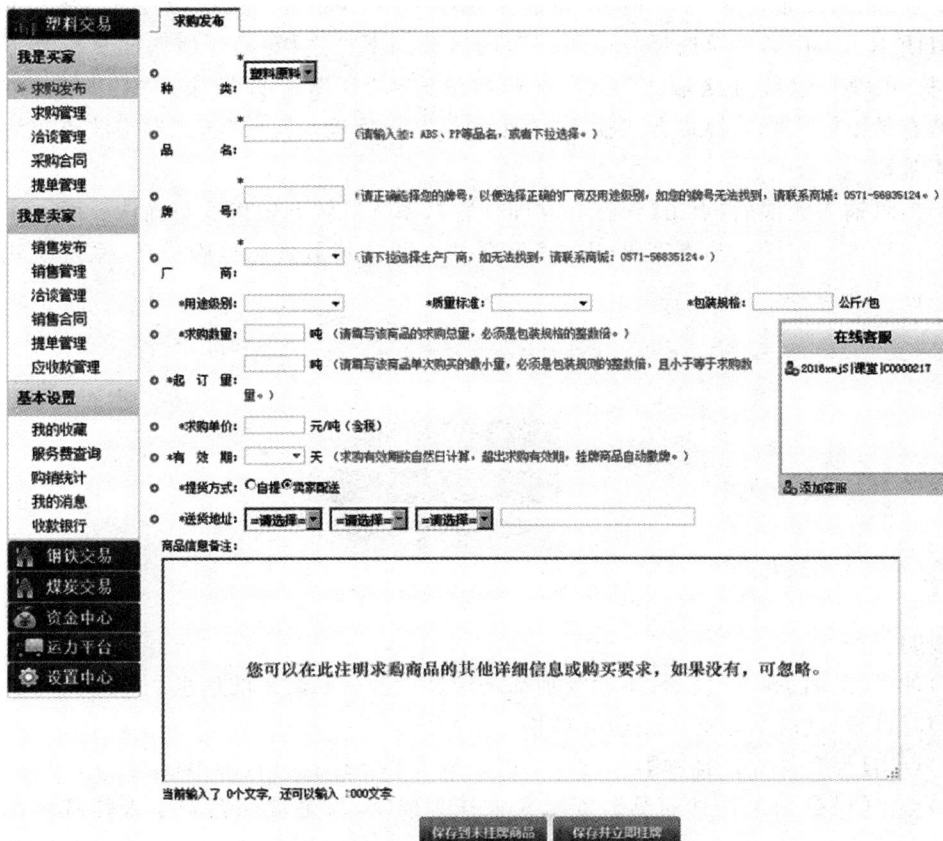

图 3-86 求购发布界面 1

操作：

1）在导航菜单中点击【求购发布】，系统出现求购发布界面，见图 3-87。

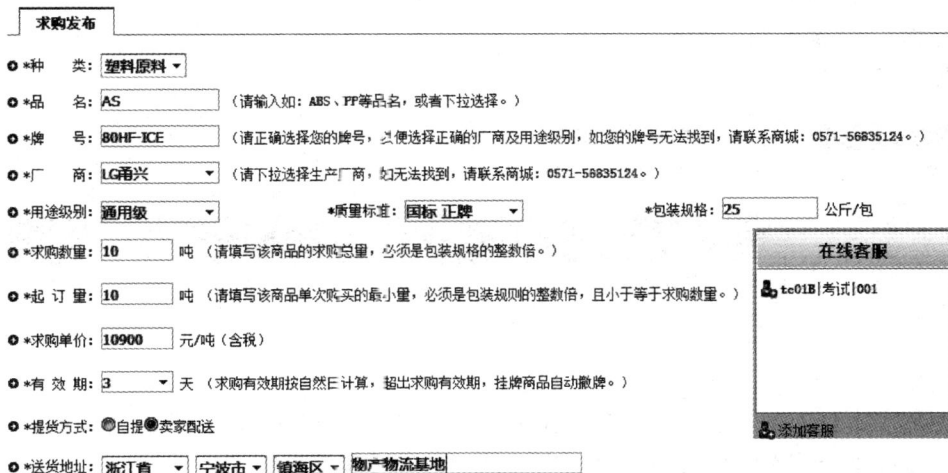

图 3-87 求购发布界面 2

2)在"求购发布"界面中,种类下拉选择"塑料原料",品名下拉选择"AS",牌号下拉选择"80HF-ICE",厂商下拉选择"LG甬兴",用途级别下拉选择"通用级",质量标准下拉选择"国标 正牌",包装规格输入"25",求购数量输入"10",起订量输入"10",求购单价:10900,有效期输入"3",提货方式输入"卖家配送",送货地址输入"浙江省宁波市镇海区物产物流基地"。

3)信息输入无误后,点击【保存并立即挂牌】,系统跳转到销售发布确认界面。

4)在销售发布界面输入密码,点击【保存并立即挂牌】,资源挂牌成功,系统跳转到挂牌成功提示界面,见图3-88。

✓ 恭喜您,求购商品信息发布成功,接下来您可以:

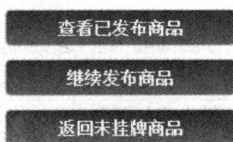

查看已发布商品

继续发布商品

返回未挂牌商品

图3-88 挂牌成功提示界面

说明:

1)种类、品名、牌号、厂商、用途级别都是经过后台关联起来的信息。

2)起订量、挂牌数量必须是包装规格的整数倍。

3)点击【保存并立即挂牌】,挂牌成功的资源会移至已挂牌资源里面。

4)点击【保存到未挂牌商品】,资源并未挂牌成功,只是被保存到了未挂牌资源列表界面。

(2)求购管理

**所有求购商品**

功能:显示所有的可挂牌、已挂牌资源信息。

菜单:塑料交易—我是买家—求购管理—所有求购商品。

操作员:买家权限操作员。

界面:见图3-89。

| 塑料交易 | 所有求购商品 | 未挂牌商品 | 已挂牌商品 | | | | | | | | |
|---|---|---|---|---|---|---|---|---|---|---|---|
| **我是买家** | 品种: 全部 ▼ | | 品名: | | 牌号: | | | | 查询 | | |
| 求购发布 | 厂商: | | 用途: | | 排序: ==请选择== ▼ 降序 ▼ | | | | 清空 | | |
| 》求购管理 | No. | 商品信息 | 数量(吨) | 挂牌价(元/吨) | 起订量(吨) | 包装规格(公斤/包) | 交货地 | 挂牌有效期 | 最高采购价 | 最低销售价 | 操作 |
| 洽谈管理 | | | | | | | | | | | |
| 采购合同 | 1 | AS/80HP-ICE/LG甬兴 | 10 | 10,900 | 10 | 25 | 镇海区 | 08-18 | 10,900 | | 撤牌 |

图3-89 所有求购商品界面

操作:

1)列表中显示所有的可挂牌和已挂牌的资源信息,可根据查询条件进行查询。

2)可挂牌资源有【修改】【删除】操作,已挂牌资源有【撤牌】操作。

**未挂牌商品**

功能：显示未挂牌的资源，对未挂牌的资源进行修改、删除操作。

菜单：塑料交易－我是买家－求购管理－未挂牌商品。

操作员：买家权限操作员。

界面：见图 3－90。

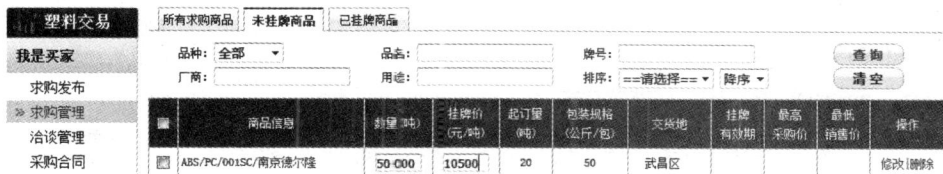

图 3－90　未挂牌商品界面

操作：

1）在"未挂牌商品"列表中选择要修改的单据，点击修改单据后面的【修改】，系统显示商品信息修改界面。

2）在修改界面中，可修改商品信息。

3）修改完成后，点击【保存到未挂牌商品】或【保存并立即挂牌】。

4）选择需要挂牌的商品，点击【批量挂牌】，系统显示待挂牌商品界面，见图 3－91。

图 3－91　待挂牌商品界面

5）在待挂牌商品界面中，输入支付密码，点击【批量挂牌】，完成资源挂牌操作，见图 3－92。

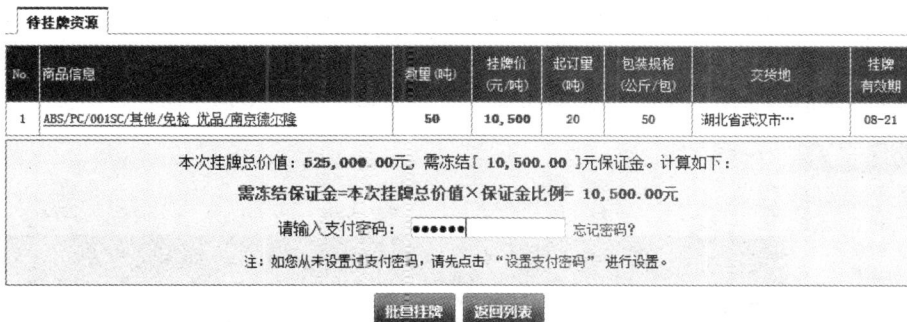

图 3－92　批量挂牌商品支付界面

6）在需要删除的商品后，点击【删除】按钮，系统提示"您是否确定删除这条挂牌资源？"点击【确定】，系统提示删除成功，该资源信息从列表中消失，选择【取消】，退出删除操作。

7)在未挂牌资源列表中选择多条资源信息,在序号后面复选框打"√",点击【批量删除】按钮,系统提示"是否确认删除选中的资源?"点击【确定】,批量删除成功。

**已挂牌商品**

功能:显示已挂牌资源,对已挂牌资源进行撤单操作。

菜单:塑料交易—我是买家—求购管理—已挂牌商品。

操作员:买家权限操作员。

界面:见图3-93。

图3-93 已挂牌商品界面

操作:

1)列表中显示已成功挂牌的资源信息,可根据搜索条件进行搜索查询。

2)撤牌:在需要撤牌的商品后,点击【撤牌】按钮,系统提示"您确定要撤牌该条求购商品信息吗?"点击【确定】,资源撤牌成功;点击【取消】,退出撤牌操作。

3)批量撤牌:在列表中选择多条需要撤牌的资源信息(在复选框里打"√"),点击【批量撤牌】,系统弹出提示,点击【确定】,成功撤牌。

4)撤牌成功后,该资源从已挂牌商品列表中消失。在"未挂牌商品"列表下可以查看到撤牌的资源信息,可对撤牌后资源进行编辑。

(3)支付货款

功能:买家支付剩余的货款。

菜单:塑料交易—我是买家—采购合同。

操作员:买家权限操作员。

界面:见图3-94。

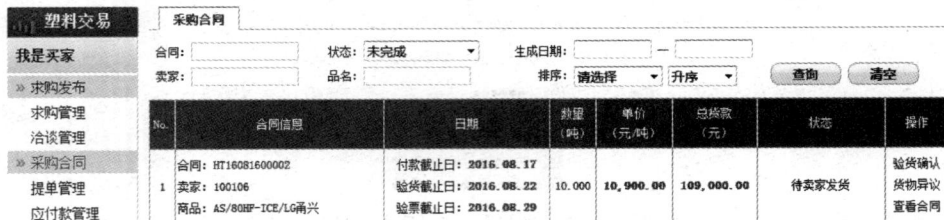

图3-94 支付货款界面

操作：

1)在需要支付货款的合同后，点击【支付货款】，系统显示货款支付界面，见图 3－95。

图 3－95　立即支付界面

2)在支付界面输入支付密码，点击【立即支付】，系统提示是否确认支付。

3)点击【确定】，支付成功。

（4）验货确认

功能：收到货物后线上确认收到货物。

菜单：塑料交易－我是买家－采购合同。

操作员：买家权限操作员。

界面：见图 3－96。

图 3－96　验货确认界面 1

操作：

1)收到货物后，在需要确认的合同后，点击【验货确认】，系统显示验货确认界面。

2)在验货确认界面中，输入支付密码，点击【验货确认】，系统提示"确认要验货确认"。

图 3－97　验货确认界面 2

113

3)点击【确认】,验货确认成功。

说明:验货确认后,锁定的合同款一部分(可配置)会释放给卖家(第一次释放),见图 3-98。

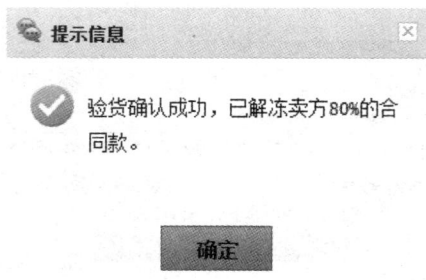

图 3-98　验货确认成功提示界面

(5)验票确认

功能:收到卖家开具的票据后在线上进行确认操作。

菜单:塑料交易-我是买家-采购合同。

操作员:买家权限操作员。

界面:见图 3-99。

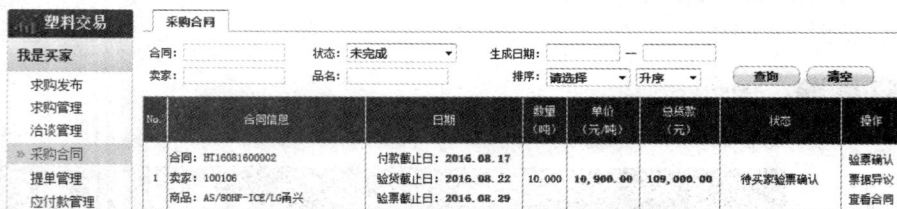

图 3-99　验票确认界面

操作:

1)在收到发票需要确认的合同后,点击【验票确认】,系统显示验票确认界面,见图 3-100。

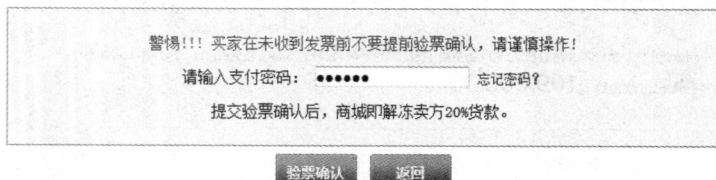

图 3-100　验票确认界面

2)输入支付密码,点击【验票确认】,系统显示验票确认提示。

3)点击【确认】,验票确认成功。

说明:验票确认后,锁定的合同剩余款(可配置)会释放给卖家(第二次释放)并收取卖家交易服务费,交易结束。

114

(6)评分

功能：对本次交易进行评分。

菜单：塑料交易－我是买家－采购合同。

操作员：买家权限操作员。

界面：见图3－101。

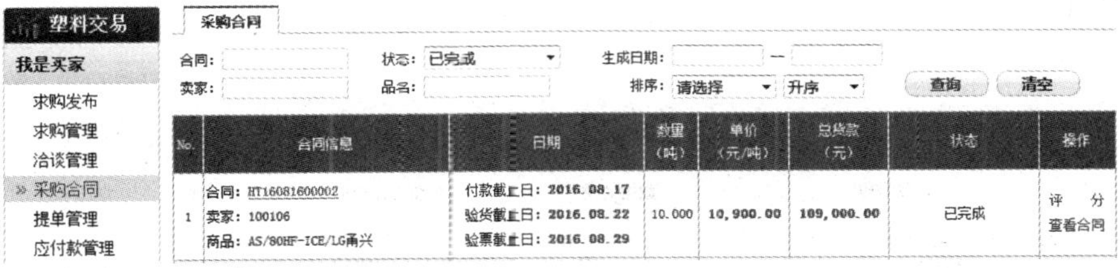

图3－101 评分界面

操作：

1)在采购合同界面中,状态下拉选择"已完成",系统显示所有已完成的采购合同。

2)在需要评分的采购合同后,点击【评分】,系统显示合同评分界面,见图3－102。

图3－102 合同评分界面

3)点击【提交评分】,进行提交,系统显示确认提示,点击【确定】后完成并返回到合同管理界面。

2.卖家角色

(1)资源销售

功能：针对买家发布的求购信息销售商品。

菜单：塑料交易－我是卖家－资源销售。

操作员：卖家权限操作员。

界面：见图3－103。

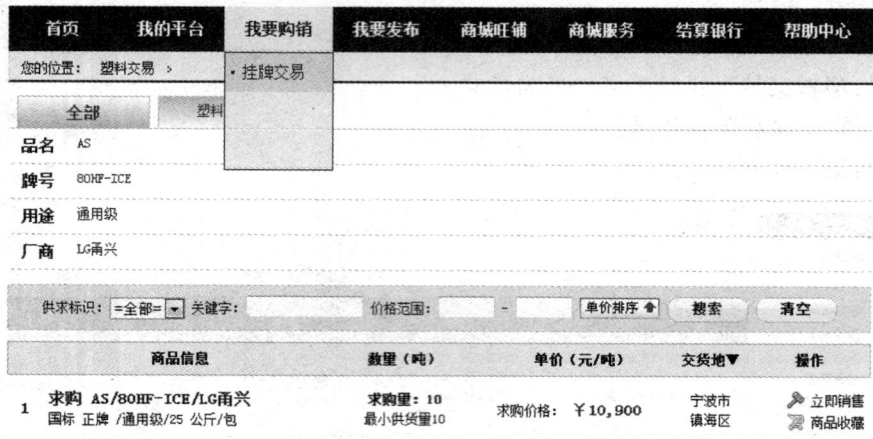

图 3-103 资源销售界面

操作：

1）列表显示所有求购挂牌可销售商品。

2）点击【立即销售】，系统显示商品销售界面，在界面上点击【立即销售】，系统显示确认销售信息。

3）在确认销售信息界面中，销售数量输入"10"，点击【合同预览】，系统显示电子购销合同预览界面，见图 3-104。

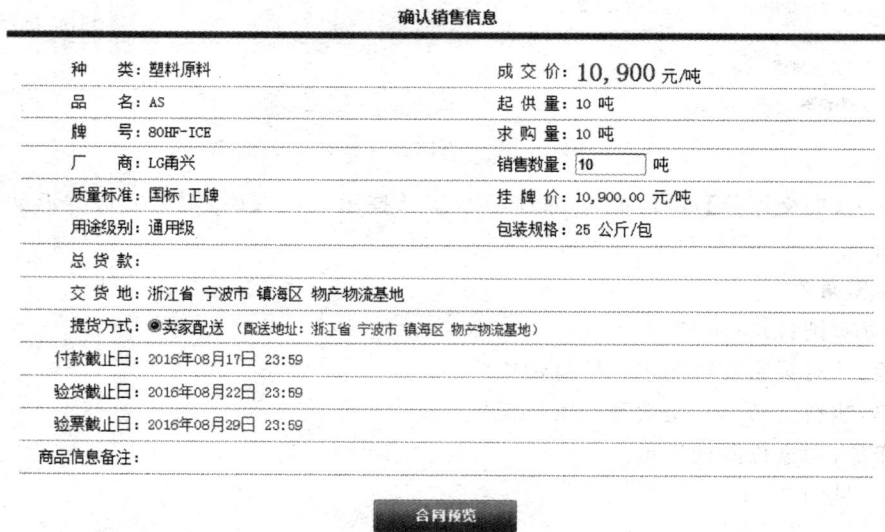

**确认销售信息**

| | |
|---|---|
| 种　　类：塑料原料 | 成 交 价：**10,900** 元/吨 |
| 品　　名：AS | 起 供 量：10 吨 |
| 牌　　号：80HF-ICE | 求 购 量：10 吨 |
| 厂　　商：LG甬兴 | 销售数量：10　吨 |
| 质量标准：国标 正牌 | 挂 牌 价：10,900.00 元/吨 |
| 用途级别：通用级 | 包装规格：25 公斤/包 |
| 总 货 款： | |

交 货 地：浙江省 宁波市 镇海区 物产物流基地

提货方式：◉卖家配送　（配送地址：浙江省 宁波市 镇海区 物产物流基地）

付款截止日：2016年08月17日 23:59

验货截止日：2016年08月22日 23:59

验票截止日：2016年08月29日 23:59

商品信息备注：

合同预览

图 3-104 合同预览界面

4)在购销合同界面中输入支付密码,点击【同意提交】,系统弹出确认窗口,点击【确定】,购销合同生成成功,见图3-105。

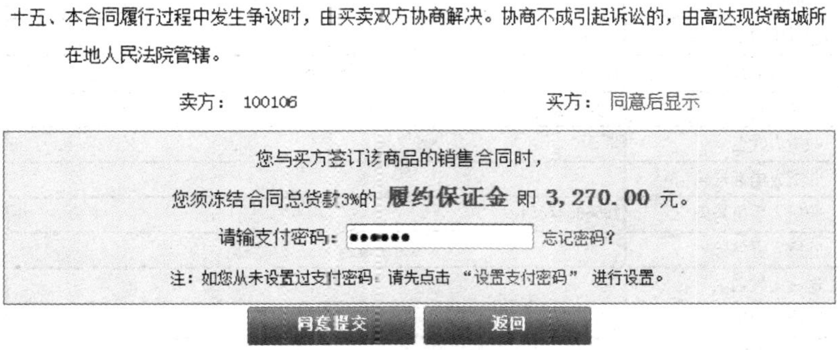

十五、本合同履行过程中发生争议时,由买卖双方协商解决。协商不成引起诉讼的,由高达现货商城所
　　　在地人民法院管辖。

卖方: 100106　　　　　　　　　　　买方: 同意后显示

您与买方签订该商品的销售合同时,

您须冻结合同总货款3%的 **履约保证金** 即 **3,270.00** 元。

请输支付密码: ●●●●●●　　忘记密码?

注:如您从未设置过支付密码,请先点击"设置支付密码"进行设置。

同意提交　　　　返回

图3-105　同意提交界面

(2)生成送货单

功能:生成送货单。

菜单:塑料交易-我是卖家-销售合同。

操作员:卖家权限操作员。

界面:见图3-106。

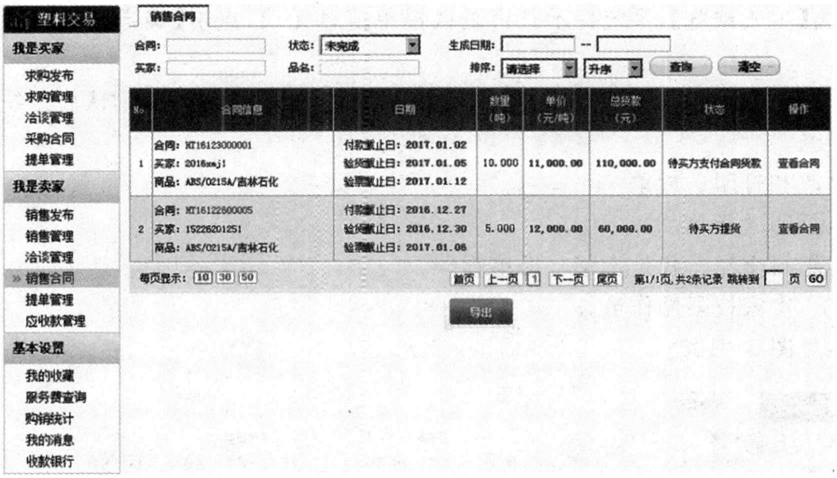

| 塑料交易 | | | | | | | | |
|---|---|---|---|---|---|---|---|---|
| **我是买家** | 销售合同 | | | | | | | |
| 求购发布 | 合同: | 状态: 未完成 ▼ | 生成日期: | — | | | | |
| 求购管理 | 买家: | 品名: | 排序: 请选择 ▼ 升序 ▼ | 查询 | 清空 | | | |
| 洽谈管理 | No. | 合同信息 | 日期 | 数量(吨) | 单价(元/吨) | 总货款(元) | 状态 | 操作 |
| 采购合同 | 1 | 合同: XT16123000001 | 付款截止 2017.01.02 | 10.000 | 11,000.00 | 110,000.00 | 待买方支付合同货款 | 查看合同 |
| 提单管理 | | 买家: 2016xmj1 | 验收截止 2017.01.05 | | | | | |
| **我是卖家** | | 商品: ABS/0215A/吉林石化 | 验收截止 2017.01.12 | | | | | |
| 销售发布 | 2 | 合同: XT16122600005 | 付款截止 2016.12.27 | 5.000 | 12,000.00 | 60,000.00 | 待买方提单 | 查看合同 |
| 销售管理 | | 买家: 15228201251 | 验收截止 2016.12.30 | | | | | |
| 洽谈管理 | | 商品: ABS/0215A/吉林石化 | 验收截止 2017.01.06 | | | | | |
| 》销售合同 | 每页显示: [10][30][50] | 首页 上一页 1 下一页 尾页 第1/1页,共2条记录 跳转到 □ 页 GO | | | | | | |
| 提单管理 | | | | | | | | |
| 应收款管理 | | 导出 | | | | | | |
| **基本设置** | | | | | | | | |
| 我的收藏 | | | | | | | | |
| 服务费查询 | | | | | | | | |
| 购销统计 | | | | | | | | |
| 我的消息 | | | | | | | | |
| 收款银行 | | | | | | | | |

图3-106　生成送货单界面

操作:

1)在需要生成送货单的销售合同后,点击【生成送货单】,进入送货单信息生成界面,见图3-107。

117

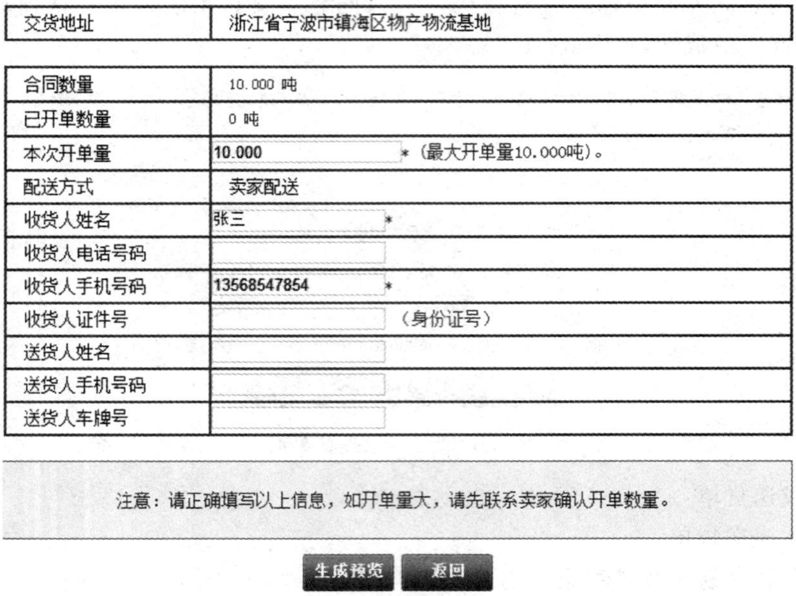
交货地址
浙江省宁波市镇海区物产物流基地
合同数量
10.000 吨
已开单数量
0 吨
本次开单量
10.000
* (最大开单量10.000吨)。
配送方式
卖家配送
收货人姓名
张三
收货人电话号码
收货人手机号码
13568547854
收货人证件号
(身份证号)
送货人姓名
送货人手机号码
送货人车牌号
注意：请正确填写以上信息，如开单量大，请先联系卖家确认开单数量。
生成预览
返回

图 3－107　送货单信息生成界面

2)输入正确的收货人信息。

3)点击【生成预览】,系统提示是否确认提单信息无误,点击【确定】,系统显示送货单预览界面。

4)在送货单预览界面点击【确认】,系统提示是否确认生成提单,确认后系统提示生成送货单成功。

(3)修改和打印送货单

功能:打印送货单。

菜单:塑料交易－我是卖家－提单管理。

操作员:卖家权限操作员。

界面:见图 3－108。

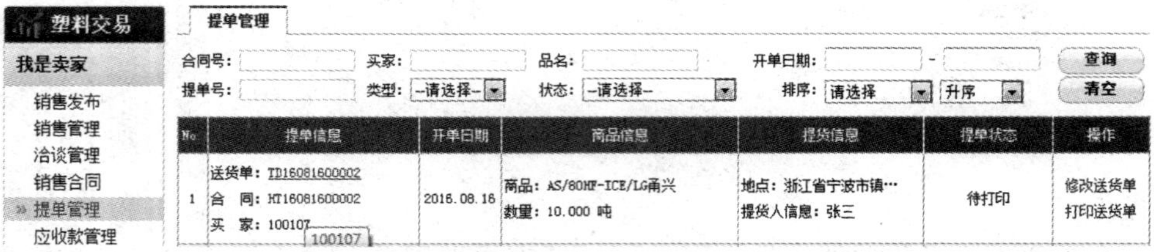
塑料交易
我是卖家
销售发布
销售管理
洽谈管理
销售合同
提单管理
应收款管理
提单管理
合同号:
买家:
品名:
开单日期:
提单号:
类型:
--请选择--
状态:
--请选择--
排序:
请选择
升序
查询
清空
No.
提单信息
开单日期
商品信息
提货信息
提单状态
操作
1
送货单: TD16081600002
合　同: HT16081600002
买　家: 100107
2016.08.16
商品: AS/80HF-ICE/LG甬兴
数量: 10.000 吨
地点: 浙江省宁波市镇…
提货人信息: 张三
待打印
修改送货单
打印送货单

图 3－108　提单管理界面

操作：

1）在需要打印的送货单后，点击【打印送货单】，进入送货单打印界面，见图 3-109。

| 合同数量 | 10.000 吨 |
|---|---|
| 已开单数量 | 10.000 吨 |
| 本次开单量 | 10.000 吨 |
| 配送方式 | 卖家配送 |
| 收货人姓名 | 张三 |
| 收货人电话 | |
| 收货人手机号码 | 13568547854 |
| 收货人证件号 | |
| 送货人姓名 | |
| 送货人手机号码 | |
| 送货人车牌号 | |

已打印次数：0

[打印] [返回]

图 3-109 送货单打印界面

2）点击【确认】，弹出打印预览界面，点击【打印】，打印成功（硬件设备正常）。

**（五）实验数据**

1）种类：塑料原料；品名：AS；牌号：80HF-ICE；厂商：LG 甬兴；用途级别：通用级；质量标准：国标 正牌；包装规格：25 公斤/包；求购数量：10 吨；起订量：10 吨；求购单价：10900 元/吨；有效期：3 天；提货方式：自提；送货地址：浙江省宁波市镇海区物产物流基地。

2）种类：塑料原料；品名：HDPE；牌号：8008；厂商：中石化福炼；用途级别：通用级；质量标准：国标 正牌；包装规格：25 公斤/包；求购数量：10 吨；起订量：2 吨；求购单价：10180 元/吨；有效期：3 天；提货方式：自提；送货地址：浙江省宁波市镇海区物产物流基地。

3）种类：塑料原料；品名：HDPE；牌号：1460；厂商：北欧化工；用途级别：通用级；质量标准：国标 正牌；包装规格：25 公斤/包；求购数量：10 吨；起订量：5 吨；求购单价：10170 元/吨；有效期：5 天；提货方式：自提；送货地址：浙江省宁波市镇海区物产物流基地。

4）种类：塑料原料；品名：LLDPE；牌号：7042；厂商：宁夏宝丰；用途级别：通用级；质量标准：国标 正牌；包装规格：25 公斤/包；求购数量：10 吨；起订量：2 吨；求购单价：9640 元/吨；有效期：7 天；提货方式：自提；送货地址：浙江省宁波市镇海区物产物流基地。

# 第二节　竞拍交易

竞拍交易是指卖方通过交易市场竞价交易系统,将可供需商品的品牌、规格等主要属性和交货地点、交货时间、数量、底价等信息对外发布要约,由买方以向上出价方式进行公开竞价,按照"价格优先"的原则,在规定时间内以最高买价成交并签订电子购销合同,按合同约定进行实物交收的交易模式。

## (一)实验目的

1)掌握大宗商品电子交易平台中钢铁竞拍交易的过程。

2)掌握大宗商品电子交易平台中钢铁竞拍交易的工作流程。

3)熟悉大宗商品电子交易平台中钢铁竞拍交易的操作步骤。

## (二)实验内容

本实验主要是通过大宗商品电子交易平台中钢铁竞拍交易模块展现大宗商品中的钢铁竞拍的交易流程,使学生直观体验钢铁竞拍流程中角色的变化,认识买家、卖家、交易中心在大宗商品钢铁竞拍交易中的职能。通过实际操作演示,使学生更加形象地理解大宗商钢铁竞拍交易模式的特点与流程要点。

### 1.实验角色分配

实验采用分角色的形式,为当前课堂中的学生分配买家、卖家、交易中心角色,整个流程需要几个角色共同工作才能完成一个交易过程。

卖家角色功能:线下账户充值、竞拍资源新增、场次设置、竞拍过程、竞拍结果、订单管理、订单支付管理、提单管理、发票管理。

买家角色功能:线下账户充值、竞拍选购、竞拍出价、订单管理、提单管理、验货确认管理、验票确认管理、评分。

交易中心角色功能:线下账户充值、线下充值受理、凭证审核、竞拍申请审核、购销余款释放。

### 2.操作流程

(1)竞拍示例物资

品名:螺纹钢;材质:HRB400;规格:直径 20mm、长 9m;生产厂家:柳钢;存货地:宁波物产物流基地;数量:5 件;重量:10.79 吨;单位:件;生产日期:2015－10－01;计量方式:理计;入库日期:2015－12－01;起拍价格:2120 元/吨;增价梯度:20 元/吨。

(2)钢铁竞拍交易流程

图 3－110 为钢铁竞拍交易流程。

競拍交易—钢铁

| 卖家 | 买家 | 交易中心 |
|---|---|---|

**新增场次**

1.卖家新增竞拍场次：场次名称、竞拍日、公告日、开始时间、结束时间、是否定向、竞拍规则、起拍价；增加竞拍资源信息
2.锁定卖家会员相应比例的保证金和公告费

对竞拍的时间、资源等信息进行核对。无误后，审核通过，收取相应的公告费，并点击公告后生效

**审核竞拍**

**竞拍结束**

1.若竞拍规则是价高者得的，系统自动判断是否有中标会员，若系统发现无任何会员中标，则系统自动释放买卖双方的保证金，本次竞拍流标；若系统发现有会员成交，则自动产生买卖双方的电子合同，并释放末中标会员的保证金
2.若竞拍规则是要卖家会员手动评拍的，则人工评选出中标会员

**参与竞拍**

买家参与竞拍、竞相出价、价高者得或人为选定

**生成订单**

1.买家对采购量、价格、是否代购等信息确认后生成合同
2.商城锁定买家一定的合同定金

**支付货款**

1.买家支付货款，同时支付一定的服务费（交易中心设置）
2.买家支付货款后，合同状态变更；由卖家生成提单

**生成提单**

卖家根据合同生成提单

**提货人维护**

买家对提货人信息进行维护（提货人、车号、电话、身份证号等）

卖家进行实提维护操作，确定数量、重量等信息

**实提维护**

**验货确认**

买家对实际收到的货物进行验货确认

**平台释放余款**

交易平台第一次释放一定比例卖家余款（比例可设置）

卖家收到余款后为买家开具增值税发票

**新增发票**

**到票确认**

1.买方对收到的发票进行确认
2.如有异议可进行票据异议

**购销余款释放**

交易平台第二次释放卖家余款

**信用评分**

买家根据交易过程对卖家进行评分

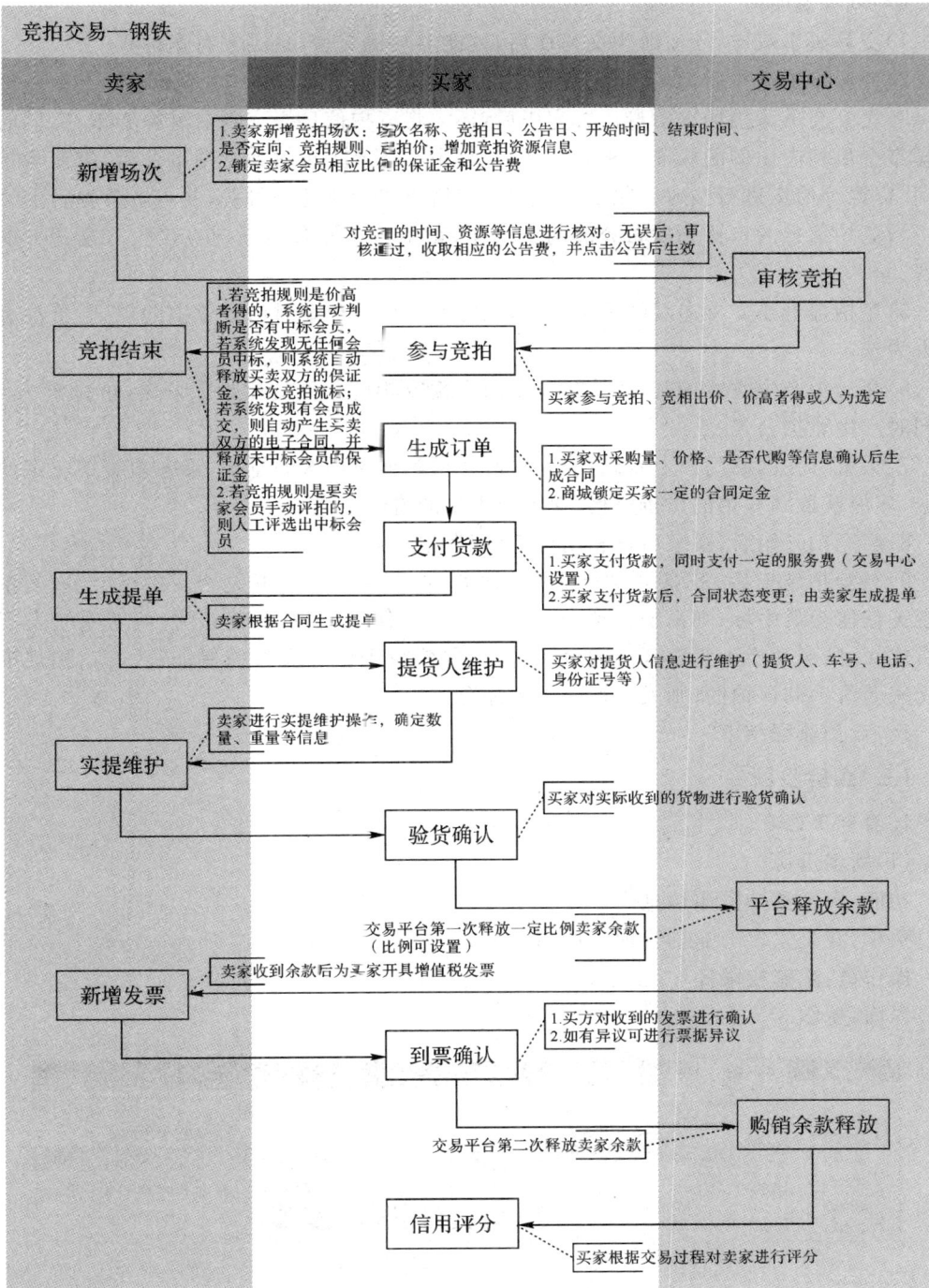

图3-110　钢铁竞拍交易流程

121

（3）流程说明

1）交易买卖双方,须注册为交易商后,才能参与此交易,且买家有竞价权。

2）资源维护完毕后,卖家需设置竞拍的场次信息。

3）卖家会员竞拍场次信息设置完毕后,还需将竞拍信息提交到交易中心审核,同时锁定卖家会员相应比例的保证金和公告费,交易中心业务人员收到竞拍申请后,需对竞拍的时间、资源等信息进行核对。无误后,审核通过,收取相应的公告费,并点击公告后生效。

4）竞拍信息的审核和发布分成两个动作,竞拍信息发布后系统直接收取委托方的公告费。

5）竞拍报价要支持递减的报价方式,同时要在维护申请时选择竞拍的规则:价高者得或人为选定。

6）交易中心生效竞拍时,系统将自动锁定卖家相应额度的竞拍保证金(可设置为 0),并同时产生竞拍公告。

7）买家可在网站门户上看到竞拍公告,并可参加该场次的竞拍,买家须缴纳一定的保证金,才能获取到竞拍的出价资格,保证金不足的将给予提示。

8）当竞拍开始后,买家可竞相出价,直到竞拍结束。

9）当竞拍结束后,若竞拍规则是价高者得的,系统自动判断是否有中标会员,若系统发现无任何会员中标,则系统自动释放买卖双方的保证金,本次竞拍流标;若系统发现有会员成交,则自动产生买卖双方的电子合同,并释放未中标会员的保证金;若竞拍规则是要卖家会员手动评拍的,则人工评选出中标会员。

10）竞拍流程结束。

### (三)实验步骤

1.卖家角色

（1）新增资源

功能:新增竞拍资源信息。

菜单:我是卖家—竞拍管理—竞拍资源。

操作员:卖家权限操作员。

界面:见图 3 - 111。

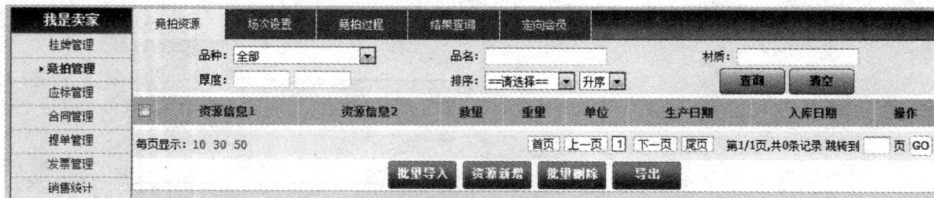

图 3 - 111　竞拍资源界面

操作:

1）点击【竞拍资源】。

2)在竞拍资源中点击【资源新增】,弹出资源新增界面,见图 3－112。

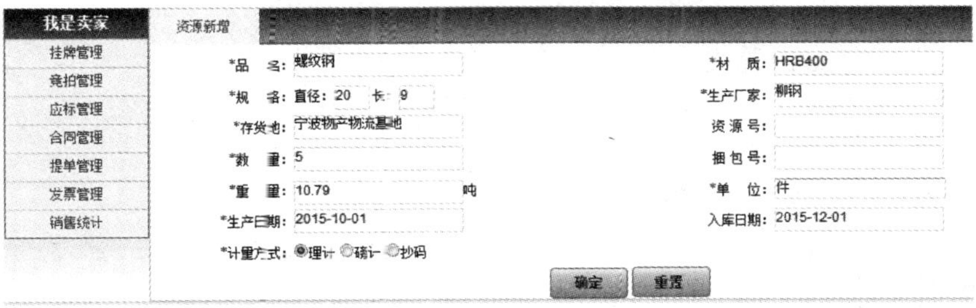

图 3－112 资源新增界面

3)在资源新增界面中,品名下拉选择"螺纹钢",材质下拉选择或输入"HRB400",规格直径输入"20",规格长输入"9",生产厂家下拉选择"柳钢",存货地指物资存放所在地,输入"宁波物产物流基地",数量输入"5",单位选择"件",重量输入"10.79",计量方式选择"理计",生产日期指物资的生产日期,选择"2015－10－01",入库日期选择"2015－12－01"。

4)资源信息输入完成后,点击【确定】,系统提示保存成功,界面跳转至竞拍界面。

(2)场次设置

**新建场次**

功能:竞拍管理。

菜单:我是卖家—竞拍管理—场次设置—新建场次。

操作员:交易卖家。

界面:见图 3－113。

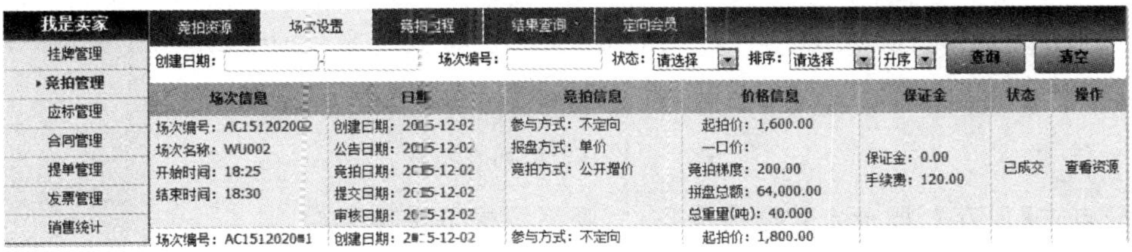

图 3－113 场次设置界面

操作:

1)列表中显示已增加的竞拍场次信息。

2)输入查询条件,单击【查询】,列表中显示符合搜索条件的场次信息。

3)点击【新建场次】按钮,系统显示新建场次界面,见图 3－114,输入场次的明细信息(带红色＊为必须输入项);场次名称表示场次的显示名称,输入"螺纹钢竞拍",开始时间表示场次开始时间,输入"20:16";结束时间表示场次结束时间,输入"20:20";报盘方式选择"单价报盘";竞拍模式选择"公开增价";竞拍规则选择"价高者得";起拍价输入"2120";增加梯度输入"20"。

图 3-114　新建场次界面

4)点击【增加资源】,系统显示竞拍资源列表界面,见图 3-115;选择竞拍的资源信息,点击【确定】,系统返回场次界面。

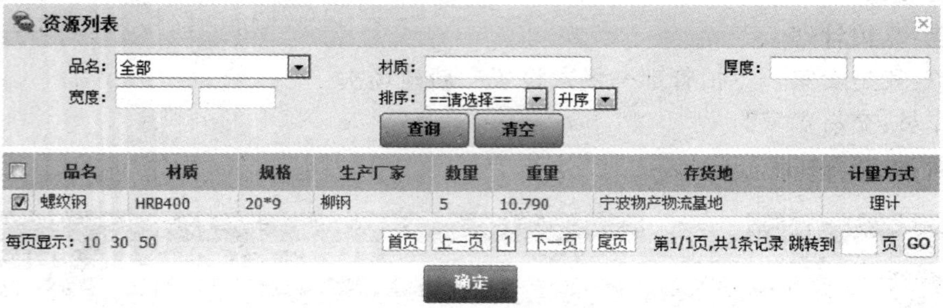

图 3-115　资源列表界面

5)点击【保存】,如录入数据符合条件,则系统提示保存成功。

说明:

1)报盘方式分单价报盘和总价报盘。若为单价报盘,则总价格＝起拍价×总数量;如选择总价报盘,则平均价格＝起拍价/总数量。

2)竞拍规则为"价高者得"与"人为选定"两种。"人为选定"模式为竞拍发起会员自己选定最后的中拍者。

**提交场次**

功能:对保存成功的场次进行提交。

菜单:我是卖家—竞拍管理—场次设置—提交场次。

操作员:卖家权限操作员。

界面:见图 3-116。

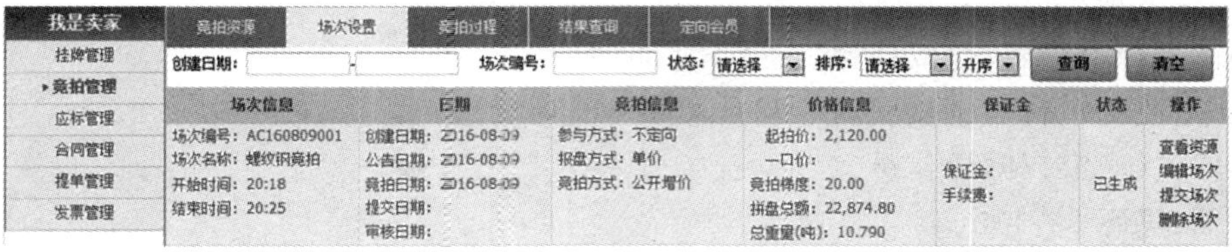

图 3-116 提交场次界面

操作：

1）列表中显示已增加的待竞拍场次信息。

2）在需要提交的场次后，点击【提交场次】，如果日期时间符合条件，则系统显示提交成功。

（3）竞拍过程

功能：查看正在进行的竞拍场次。

菜单：我是卖家—竞拍管理—竞拍过程。

操作员：卖家权限操作员。

界面：见图 3-117。

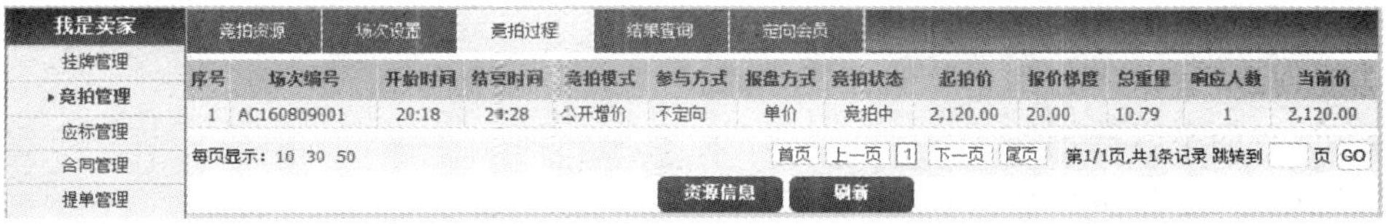

图 3-117 竞拍过程界面

操作：列表中显示正在进行的场次信息。

（4）结果查询

功能：查看已结束的竞拍场次。

菜单：我是卖家—竞拍管理—结果查询。

操作员：卖家权限操作员。

界面：见图 3-118。

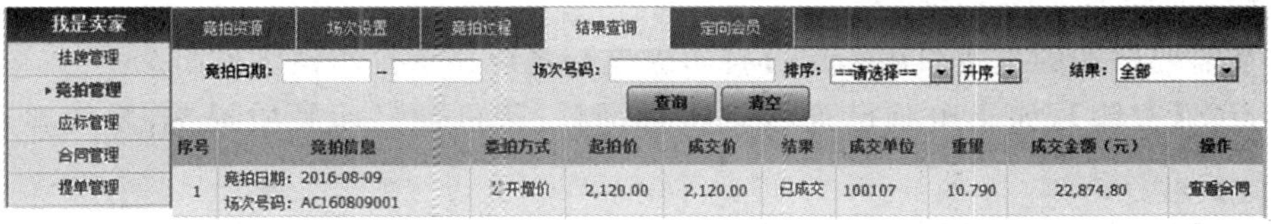

图 3-118 结果查询界面

操作：

1）列表中显示已结束的场次信息。

2）点击【查看合同】，查看竞拍场次结束后，买卖双方成交的合同信息。

(5)生成提单

功能:订单付款后生成提单。

菜单:我的平台－钢铁交易－我是卖家－合同管理。

操作员:卖家权限操作员。

界面:见图3－119。

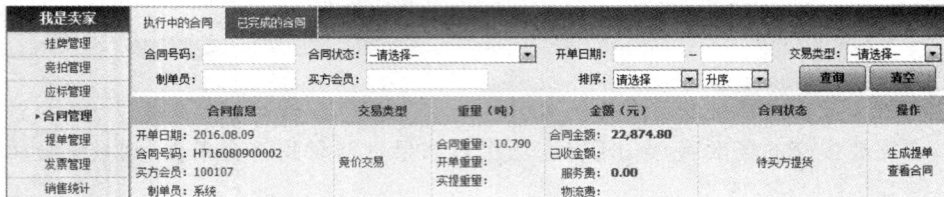

图3－119　生成提单界面

操作:

1)在需要生成提单的合同信息后,点击【生成提单】,系统显示生成提单界面。

2)维护提货数量和提货重量,点击【下一步】,进入提货单信息确认界面。

3)点击【确认】,系统显示确认提示框,点击【确定】后系统提示生成提单成功。

(6)打印提单

功能:打印提单作为到仓库的提货凭证。

菜单:我的平台－钢铁交易－我是卖家－提单管理。

操作员:卖家权限操作员。

界面:见图3－120。

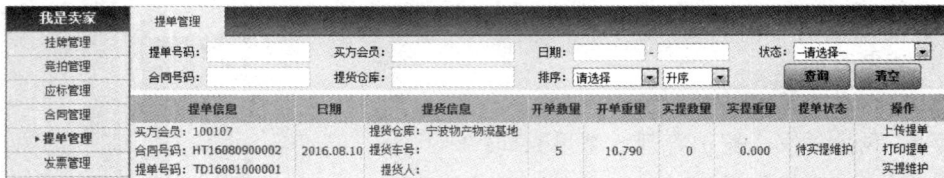

图3－120　打印提单界面

操作:

1)在需要打印的提货单后,点击【打印提单】,系统显示打印预览界面。

2)点击【打印】,如果电脑已连接打印机,则打印机会打印纸质提单,系统显示打印成功。

(7)实提维护/修改实提

功能:实提维护/修改实提。

菜单:我的平台－钢铁交易－我是卖家－提单管理。

操作员:卖家权限操作员。

界面:见图3－121。

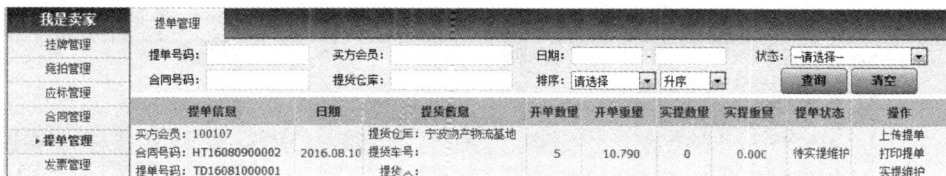

图 3-121 实提维护/修改界面

操作：

1)在需要维护实提的提货单后,点击【实提维护】,系统显示实提维护界面,见图 3-122。

图 3-122 实提维护界面

2)在实提维护界面中维护实提数量、实提重量信息,实提信息是在买家提货后维护的实际出库量信息。

3)点击【实提】,系统显示确认提示框,点击【确定】后系统提示实提维护成功。

(8)新增发票

功能：对买家生成的提单开票操作。

菜单：我的平台-钢铁交易-我是卖家-发票管理。

操作员：卖家权限操作员。

界面：见图 3-123。

图 3-123 新增发票界面 1

操作：

1)点击【新增发票】,系统显示新增发票界面,见图 3-124,列表显示所有待开发票的提货单信息。

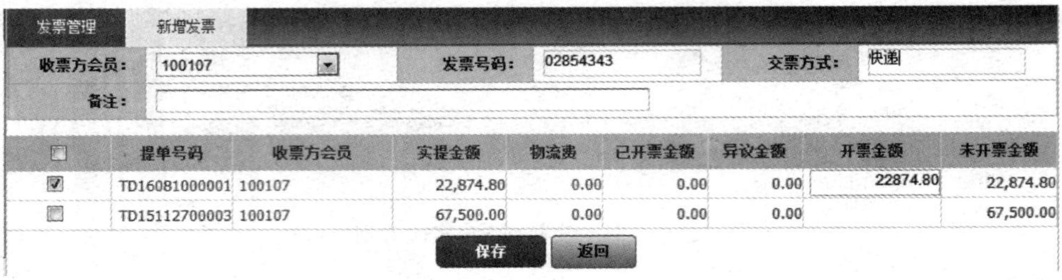

图 3-124　新增发票界面 2

2)勾选开具发票的提货单,录入发票号码与交票方式、开票金额,发票号码表示实际开具发票的号码,交票方式表示发票开具后交予买家的方式。

3)点击【保存】,系统提示确认后,新增发票成功。

2.买家角色

(1)参与竞拍

功能:买家参与卖家竞拍场次。

菜单:我是买家-竞拍选购-参加竞拍。

操作员:买家权限操作员。

界面:见图 3-125。

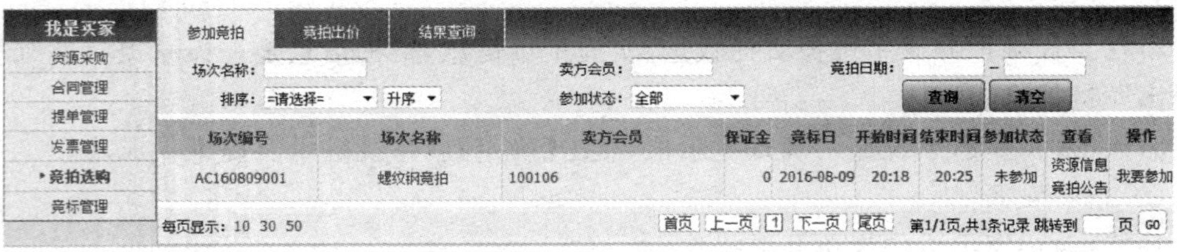

图 3-125　参与竞拍界面

操作:

1)点击【资源信息】按钮,查看资源信息明细记录,见图 3-126。

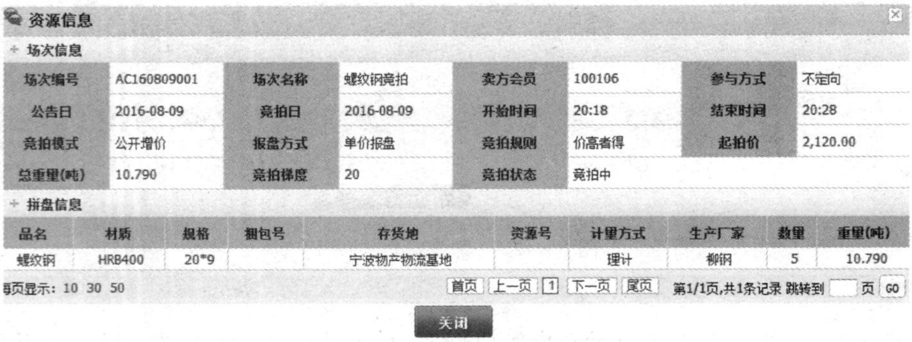

图 3-126　资源信息明细记录界面

2)点击【我要参加】按钮,系统显示参加竞拍界面,点击【同意】通过协议条款后,可参加竞拍场次,见图3-127。

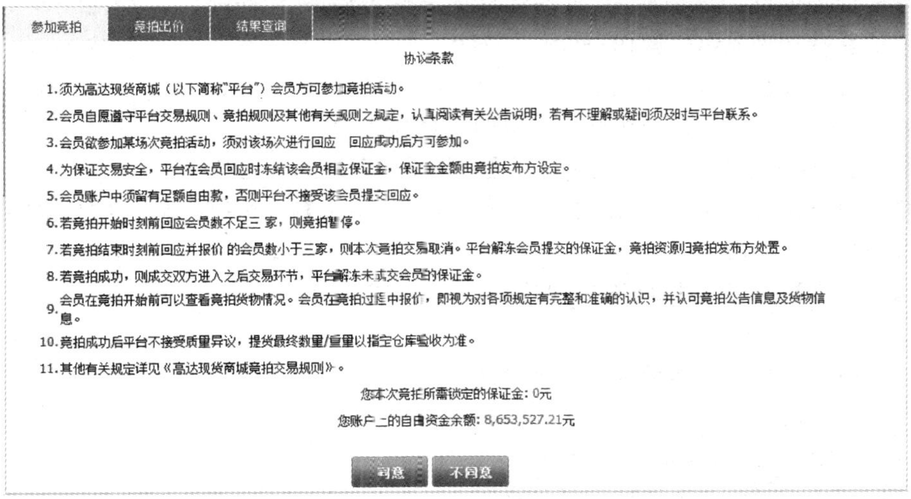

图3-127 竞价协议条款界面

(2)我要出价

功能:竞拍管理。

菜单:我是买家—竞拍选购—竞拍出价。

操作员:交易买家。

界面:见图3-128。

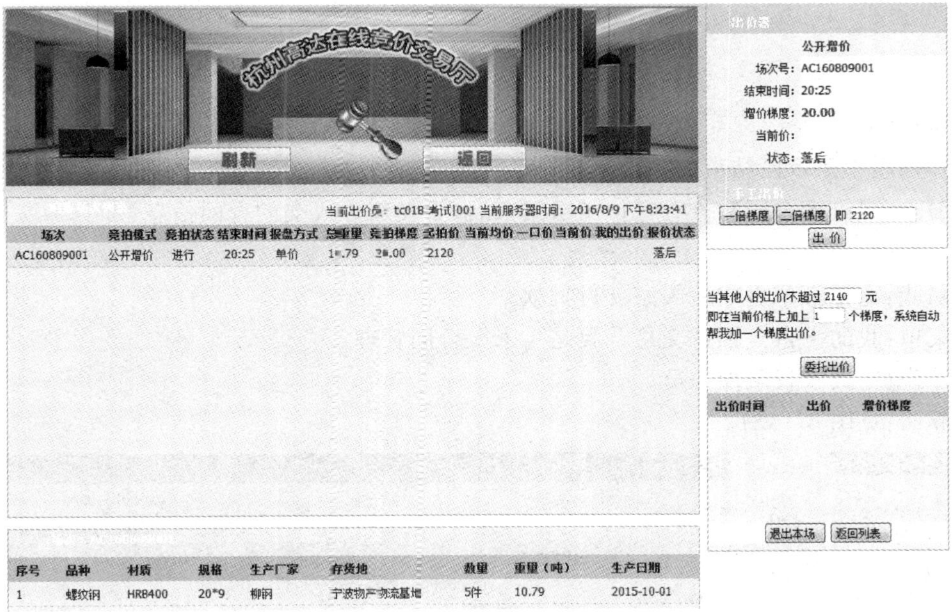

图3-128 竞拍出价界面

操作:

1)界面中显示已参加竞拍的场次信息。

2)【出价】:可设置出价梯度,自动计算出出价价格,点击【出价】按钮,完成出价操作,见图 3-129。

3)【委托出价】:设置一个价格与出价梯度。当出价超过设定的价格时,系统自动按照所设定的出价梯度,自动出价。设定好价格与出价梯度后,单击【委托出价】按钮,设定成功。

图 3-129　出价梯度

4)【取消委托】:对应"委托出价"。当点击【委托出价】后,按钮亮起。点击【取消委托】后,退出委托出价界面。

5)【一口价】:按照竞拍场次中设定的一口价成交金额完成竞拍。点击后自动完成竞拍。

6)【退出本场】:退出本场次的出价界面。

(3)结果查询

功能:已结束的竞拍场次。

菜单:我是买家—竞拍选购—结果查询。

操作员:买家权限操作员。

界面:见图 3-130。

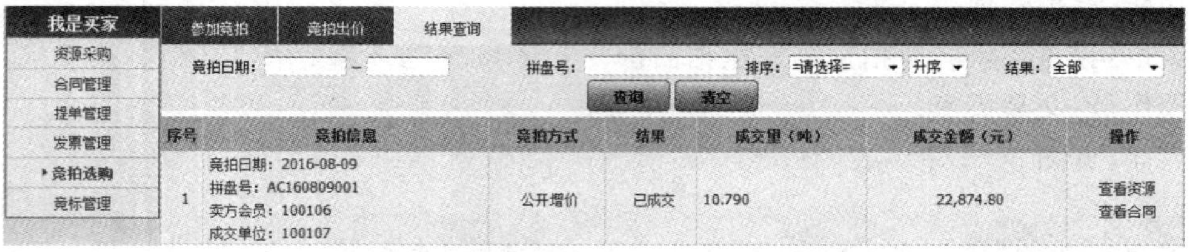

图 3-130　结果查询界面

操作:

1)列表中显示已结束的场次信息。

2)点击【查看合同】,查看竞拍场次结束后,买卖双方成交的合同信息。

(4)支付货款

功能:竞拍订单生成后买家支付货款。

菜单:我的平台—钢铁交易—我是买家—合同管理。

操作员:买家权限操作员。

界面:见图 3-131。

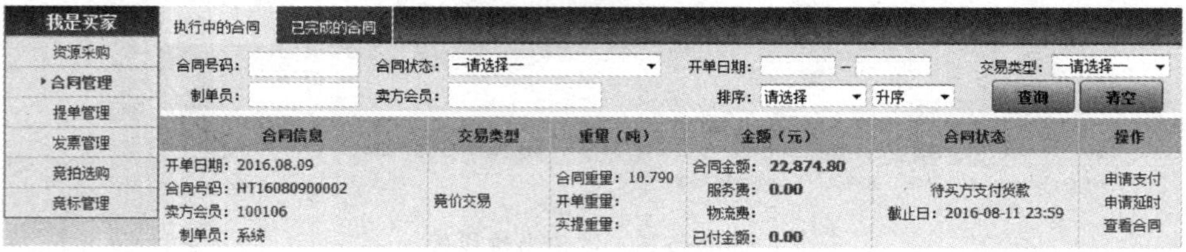

图 3-131　支付货款界面

操作：

1)在需要付款的合同后点击【申请支付】，系统弹出支付清单预览界面，见图 3 - 132，点击【确认】，提交支付清单，系统显示付款界面。

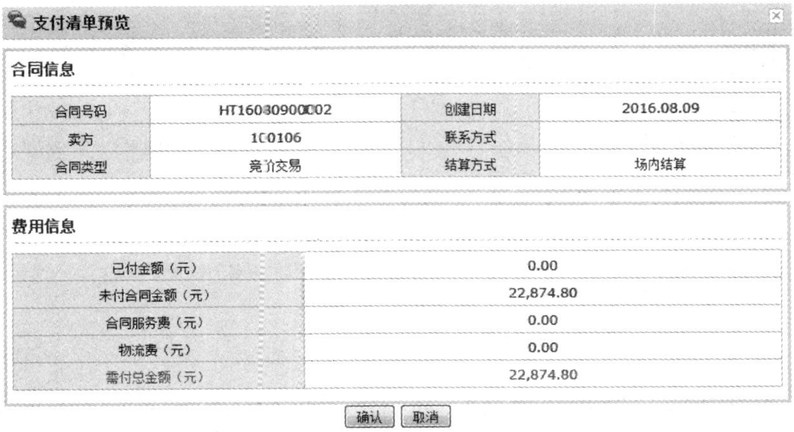

图 3 - 132　支付清单预览界面

2)在当前付款界面，见图 3 - 133，输入支付密码，点击【立即支付】，系统提示是否确认支付。

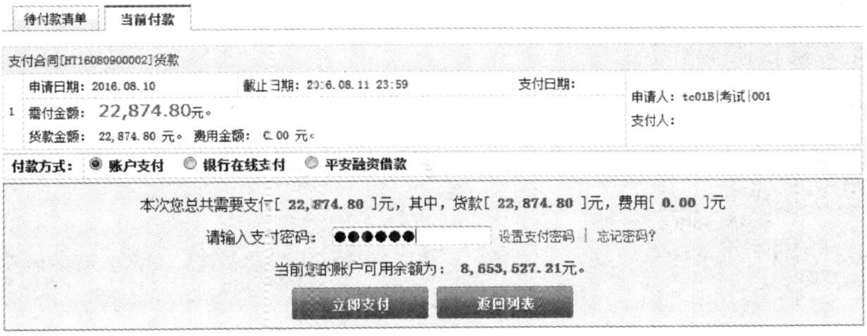

图 3 - 133　当前付款界面

3)点击【确定】，支付成功。

(5)验货确认

功能：买家收验货物后线上确认收验货物。

菜单：我的平台－钢铁交易－我是买家－提单管理。

操作员：买家权限操作员。

界面：见图 3 - 134。

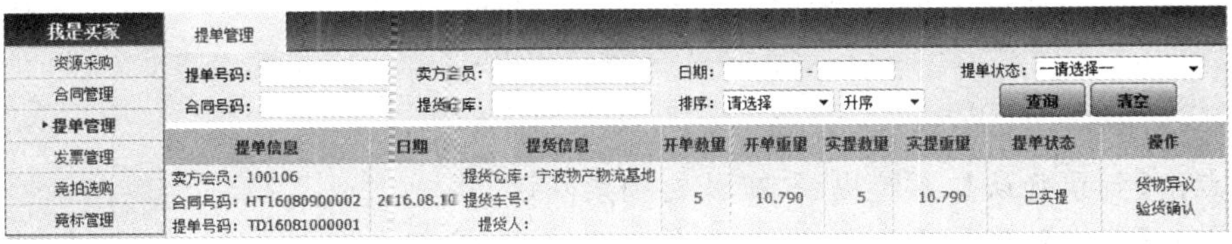

图 3 - 134　验货确认界面

131

操作:

1)在需要验货确认的提货单后,点击【验货确认】,系统显示验货确认界面,见图3-135。

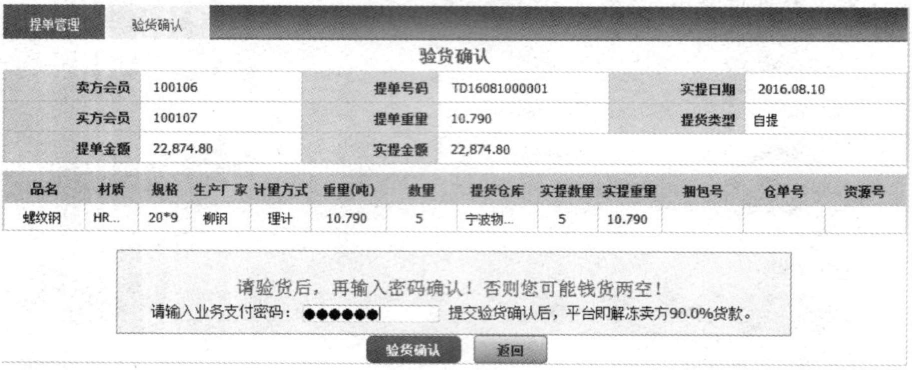

图3-135 验货确认界面

2)输入支付密码,点击【验货确认】,系统提示"您提交验货确认后,平台即解冻卖方90.0%货款,是否继续?"

3)点击【确定】,系统显示验货确认成功。

(6)到票确认

功能:买家收到卖家开具的票据后在线上进行确认操作。

菜单:我的平台-钢铁交易-我是买家-发票管理。

操作员:买家权限操作员。

界面:见图3-136。

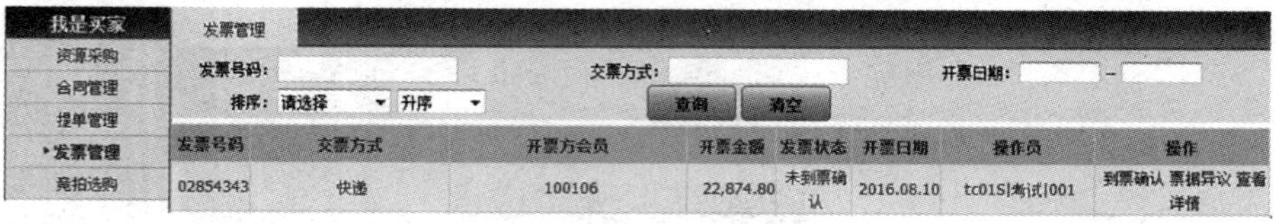

图3-136 到票确认界面

操作:

1)在收到卖家开具的发票后,点击【到票确认】,系统显示到票确认界面,见图3-137。

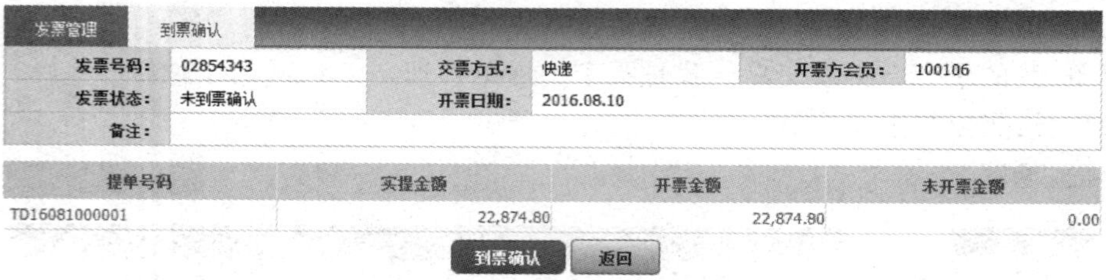

图3-137 到票确认界面

2)点击【到票确认】,系统提示"确认要到票确认"。

3)点击【确定】,到票确认成功。

（7）评分

功能：买家对本次交易进行评分。

菜单：我的平台－钢铁交易－我是买家－合同管理。

操作员：买家权限操作员。

界面：见图3－138。

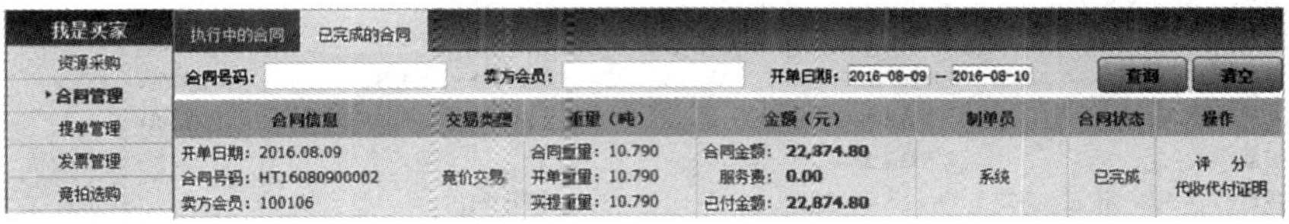

图3－138 评分界面

操作：

1）点击【已完成的合同】，在需要评分的已完成合同后，点击【评分】，系统显示提交评分界面，见图3－139。

图3－139 提交评分界面

2）根据卖家的服务，点击后面的星星进行评分。

3）点击【提交评分】，进行提交，系统提示"据交易规则一个合同只能进行一次评分而且不能修改，确认对卖家评分？"确定后完成评分并返回到合同管理界面。

4）点击【返回合同】，返回到合同管理界面。

3.交易中心角色

（1）竞拍申请审核

会员竞拍交易中提交的申请审核。

菜单：钢铁系统－竞拍管理－竞拍申请审核。

操作员：交易中心。

界面：见图3－140。

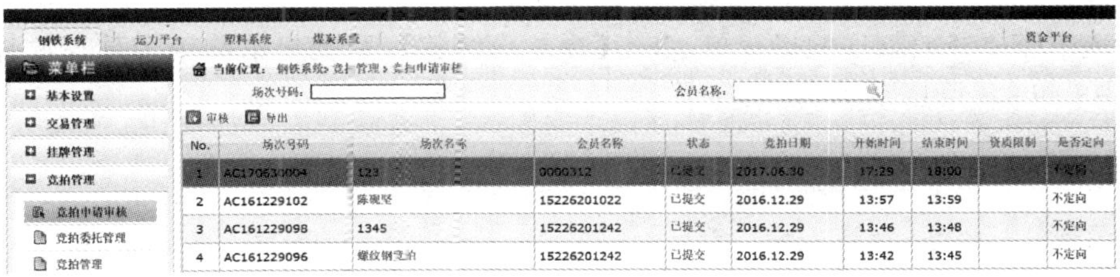

图3－140 竞拍申请审核界面

133

操作:

1)选择需要进行审核的竞拍单信息。

2)点击【审核】,系统显示竞拍申请审核确认界面,见图3-141。

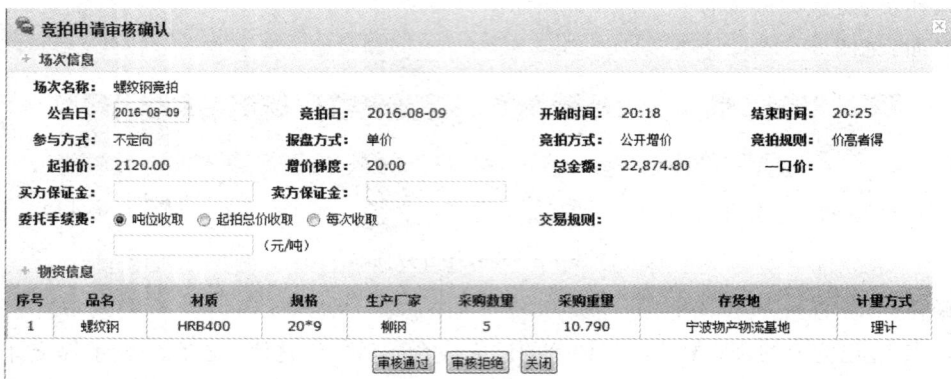

图3-141 竞拍申请审核确认界面

3)点击【审核通过】,系统显示审核通过提示。

4)点击【确定】,审核成功,发布公告。

说明:点击【审核拒绝】后,违约处理可以再次编辑提交审核。

(2)购销余款释放

功能:对交易合同货款进行释放。

菜单:钢铁系统—结算管理—购销余款释放。

操作员:交易中心。

界面:见图3-142。

图3-142 购销余款释放界面

操作:

1)选中需要释放款项的提货单,点击【释放冻结款】,系统显示购销余款释放界面,见图3-143和3-144。

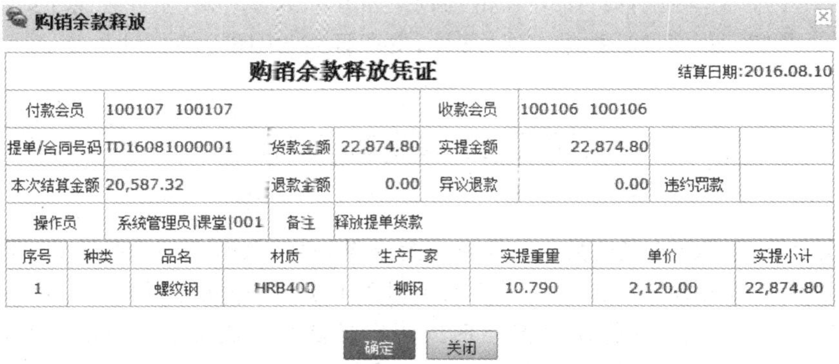

购销余款释放

| 购销余款释放凭证 | | | | | | 结算日期:2016.08.10 | |
|---|---|---|---|---|---|---|---|
| 付款会员 | 100107 100107 | | | 收款会员 | 100106 100106 | | |
| 提单/合同号码 | TD16081000001 | 货款金额 | 22,874.80 | 实提金额 | 22,874.80 | | |
| 本次结算金额 | 20,587.32 | 退款金额 | 0.00 | 异议退款 | 0.00 | 违约罚款 | |
| 操作员 | 系统管理员\|课堂\|001 | 备注 | 释放提单货款 | | | | |

| 序号 | 种类 | 品名 | 材质 | 生产厂家 | 实提重量 | 单价 | 实提小计 |
|---|---|---|---|---|---|---|---|
| 1 | | 螺纹钢 | HRB400 | 柳钢 | 10.790 | 2,120.00 | 22,874.80 |

确定　关闭

图 3－143　第一次余款释放界面

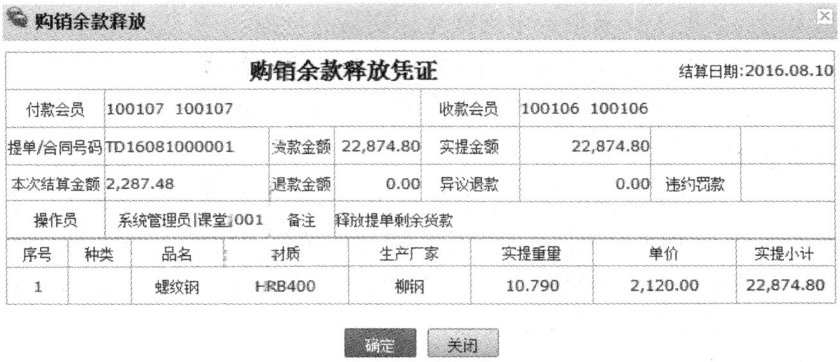

购销余款释放

| 购销余款释放凭证 | | | | | | 结算日期:2016.08.10 | |
|---|---|---|---|---|---|---|---|
| 付款会员 | 100107 100107 | | | 收款会员 | 100106 100106 | | |
| 提单/合同号码 | TD16081000001 | 货款金额 | 22,874.80 | 实提金额 | 22,874.80 | | |
| 本次结算金额 | 2,287.48 | 退款金额 | 0.00 | 异议退款 | 0.00 | 违约罚款 | |
| 操作员 | 系统管理员\|课堂\|001 | 备注 | 释放提单剩余货款 | | | | |

| 序号 | 种类 | 品名 | 材质 | 生产厂家 | 实提重量 | 单价 | 实提小计 |
|---|---|---|---|---|---|---|---|
| 1 | | 螺纹钢 | HRB400 | 柳钢 | 10.790 | 2,120.00 | 22,874.80 |

确定　关闭

图 3－144　第二次余款释放界面

2)点击【确定】,系统显示购销余款释放成功。

说明:

1)买家验货确认后可以进行第一次合同部分货款释放。

2)交易流程结束后(买家到票确认)进行第二次剩余合同货款释放。

3)第一次合同货款没释放的情况下是不允许释放第二次需要释放的货物余款的。

## (四)实验要求

1)课堂内按要求进行分角色操作,熟练掌握各个步骤和含义。

2)课堂操作:在教师指导下完成大宗商钢铁竞拍交易的所有流程。

3)考核操作:在无教师指导下完成大宗商品钢铁竞拍交易的所有流程。

## (五)实验数据

1)品名:螺纹钢;材质:HRB335E;规格:直径 16mm、长 9m;生产厂家:武钢;数量:10 件;单位:件;重量:24.17 吨;计量方式:理计;生产日期:2016－11－11。

2)品名:盘螺;材质:HRB335E;规格:8mm;生产厂家:安钢;数量:2 件;单位:件;重量:4 吨;计量方式:磅计;生产日期:2016－11－11。

3)品名:花纹卷板;材质:Q235B;规格:直径 6.35mm、长 1.5m;生产厂家:安钢;数量:1 件;单位:件;重量:9.78 吨;计量方式:磅计;生产日期:2016－11－11。

4)品名:中厚板;材质:Q345B;规格:直径 56mm、长 2.5m;生产厂家:安钢;数量:5件;单位:件;重量:18.65 吨;计量方式:磅计;生产日期:2016－11－11。

# 第三节　竞标交易

竞标交易是指买方通过交易市场竞标交易系统,将需采购商品的品牌、规格等主要属性和交货地点、交货时间、数量、底价等信息对外发布要约,由卖方以向下出价方式进行公开竞价,按照"价格优先"的原则,在规定时间内以最低买价成交并签订电子购销合同,按合同约定进行实物交收的交易模式。

**(一)实验目的**

1)掌握大宗商品电子交易平台中钢铁竞标交易的过程。

2)掌握大宗商品电子交易平台中钢铁竞标交易的工作流程。

3)熟悉大宗商品电子交易平台中钢铁竞标交易的操作步骤。

**(二)实验内容**

本实验主要是通过大宗商品电子交易平台中钢铁竞标交易模块展现大宗商品中的钢铁竞标的交易流程,使学生直观体验钢铁竞标流程中角色的变化,认识买家、卖家、交易中心在大宗商品钢铁竞标交易中的职能。通过实际操作演示,使学生更加形象地理解大宗商品钢铁竞标交易模式的特点与流程要点。

1.实验角色分配

实验采用分角色的形式,为当前课堂中的学生分配买家、卖家、交易中心角色,整个流程需要几个角色共同工作才能完成一个交易过程。

卖家角色功能:线下账户充值、参与竞标、提单管理、实提维护、发票管理。

买家角色功能:线下账户充值、场次新增、竞标结束、订单管理、订单支付管理、提货人管理、验货确认管理、验票确认管理、评分。

交易中心角色功能:线下账户充值、线下充值受理、凭证审核、竞标审核、购销余款释放、平台余款释放。

2.操作流程

(1)竞标资源示例

大类:线材;品种:钢筋;品名:螺纹钢;材质:HRB400;规格:直径 20mm、长 9m;生产厂家:柳钢;存货地:宁波物产物流基地;竞标数量:5 件;竞标重量:10.79 吨;最小应标量:5 吨;价格上限:2100 元/吨。

## （2）钢铁竞标交易流程

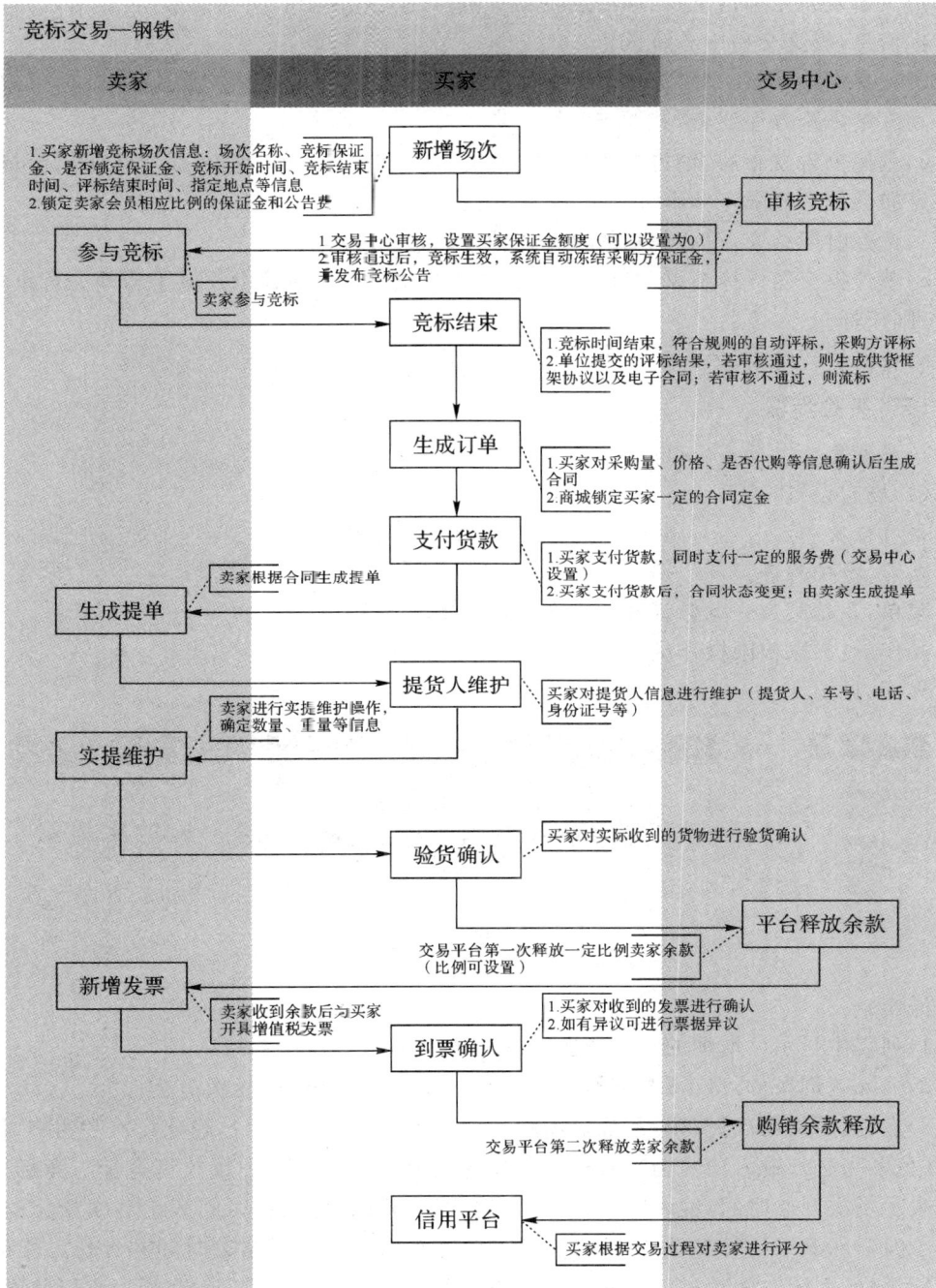

竞标交易—钢铁

| 卖家 | 买家 | 交易中心 |
|---|---|---|

1.买家新增竞标场次信息：场次名称、竞标保证金、是否锁定保证金、竞标开始时间、竞标结束时间、评标结束时间、指定地点等信息
2.锁定卖家会员相应比例的保证金和公告费

**新增场次**

**审核竞标**

1.交易中心审核，设置买家保证金额度（可以设置为0）
2.审核通过后，竞标生效，系统自动冻结采购方保证金，并发布竞标公告

**参与竞标**

卖家参与竞标

**竞标结束**

1.竞标时间结束，符合规则的自动评标，采购方评标
2.单位提交的评标结果，若审核通过，则生成供货框架协议以及电子合同；若审核不通过，则流标

**生成订单**

1.买家对采购量、价格、是否代购等信息确认后生成合同
2.商城锁定买家一定的合同定金

**支付货款**

1.买家支付货款，同时支付一定的服务费（交易中心设置）
2.买家支付货款后，合同状态变更；由卖家生成提单

卖家根据合同生成提单

**生成提单**

**提货人维护**

买家对提货人信息进行维护（提货人、车号、电话、身份证号等）

卖家进行实提维护操作，确定数量、重量等信息

**实提维护**

**验货确认**

买家对实际收到的货物进行验货确认

**平台释放余款**

交易平台第一次释放一定比例卖家余款（比例可设置）

**新增发票**

卖家收到余款后为买家开具增值税发票

1.买家对收到的发票进行确认
2.如有异议可进行票据异议

**到票确认**

**购销余款释放**

交易平台第二次释放卖家余款

**信用平台**

买家根据交易过程对卖家进行评分

图 3-145　钢铁竞标交易流程

(3)流程说明

1)买家发布竞标信息,竞标信息分场次信息(主体信息)和明细信息(物资信息),设置好发标信息,提交交易中心审核。

2)交易中心审核,设置买家保证金额度(可以设置为0)。审核通过后,竞标生效,系统自动冻结采购方保证金,并发布竞标公告。

3)竞标公告发布后,销售方选择场次提交"竞标出价"。若采购方设置了定向会员,则只有定向会员有权限竞标出价。

4)竞标时间结束,符合规则的自动评标,采购方评标。

5)单位提交的评标结果,若审核通过,则生成供货框架协议以及电子合同。若审核不通过,则流标。

6)竞标流程结束。

**(三)实验步骤**

1.买家角色

(1)场次设置

*新增场次*

功能:竞拍管理。

菜单:我是买家—竞标管理—场次管理—新增场次。

操作员:买家权限操作员。

界面:见图3-146。

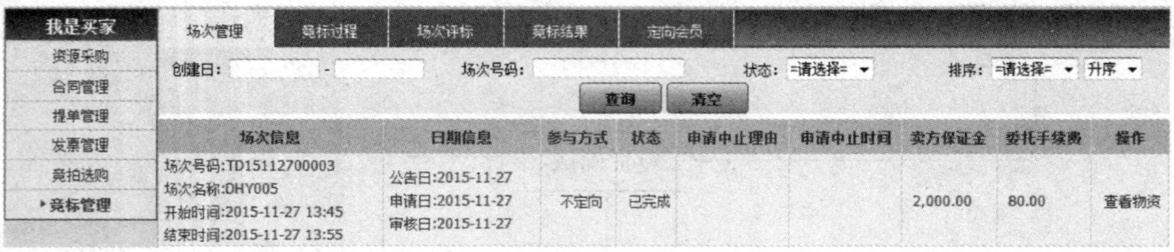

图3-146 场次管理界面

操作:

1)列表中显示已增加的竞标场次信息。

2)输入查询条件,单击【查询】,列表中显示符合搜索条件的场次信息。

3)点击【新增场次】按钮,系统显示新增场次界面,见图3-147,输入场次和明细,信息(带红色 * 为必须输入项),场次名称表示场次的显示名称,输入"螺纹钢竞标";竞标开始时间表示场次开始时间,输入"2016-08-11 17:00";竞标结束时间表示场次结束时间,输入"2016-08-11 17:20";评标结束时间设置作用为在竞标结束时间和评标结束时间内进行评标,系统时间超过设置的评标结束时间,该场次由系统自动设置为流标状态;付款截止日期表示场次竞标成功后,买家付款的截止时间,输入"2016-08-12";报价方式选择"总体报价";竞标方保证金选择"锁定";竞标方保证金输入"1000";指定地点输入"宁波物产基地";货物所在区域范围输入"宁波物产基地"。

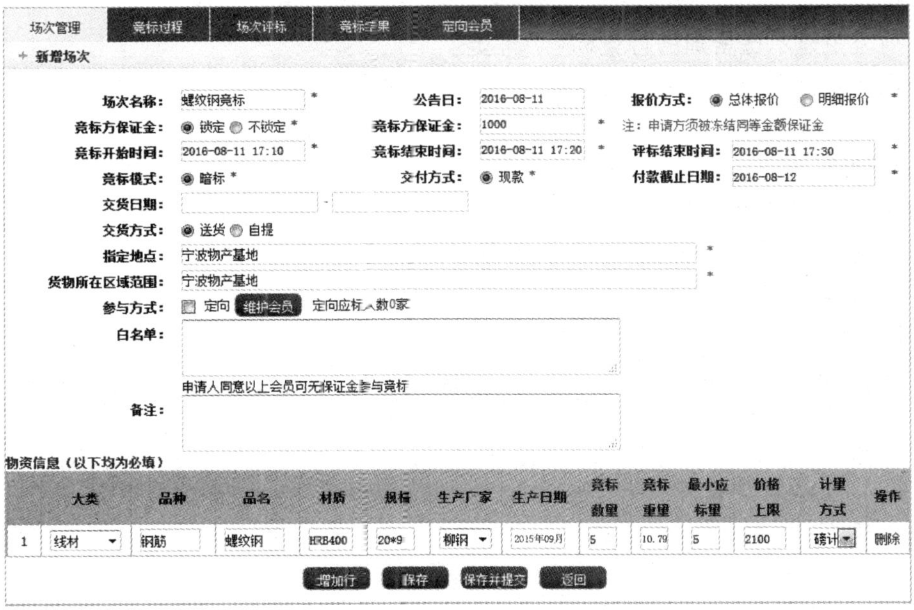

图 3-147 新增场次界面

4）在物资信息界面，见图 3-148，大类下拉选择"线材"，品种下拉选择"钢筋"，品名下拉选择"螺纹钢"，材质输入"HRB400"，规格输入"20＊9"，生产厂家下拉选择"柳钢"，竞标数量输入"5"，竞标重量输入"10.79"，最小应标量输入"5"，价格上限输入"2100"，生产日期选择"2015 年 09 月"。

图 3-148 物资信息界面

5）点击【保存】，录入数据符合条件，则系统提示保存成功。

**提交场次**

功能：对保存成功的场次进行提交。

菜单：我是买家—竞标管理—场次管理—提交场次。

操作员：买家权限操作员。

界面：见图 3-149。

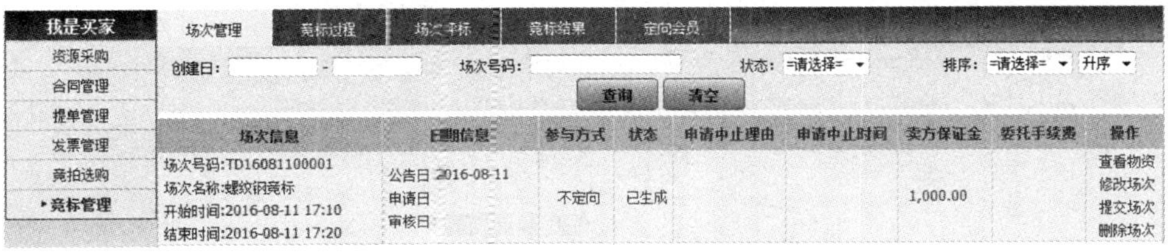

图 3-149 提交场次界面

操作：

1）列表中显示已增加的待竞标场次信息。

2）在需要提交的场次后，点击【提交场次】，如果日期时间符合条件，则系统显示提交成功。

（2）竞标过程

功能：查看正在进行的竞标场次。

菜单：我是买家—竞标管理—竞标过程。

操作员：买家权限操作员。

界面：见图 3-150。

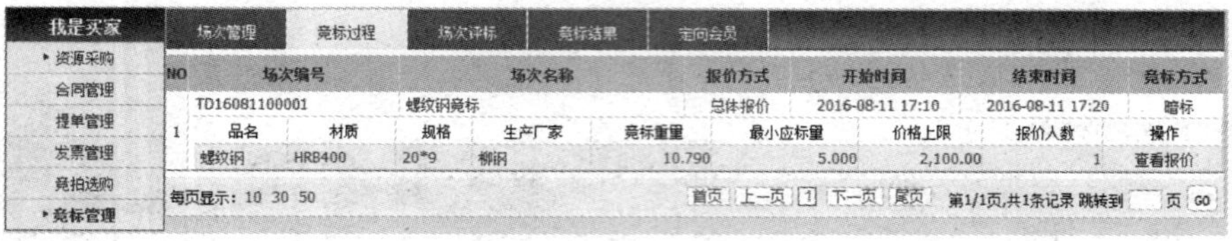

图 3-150 竞标过程界面

操作：列表中显示正在进行的场次信息。

（3）场次评标

功能：竞标结束开始评标。

菜单：我是买家—竞标管理—结果查询。

操作员：买家权限操作员。

界面：见图 3-151。

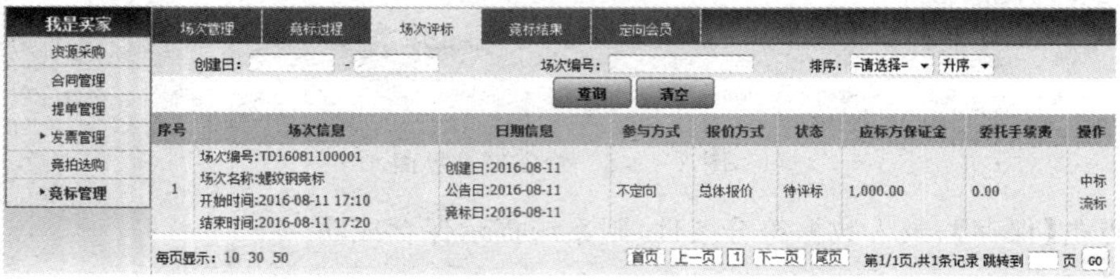

图 3-151 场次评标界面

操作：

1）点击【中标】，系统显示场次评标界面，见图 3-152。

图 3-152 场次评标界面

2)评标件数输入"5",评标重量输入"10.79",点击【保存并提交】,系统提示成功,买家与卖家达成合作,系统生成购销合同。

3)点击【流标】,买家未与卖家达成合同,竞标业务终止。

(4)结果查询

功能:已结束的竞标场次。

菜单:我是买家—竞标管理—结果查询。

操作员:买家权限操作员。

界面:见图3-153。

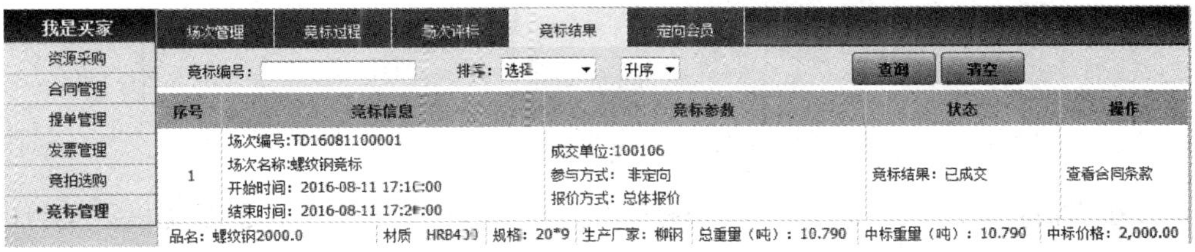

图 3-153 竞标结果界面

操作:列表中显示已结束的场次信息。

(5)支付货款

功能:竞标订单生成后买家支付货款。

菜单:我的平台—钢铁交易—我是买家—合同管理。

操作员:买家权限操作员。

界面:见图3-154。

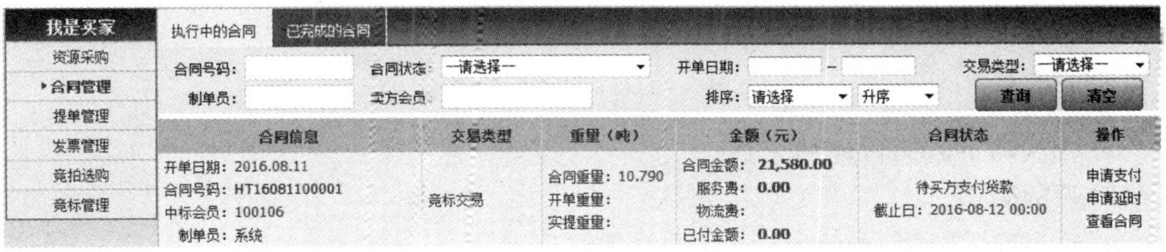

图 3-154 支付货款界面

操作:

1)在需要付款的合同后点击【申请支付】,系统弹出支付清单预览界面,见图3-155,点击【确认】,提交支付清单,系统显示付款界面。

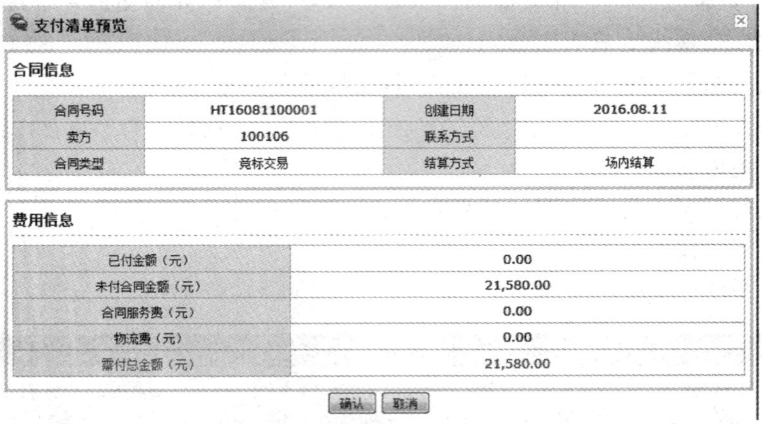

图 3-155　支付清单预览界面

2)在当前付款界面,见图 3-156,输入支付密码,点击【立即支付】,系统提示是否确认支付。

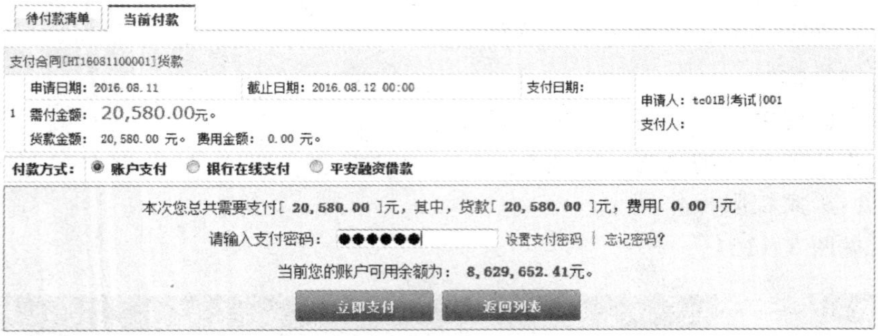

图 3-156　当前付款界面

3)点击【确定】,支付成功。

(6)验货确认

功能:买家收验货物后线上确认收验货物。

菜单:我的平台－钢铁交易－我是买家－提单管理。

操作员:买家权限操作员。

界面:见图 3-157。

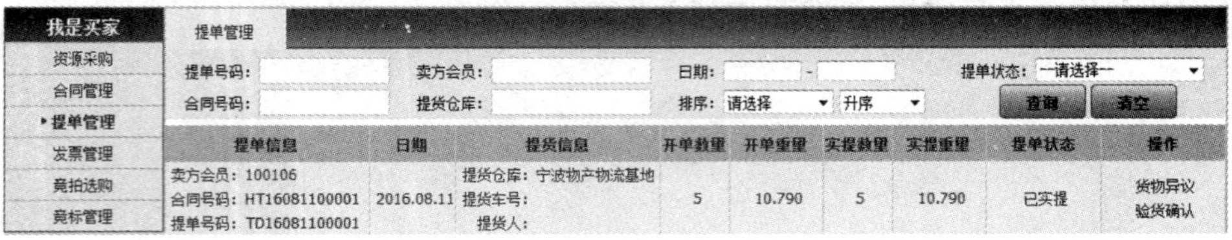

图 3-157　验货确认界面

操作：

1)在需要验货确认的提货单后,点击【验货确认】,系统显示验货确认界面,见图3-158。

图3-158 验货确认界面

2)输入支付密码,点击【验货确认】,系统提示"您提交验货确认后,平台即解冻卖方90.0％货款,是否继续?"

3)点击【确定】,系统显示验货确认成功。

（7)到票确认

功能:买家收到卖家开具的票据后在线上进行确认操作。

菜单:我的平台－钢铁交易－我是买家－发票管理。

操作员:买家权限操作员。

界面:见图3-159。

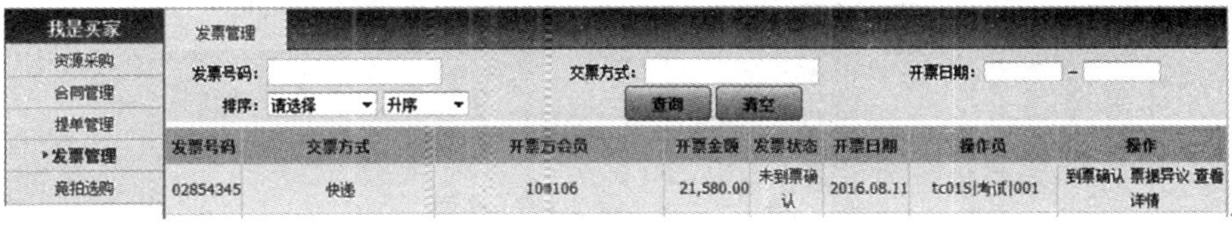

图3-159 到票确认界面

操作：

1)在收到卖家开具的发票后,点击【到票确认】,系统显示到票确认界面,见图3-160。

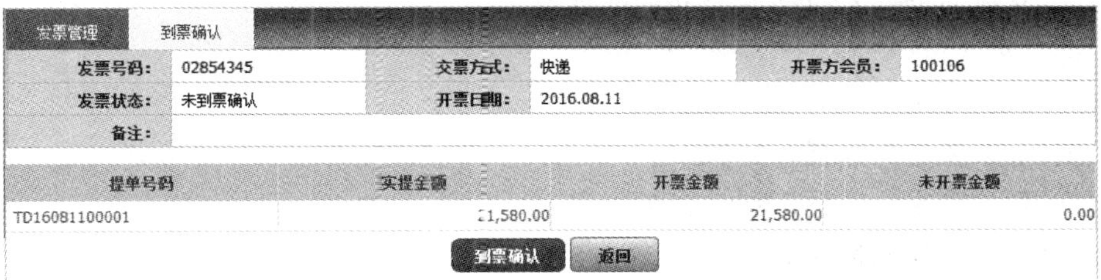

图3-160 到票确认界面

2)点击【到票确认】,系统提示"确认要到票确认"。

3)点击【确定】,到票确认成功。

(8)评分

功能:买家对本次交易进行评分。

菜单:我的平台－钢铁交易－我是买家－合同管理。

操作员:买家权限操作员。

界面:见图3－161。

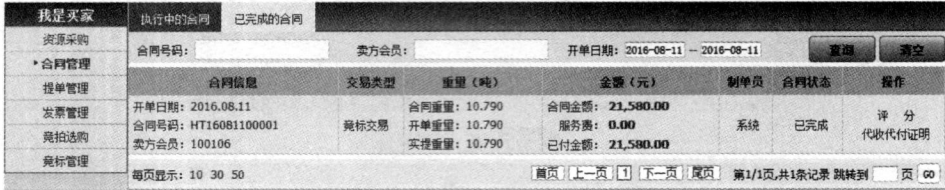

图3－161 评分界面

操作:

1)点击【已完成的合同】,在需要评分的已完成合同后,点击【评分】,系统显示评分界面,见图3－162。

图3－162 提交评分界面

2)根据卖家的服务,点击后面的星星进行评分。

3)点击【提交评分】,进行提交,系统提示"据交易规则一个合同只能进行一次评分而且不能修改,确认对卖家评分?"确定后完成评分并返回到合同管理界面。

4)点击【返回合同】,返回到合同管理界面。

2.卖家角色

(1)参与竞标

功能:卖家参与买家竞标场次。

菜单:我是卖家－应标管理－应标场次。

操作员:卖家权限操作员。

界面:见图3－163。

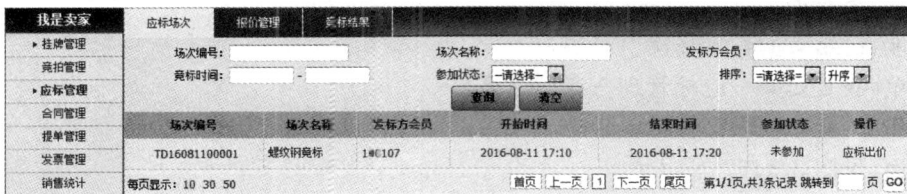

图 3-163 应标场次界面

操作：

1) 点击【应标出价】按钮，系统显示出价场次界面。

图 3-164 出价场次界面

2) 报价输入"2000"，最小可供量输入"10.79"，最大可供量输入"10.79"，存货地下拉选择"宁波物产物流基地"，见图 3-165。

图 3-165 出价物资界面

3) 点击【出价预览】按钮，系统显示出价预览界面，见图 3-166，点击【出价并提交】，系统提示出价成功。

图 3-166 出价预览界面

（2）结果查询

功能：已结束的竞标场次。

菜单：我是卖家—应标管理—竞标结果。

操作员：卖家权限操作员。

界面：见图3-167。

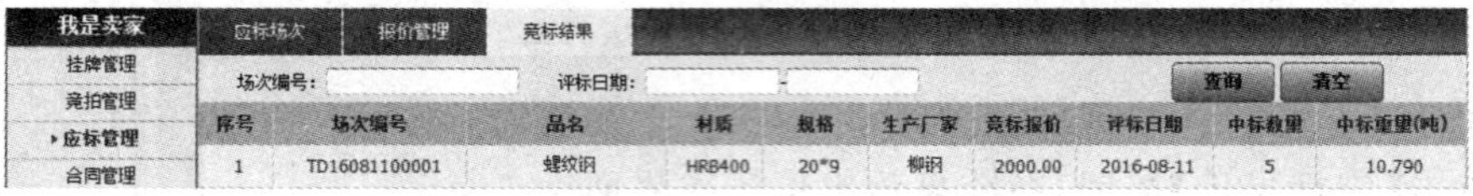

图3-167　竞标结果查询界面

操作：列表中显示已结束的场次信息。

（3）生成提单

功能：订单付款后生成提单。

菜单：我的平台—钢铁交易—我是卖家—合同管理。

操作员：卖家权限操作员。

界面：见图3-168。

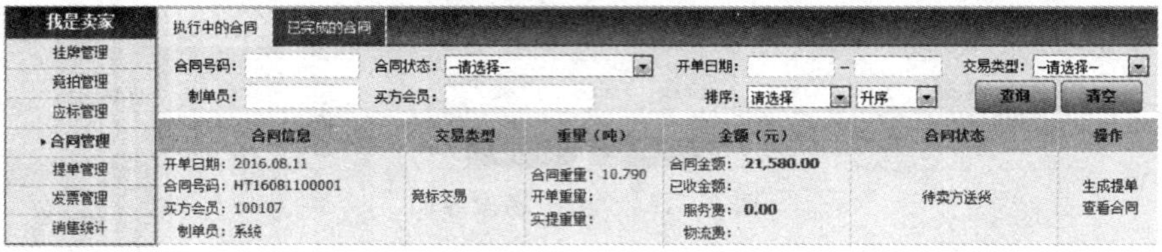

图3-168　生成提单界面

操作：

1）在需要生成提单的合同信息后，点击【生成提单】，系统显示生成提单界面。

2）维护提货数量和提货重量，点击【下一步】，进入提货单信息确认界面。

3）点击【确认】，系统显示确认提示框，点击【确定】后，系统提示生成提单成功。

（4）打印提单

功能：打印提单作为到仓库的提货凭证。

菜单：我的平台—钢铁交易—我是卖家—提单管理。

操作员：卖家权限操作员。

界面：见图3-169。

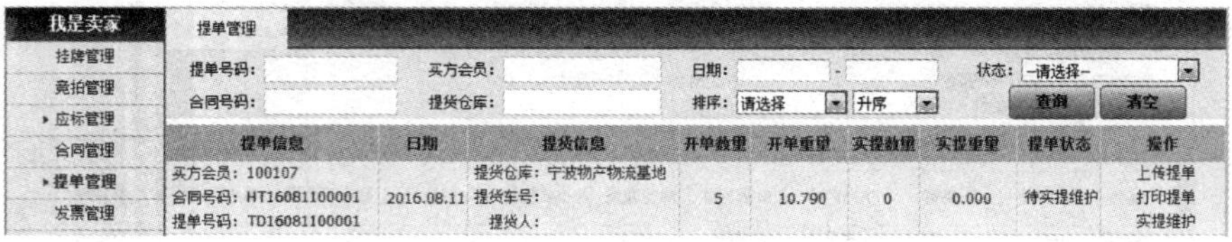

图3-169　打印提单界面

146

操作：

1）在需要打印的提货单后，点击【打印提单】，系统显示打印预览界面。

2）点击【打印】，如果电脑已连接打印机，则打印机会打印纸质提单，系统显示打印成功。

（5）实提维护/修改

功能：实提维护/修改。

菜单：我的平台－钢铁交易－我是卖家－提单管理。

操作员：卖家权限操作员。

界面：见图 3－170。

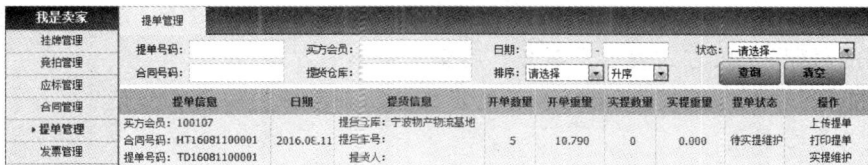

图 3－170　实提维护/修改界面

操作：

1）在需要维护实提的提货单后，点击【实提维护】，系统显示实提维护界面，见图 3－171。

图 3－171　实提维护界面

2）在实提维护界面中维护实提数量、实提重量信息，实提信息是在买家提货后维护的实际出库量信息。

3）点击【实提】，系统显示确认提示框，点击【确定】后，系统提示实提维护成功。

（6）新增发票

功能：对买家生成的提单进行开票操作。

菜单：我的平台－钢铁交易－我是卖家－发票管理。

操作员：卖家权限操作员。

界面：见图 3－172。

图 3－172　新增发票界面 1

操作：

1)点击【新增发票】，系统显示新增发票界面，见图 3-173，列表显示所有待开发票的提货单信息。

图 3-173　新增发票界面 2

2)勾选开具发票的提货单，录入发票号码与交票方式、开票金额，发票号码表示实际开具发票的号码，交票方式表示发票开具后交予买家的方式。

3)点击【保存】，系统提示确认后，新增发票成功。

3.交易中心角色

(1)竞标申请审核

功能：会员在竞标交易中提交申请审核。

菜单：钢铁系统—竞标管理—竞标申请审核。

操作员：交易中心。

界面：见图 3-174。

图 3-174　竞标申请审核界面

操作：

1)选择需要进行审核的竞拍单信息。

2)点击【审核】，系统显示竞标申请审核确认界面，见图 3-175。

图 3-175　竞标申请审核确认界面 1

3)点击【同意】,系统显示审核通过提示。

4)点击【确定】,审核成功,发布公告,见图3-176。

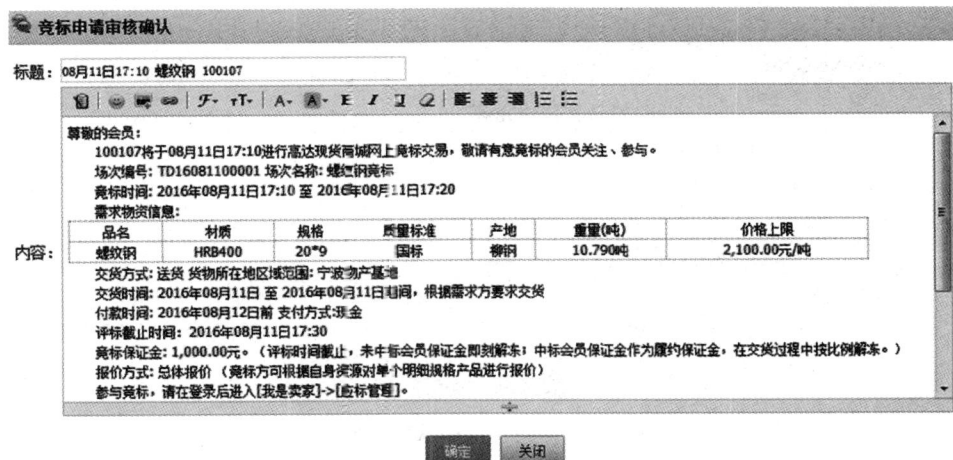

图3-176 竞标申请审核确认界面2

说明:点击【审核拒绝】后,违约处理可以再次编辑提交审核。

(2)购销余款释放

功能:对交易合同货款进行释放。

菜单:钢铁系统—结算管理—购销余款释放。

操作员:交易中心。

界面:见图3-177。

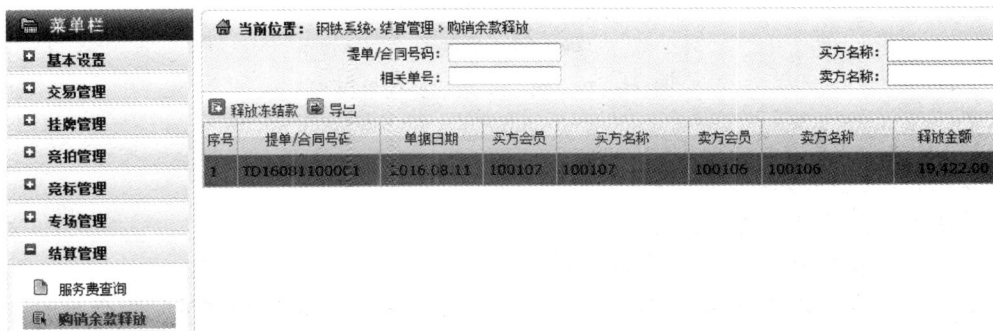

图3-177 购销余款释放界面

操作：

1)选中需要释放款项的提货单，点击【释放冻结款】，系统显示购销余款释放界面，见图 3－178 和 3－179。

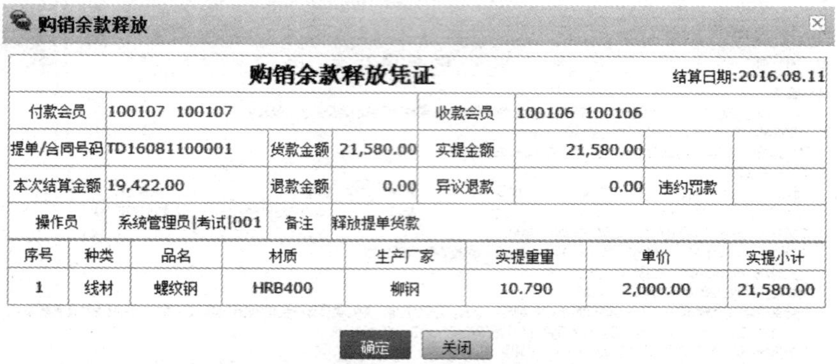
购销余款释放

购销余款释放凭证　结算日期:2016.08.11

| | | | | | | | |
|---|---|---|---|---|---|---|---|
| 付款会员 | 100107 100107 | | | 收款会员 | 100106 100106 | | |
| 提单/合同号码 | TD16081100001 | 货款金额 | 21,580.00 | 实提金额 | 21,580.00 | | |
| 本次结算金额 | 19,422.00 | 退款金额 | 0.00 | 异议退款 | 0.00 | 违约罚款 | |
| 操作员 | 系统管理员\|考试\|001 | 备注 | 释放提单货款 | | | | |

| 序号 | 种类 | 品名 | 材质 | 生产厂家 | 实提重量 | 单价 | 实提小计 |
|---|---|---|---|---|---|---|---|
| 1 | 线材 | 螺纹钢 | HRB400 | 柳钢 | 10.790 | 2,000.00 | 21,580.00 |

确定　关闭

图 3－178　第一次余款释放界面

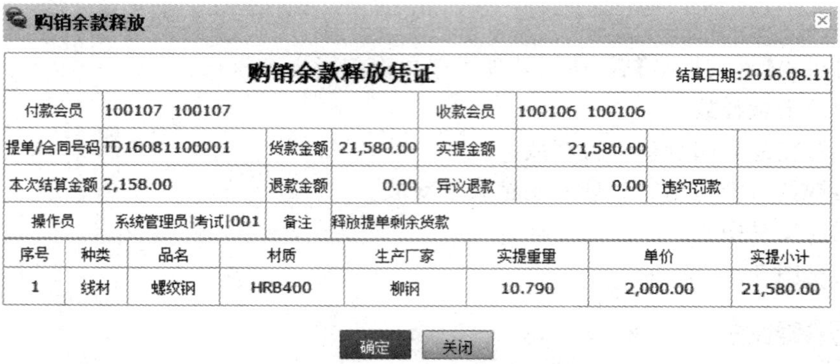
购销余款释放

购销余款释放凭证　结算日期:2016.08.11

| | | | | | | | |
|---|---|---|---|---|---|---|---|
| 付款会员 | 100107 100107 | | | 收款会员 | 100106 100106 | | |
| 提单/合同号码 | TD16081100001 | 货款金额 | 21,580.00 | 实提金额 | 21,580.00 | | |
| 本次结算金额 | 2,158.00 | 退款金额 | 0.00 | 异议退款 | 0.00 | 违约罚款 | |
| 操作员 | 系统管理员\|考试\|001 | 备注 | 释放提单剩余货款 | | | | |

| 序号 | 种类 | 品名 | 材质 | 生产厂家 | 实提重量 | 单价 | 实提小计 |
|---|---|---|---|---|---|---|---|
| 1 | 线材 | 螺纹钢 | HRB400 | 柳钢 | 10.790 | 2,000.00 | 21,580.00 |

确定　关闭

图 3－179　第二次余款释放界面

2)点击【确定】，系统显示购销余款释放成功。

说明：

1)买家验货确认后可以进行第一次合同部分货款释放。

2)交易流程结束后(买家到票确认)进行第二次剩余合同货款释放。

3)第一次合同货款没释放的情况下是不允许释放第二次需要释放的货物余款的。

### (四)实验要求

1)课堂内按要求进行分角色操作，熟练掌握各个步骤和含义。

2)课堂操作：在教师指导下完成大宗商品钢铁竞标交易的所有流程。

3)考核操作：在无教师指导下完成大宗商品钢铁竞标交易的所有流程。

### (五)实验数据

1)品名：螺纹钢；材质：HRB335E；规格：直径 10mm、长 9m；生产厂家：萍钢；数量：10 件；单位：件；重量：23.88 吨；计量方式：理计；生产日期：2016－11－11。

2)品名：盘螺；材质：HRB335E；规格：10mm；生产厂家：安钢；数量：10 件；单位：件；

重量:22 吨;计量方式:磅计;生产日期:2016－11－11。

3)品名:花纹卷板;材质:Q235B;规格:直径 3.25mm、长 1.5m;生产厂家:安钢;数量:1 件;单位:件;重量:7.35 吨;计量方式:磅计;生产日期:2016－11－11。

4)品名:中厚板;材质:Q345B;规格:直径 68mm、长 2.5m;生产厂家:安钢;数量:10 件;单位:件;重量:28.4 吨;计量方式:磅计;生产日期:2016－11－11。

# 第四节 专场交易

专场交易是指由交易平台根据市场发展的需要、交易商的需求等情况,专门为某交易商或某交易商品或某地区等开设单交易模式或多交易模式的专场,以适应和满足市场的特殊需求。

**(一)实验目的**

1)掌握大宗商品电子交易平台中钢铁专场交易的过程。

2)掌握大宗商品电子交易平台中钢铁专场交易的工作流程。

3)熟悉大宗商品电子交易平台中钢铁专场交易的操作步骤。

**(二)实验内容**

本实验主要是通过大宗商品电子交易平台中钢铁专场交易模块展现大宗商品中的钢铁专场的交易流程,使学生直观本验钢铁专场流程中角色的变化,认识买家、卖家、交易中心在大宗商品钢铁专场交易中的职能。通过实际操作演示,使学生更加形象地理解大宗商品钢铁专场交易模式的特点与流程要点。

1. 实验角色分配

实验采用分角色的形式,为当前课堂中的学生分配买家、卖家、交易中心角色,整个流程需要几个角色共同工作才能完成一个交易过程。

卖家角色功能:线下账户充值、专场挂牌、提单管理、实提维护、发票管理。

买家角色功能:线下账户充值、购物车管理、订单管理、订单支付管理、提货人管理、验货确认管理、验票确认管理、评分。

交易中心角色功能:线下账户充值、线下充值受理、凭证审核、专场设置、购销余款释放、平台余款释放。

2. 操作流程

(1)资源示例

品名:螺纹钢;材质:HRB400;规格:直径 20mm、长 9m;生产厂家:柳钢;存货地:宁波物产物流基地;数量:5 件;重量:10.79 吨;挂牌价:2100 元/吨。

(2)钢铁专场交易流程

图 3－180 为钢铁专场交易流程。

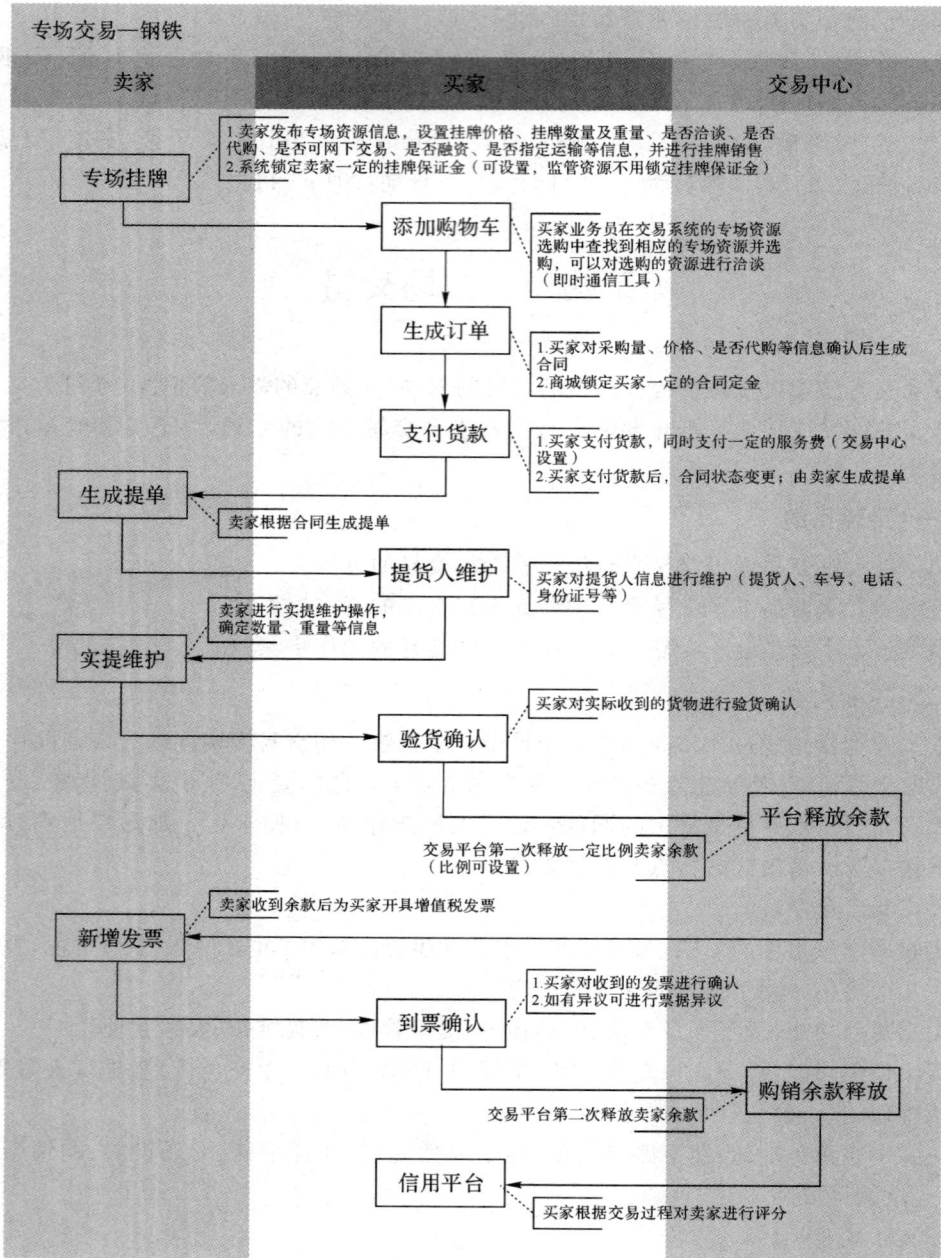

图 3-180　钢铁专场交易流程

（3）流程说明

注：实验开始时，需由交易中心对卖家开通设置专场权限，详细步骤见"第二篇第二章实验平台的基础设置实验　五、钢铁专场设置实验"。

1）卖家发布专场资源信息，设置挂牌价格、挂牌数量及重量、是否洽谈、是否代购、是否可网下交易、是否融资、是否指定运输等信息，并进行挂牌销售，系统锁定卖家一定的挂牌保证金（可设置，监管资源不用锁定挂牌保证金）。

2)卖家发布专场资源成功后,买家业务员即可在交易系统的专场资源选购中查找到相应的专场资源并选购,可以对选购的资源进行洽谈(即时通信工具);买家对采购量、价格、是否代购等信息确认后生成合同,同时商城锁定买家一定的合同定金(可设置),该合同为买卖双方交易的法律依据。

3)买家支付货款后,货款将由买家交易账户划入交易平台账户并锁定,买家(买家服务费可设置)同时支付交易服务费。

4)买家支付货款后,合同状态变更,由卖家生成提单。

5)卖家根据合同生成提货单,针对一个合同可以开具多个提单。

6)买家进行提货人信息维护,录入提货车号、提货人等信息。

7)卖家进行实提维护操作,确认最终实提量后待买家进行验货确认。

8)买家验货确认后,交易中心即可开始结算货款,首先,交易中心释放给卖家货款的一定比例(可设置)给卖家,若该合同存在需要退还给买家的货款,则同时退还相应的货款给买家,比如在实提量小于合同量的情况下。

9)卖家收到货款后(购销余款释放),即可开具增值税销售发票给买家。

10)买家收到发票后需在交易平台中对卖家开具的销售发票进行到票确认,确认无误后,合同完成。

11)交易中心对合同最后锁定的余款进行购销余款释放。

12)买家根据交易过程对卖家进行评分。

13)交易结束。

### (三)实验步骤

1.卖家角色

(1)资源专场发布

功能:增加钢铁资源信息并专场发布。

菜单:我的平台－钢铁交易－我是卖家－挂牌管理。

操作员:卖家权限操作员。

界面:见图3-181。

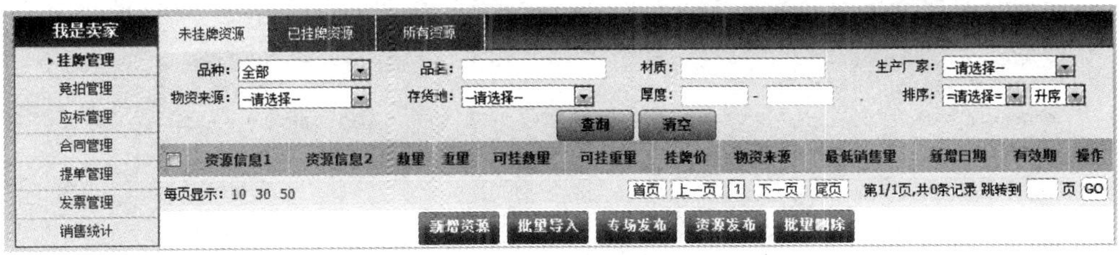

图3-181 资源专场发布界面

操作:

1)点击【挂牌管理】,点击【未挂牌资源】。

2)在未挂牌资源中点击【新增资源】,弹出资源新增界面,见图 3 - 182。

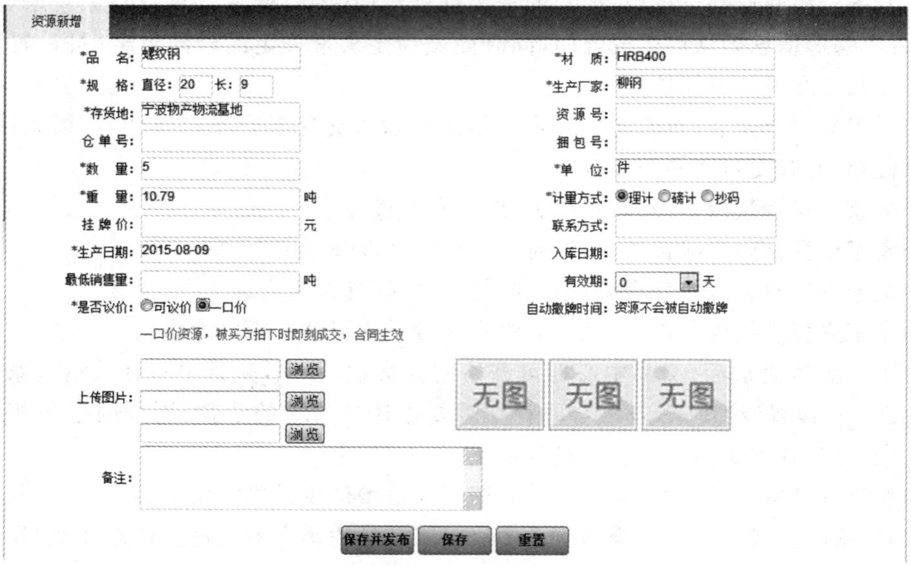

图 3 - 182　新增资源界面

3)在资源新增界面中,品名下拉选择"螺纹钢",材质下拉选择或输入"HRB400",规格直径输入"20",规格长输入"9",生产厂家下拉选择"柳钢",存货地指物资存放所在地,输入"宁波物产物流基地",数量输入"5",单位选择"件",重量输入"10.79",计量方式选择"理计",生产日期指物资的生产日期,输入"2015-08-09",是否议价选择"一口价"。

4)资源信息输入完成后,点击【保存】,系统提示保存成功,界面跳转至未挂牌资源界面,见图 3 - 183。

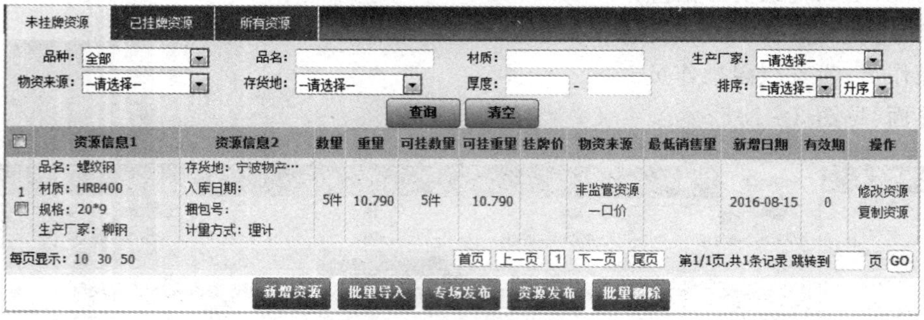

图 3 - 183　未挂牌资源界面

5)勾选需要挂牌的物资(系统默认勾选),点击【专场发布】,系统显示资源专场发布界面,输入挂牌价"2100",点击【发布挂牌】。

6)系统提示资源已发布,并锁定挂牌保证金,点击【确定】完成钢铁资源新增并发布操作。

(2)生成提单

功能:订单付款后生成提单。

菜单:我的平台－钢铁交易－我是卖家－合同管理。

操作员:卖家权限操作员。

界面:见图3－184。

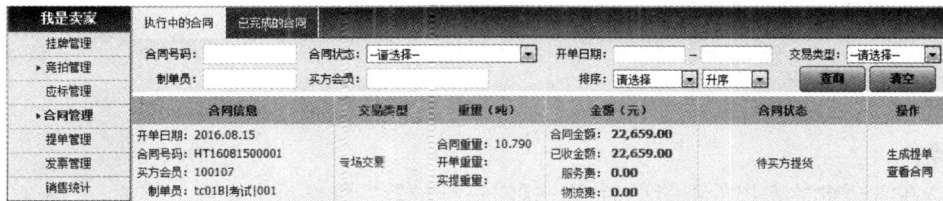

图3－184　生成提单界面

操作:

1)在需要生成提单的合同信息后,点击【生成提单】,系统显示生成提单界面。

2)维护提货数量和提货重量,点击【下一步】,进入提货单信息确认界面。

3)点击【确认】,系统显示确认提示框,点击【确定】后,系统提示生成提单成功。

(3)打印提单

功能:打印提单作为到仓库的提货凭证。

菜单:我的平台－钢铁交易－我是卖家－提单管理。

操作员:卖家权限操作员。

界面:见图3－185。

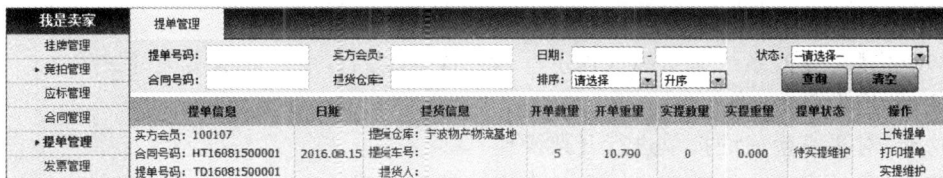

图3－185　打印提单界面

操作:

1)在需要打印的提货单后,点击【打印提单】,系统显示打印预览界面。

2)点击【打印】,如果电脑已连接打印机,则打印机会打印纸质提单,系统显示打印成功。

(4)实提维护/修改

功能:实提维护/修改。

菜单:我的平台－钢铁交易－我是卖家－提单管理。

操作员:卖家权限操作员。

界面:见图3－186。

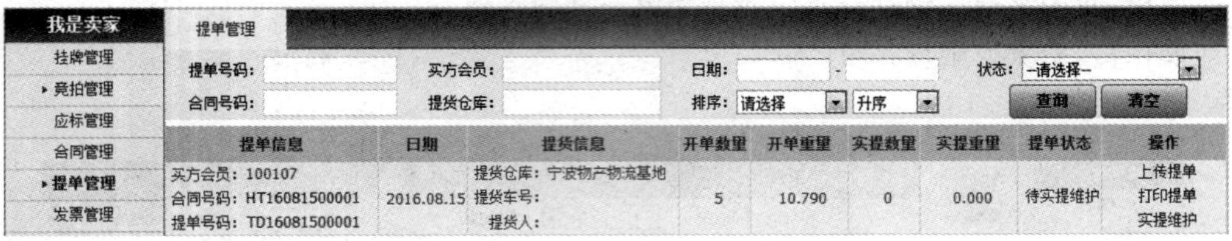

图 3 - 186　实提维护/修改界面

操作：

1)在需要维护实提的提货单后，点击【实提维护】，系统显示实提维护界面，见图 3 - 187。

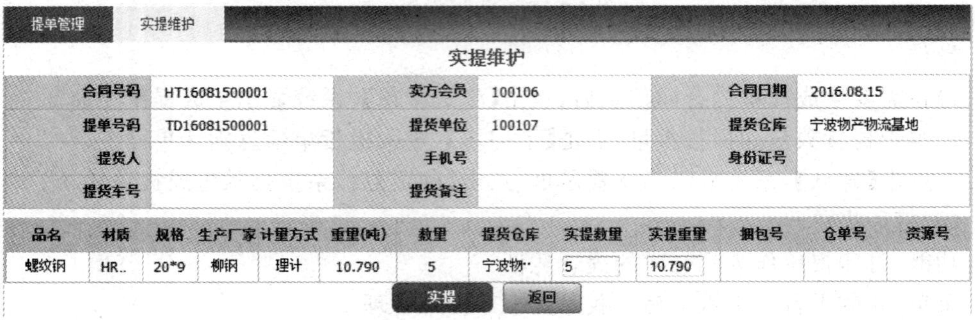

图 3 - 187　实提维护界面

2)在实提维护界面中维护实提数量、实提重量信息，实提信息是在买家提货后维护的实际出库量信息。

3)点击【实提】，系统显示确认提示框，点击【确定】后，系统提示实提维护成功。

(5)新增发票

功能：对买家生成的提单进行开票操作。

菜单：我的平台－钢铁交易－我是卖家－发票管理。

操作员：卖家权限操作员。

界面：见图 3 - 188。

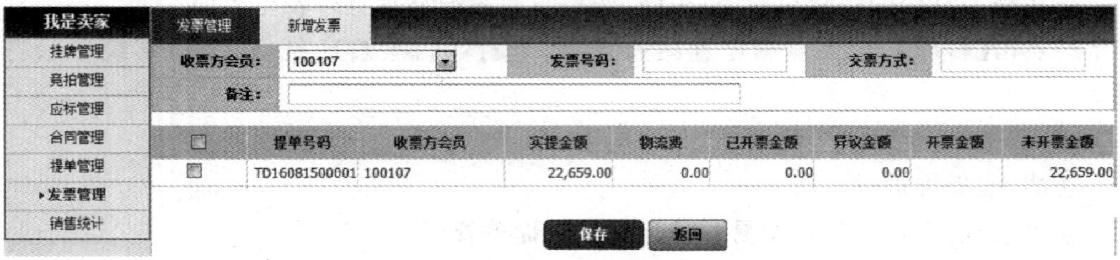

图 3 - 188　新增发票界面

操作:

1)点击【新增发票】,系统显示新增发票界面,见图 3 - 189,列表显示所有待开发票的提货单信息。

图 3 - 189　新增发票界面

2)勾选需开具发票的提货单,录入发票号码与交票方式、开票金额,发票号码表示实际开具发票的号码,交票方式表示发票开具后交予买家的方式。

3)点击【保存】,系统提示确认后,新增发票成功。

2.买家角色

(1)专场资源采购

功能:交易会员采购专场资源。

菜单:钢铁交易－我是买家－专场交易。

操作员:买家权限操作员。

界面:见图 3 - 190。

图 3 - 190　专场交易界面

操作:

1)买家会员登录后,点击【专场交易】分页,进入专场资源选购界面。

2)在需要购买的资源后,点击【加入购物车】,系统显示"已加入",见图 3 - 191。

图 3 - 191　添加购物车界面

3)点击【购物车】,系统显示购物车界面,见图3-192。

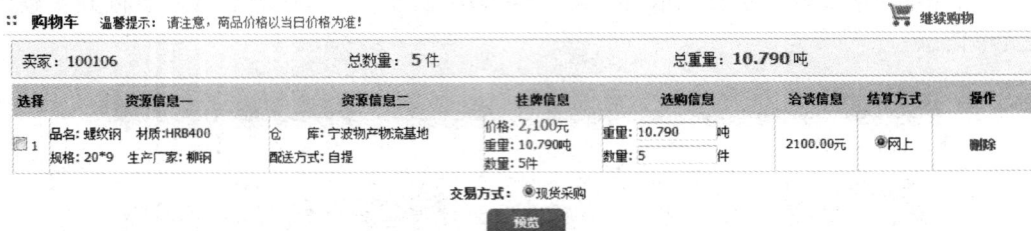

| 选择 | 资源信息一 | | 资源信息二 | 挂牌信息 | 选购信息 | 洽谈信息 | 结算方式 | 操作 |
|---|---|---|---|---|---|---|---|---|
| ☐ 1 | 品名:螺纹钢 材质:HRB400 规格:20*9 生产厂家:柳钢 | 仓 库:宁波物产物流基地 配送方式:自提 | 价格:2,100元 重量:10.790吨 数量:5件 | 重量:10.790 吨 数量:5 件 | 2100.00元 | ◉网上 | 删除 |

图 3-192 购物车界面

4)勾选物资,点击【预览】,系统显示合同预览界面,输入业务支付密码,点击【同意并付款】,系统提示是否确定生成合同,点击【确定】,系统显示合同生效,见图3-193。

您操作的合同号为[HT16081500001]合同生效,
请尽快支付货款

📶 继续选购
📶 查看合同

图 3-193 合同生效提示界面

(2)支付货款

功能:订单生成后买家支付货款。

菜单:我的平台-钢铁交易-我是买家-合同管理。

操作员:买家权限操作员。

界面:见图3-194。

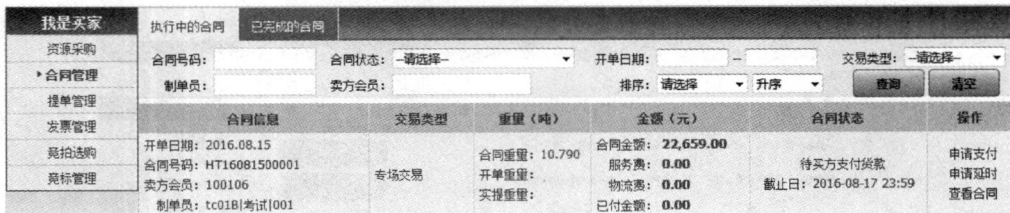

图 3-194 支付货款界面

操作:

1)在需要付款的合同后点击【申请支付】,系统弹出支付清单预览界面,见图3-195,点击【确认】,提交支付清单,系统显示付款界面。

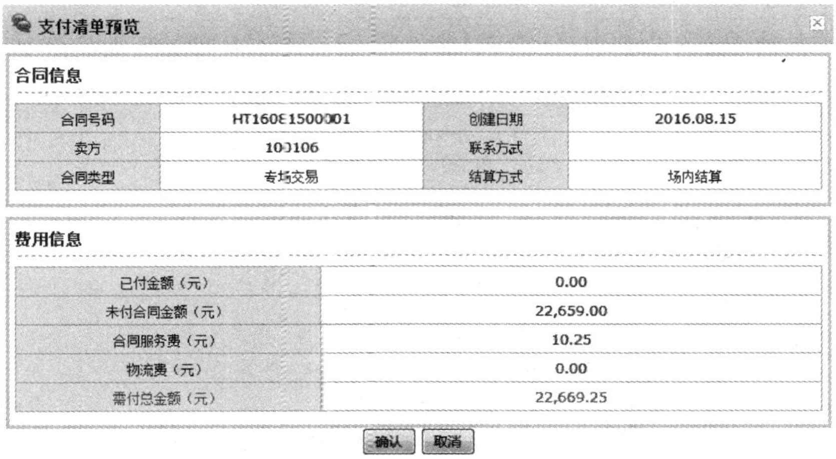

图 3-195 支付清单预览界面

2）在当前付款界面，见图 3-196，输入支付密码，点击【立即支付】，系统提示是否确认支付。

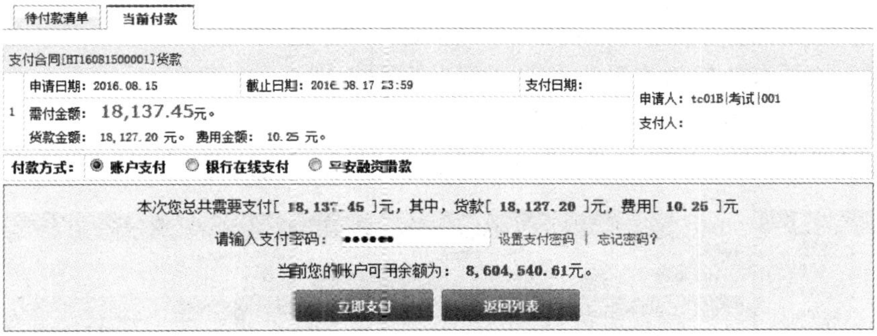

图 3-196 当前付款界面

3）点击【确定】，支付成功。

（3）验货确认

功能：买家收验货物后线上确认收验货物。

菜单：我的平台－钢铁交易－我是买家－提单管理。

操作员：买家权限操作员。

界面：见图 3-197。

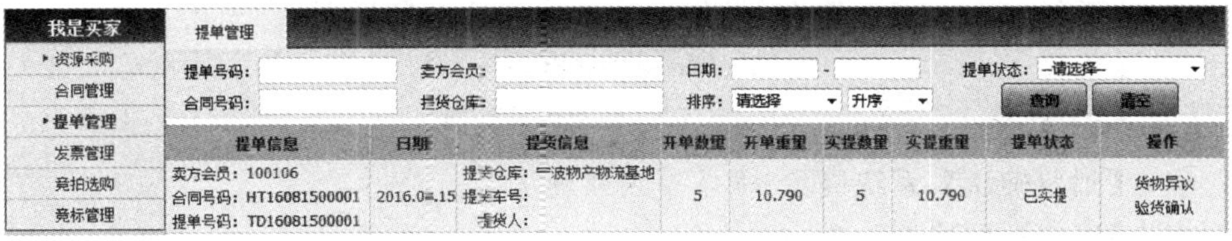

图 3-197 验货确认界面

操作：

1）在需要验货确认的提货单后，点击【验货确认】，系统显示验货确认界面，见图3-198。

图3-198　验货确认界面

2）输入支付密码，点击【验货确认】，系统提示"您提交验货确认后，平台即解冻卖方90.0％货款，是否继续？"

3）点击【确定】，系统显示验货确认成功。

（4）到票确认

功能：买家收到卖家开具的票据后在线上进行确认操作。

菜单：我的平台－钢铁交易－我是买家－发票管理。

操作员：买家权限操作员。

界面：见图3-199。

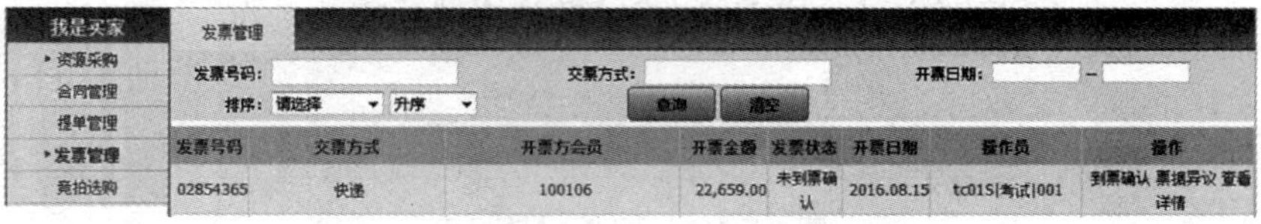

图3-199　到票确认界面

操作：

1）在收到卖家开具的发票后，点击【到票确认】，系统显示到票确认界面，见图3-200。

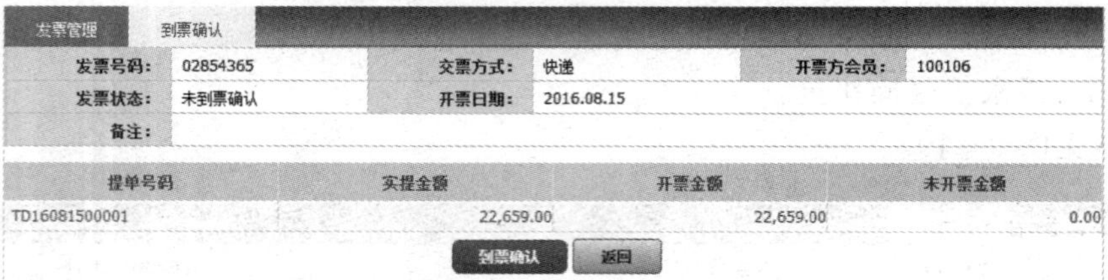

图3-200　到票确认界面

2）点击【到票确认】，系统提示"确认要到票确认"。

3）点击【确定】，到票确认成功。

（5）评分

功能：买方对本次交易进行评分。

菜单:我的平台－钢铁交易－我是买家－合同管理。

操作员:交易买家权限操作员。

界面:见图 3－201。

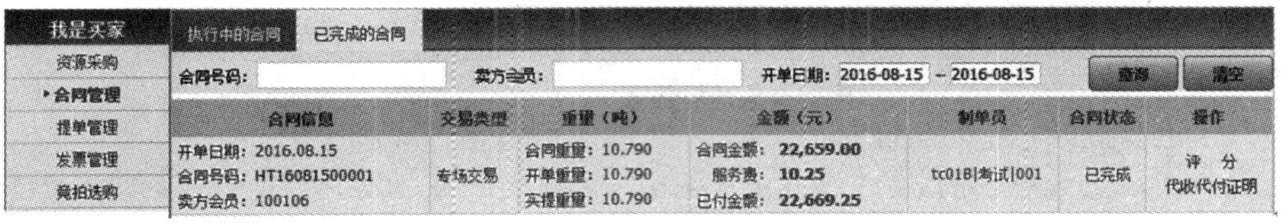

图 3－201 评分界面

操作:

1)点击【已完成的合同】,在需要评分的已完成合同后,点击【评分】,系统显示提交评分界面,见图 3－202。

图 3－202 提交评分界面

2)根据卖家的服务,点击后面的星星进行评分。

3)点击【提交评分】,进行提交,系统提示"据交易规则一个合同只能进行一次评分而且不能修改,确认对卖家评分?"确定后完成评分并返回到合同管理界面。

4)点击【返回合同】,返回到合同管理界面。

3.交易中心角色

(1)购销余款释放

功能:对交易合同货款进行释放。

菜单:钢铁系统—结算管理—购销余款释放。

操作员:交易中心。

界面:见图 3－203。

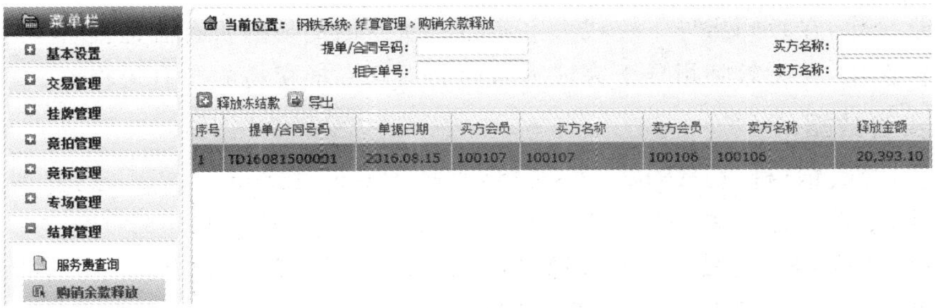

图 3－203 购销余款释放界面

操作：

1）选中需要释放款项的提货单，点击【释放冻结款】，系统显示购销余款释放界面，见图 3 - 204 和 3 - 205。

图 3 - 204　第一次余款释放界面

图 3 - 205　第二次余款释放界面

2）点击【确定】，系统显示购销余款释放成功。

说明：

1）买家验货确认后可以进行第一次合同部分货款释放。

2）交易流程结束后（买家到票确认）进行第二次剩余合同货款释放。

3）第一次合同货款没释放的情况下是不允许释放第二次需要释放的货物余款的。

**（四）实验要求**

1）课堂内按要求进行分角色操作，熟练掌握各个步骤和含义。

2）课堂操作：在教师指导下完成大宗商品钢铁专场交易的所有流程。

3）考核操作：在无教师指导下完成大宗商品钢铁专场交易的所有流程。

**（五）实验数据**

1）品名：螺纹钢；材质：HRB335E；规格：直径 12mm、长 9m；生产厂家：安钢；数量：10 件；单位：件；重量：21.58 吨；计量方式：理计；生产日期：2016－11－11。

2）品名：盘螺；材质：HRB335E；规格：12mm；生产厂家：安钢；数量：10 件；单位：件；重量：20 吨；计量方式：磅计；生产日期：2016－11－11。

3)品名:花纹卷板;材质:Q235B;规格:直径 11.75mm、长 1.5m;生产厂家:安钢;数量:1 件;单位:件;重量:12.56 吨;计量方式:磅计;生产日期:2016—11—11。

4)品名:中厚板;材质:Q345B;规格:直径 44mm、长 2.5m;生产厂家:安钢;数量:10;重量:32.4 吨;生产日期:2016—11—11;单位:件;计量方式:磅计。

# 第五节 会员商铺交易

网上商城是指在互联网上建设的"多个商铺对多个采购者"的大型商城,是一种"多对多"的网上交易模式,各供货商可以在网上商城分别建立自己的网上商铺,各采购者可以浏览各商铺展示的在售商品,进行在线购物。网上商城为供货商提供便利的自助开店、展示商品和店铺管理功能,为购物者提供方便的检索商品、浏览店铺、在线购物服务,为商城管理人员提供对会员、商铺及整个商城的后台管理功能。

**(一)实验目的**

1)掌握大宗商品电子交易平台中会员商铺交易的过程。

2)掌握大宗商品电子交易平台中会员商铺交易的工作流程。

3)熟悉大宗商品电子交易平台中会员商铺交易的操作步骤。

**(二)实验内容**

本实验主要是通过大宗商品电子交易平台中会员商铺交易模块展现大宗商品中的会员商铺的交易流程,使学生直观体验会员商铺流程中角色的变化,认识买家、卖家、交易中心在大宗商品会员商铺交易中的职能。通过实际操作演示,使学生更加形象地理解大宗商品会员商铺交易模式的特点与流程要点。

1. 实验角色分配

实验采用分角色的形式,为当前课堂中的学生分配买家、卖家、交易中心角色,整个流程需要几个角色共同工作才能完成一个交易过程。

卖家角色功能:线下账户充值、资源新增、资源挂牌。

买家角色功能:线下账户充值、进入商城、订单管理、订单支付管理、提单管理、验货确认管理、验票确认管理。

交易中心角色功能:线下账户充值、线下充值受理、凭证审核、商铺新增、模板添加、模板启用。

2. 操作流程

(1)资源示例

种类:塑料原料;品名:ABS;牌号:0215A;厂商:吉林石化;用途级别:通用级;质量标准:国标 正牌;包装规格:25 公斤/包;销售数量:10 吨;起订量:10 吨;销售单价:11000元/吨;提货方式:自提;有效期:3 天;交货地:浙江省宁波市镇海区物产物流基地;交货仓库:宁波物产物流基地。

（2）会员商铺交易流程

塑料商城商铺交易流程见图 3-206。

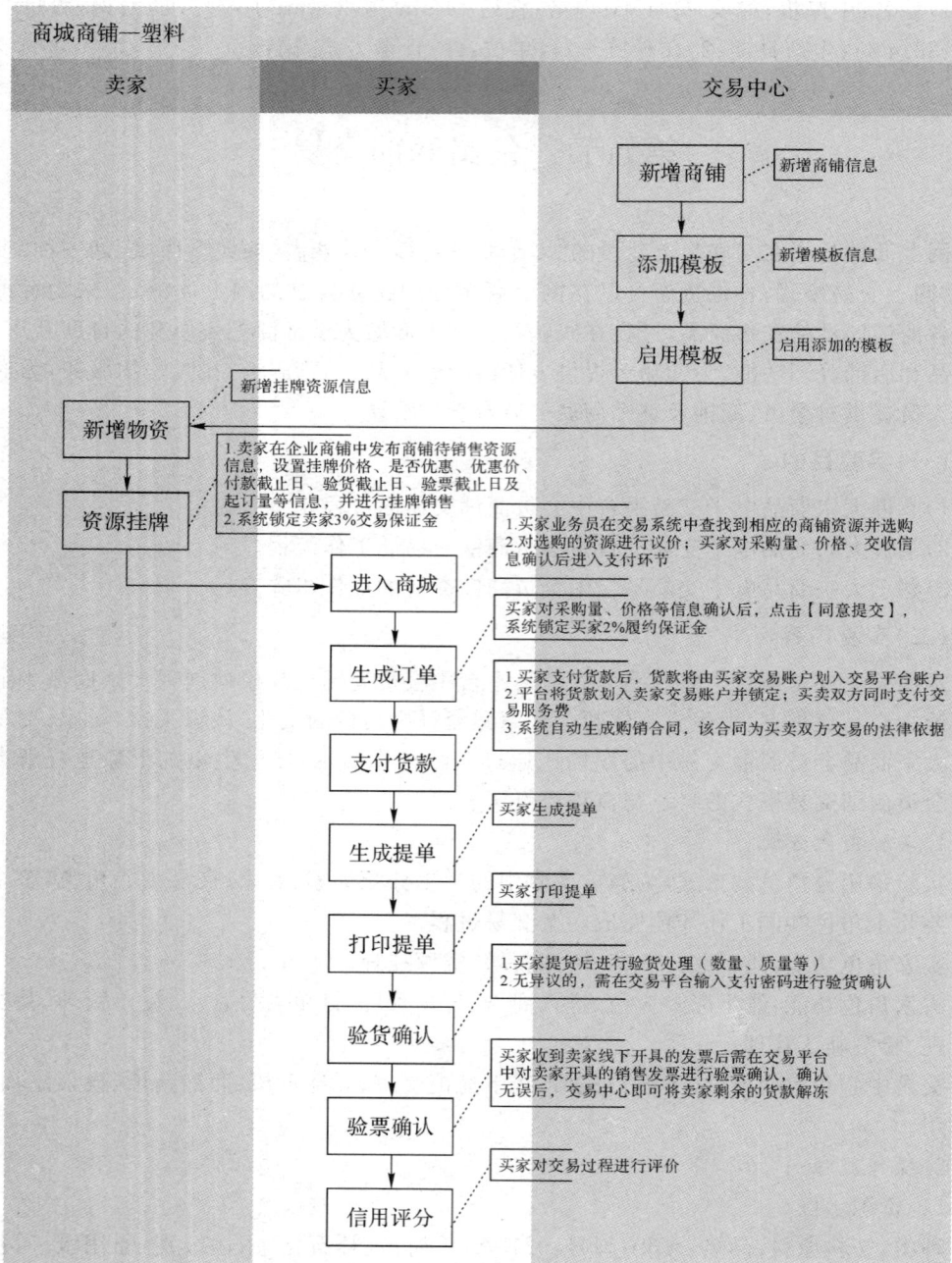

图 3-206　塑料商城商铺交易流程

（3）流程说明

注：实验开始时，需由交易中心对卖家开通设置商铺权限，详细步骤见"第二篇第二章实验平台的基础设置实验　一、商铺管理实验"。

1）交易中心新增商铺，设置模板并启用模板信息。

2）卖家在企业商铺中发布商铺待销售资源信息，设置挂牌价格、是否优惠、优惠价、付款截止日、验货截止日、验票截止日及起订量等信息，并进行挂牌销售，系统锁定卖家3%交易保证金。

3）卖家发布资源成功后，买家业务员即可在交易系统资源选购中查找到相应的商铺资源并选购，可以对选购的资源进行议价；买家对采购量、价格、交收信息确认后进入支付环节。

4）买家支付货款后，货款将由买家交易账户划入交易平台账户。同时，平台将货款划入卖家交易账户并锁定；买卖双方同时支付交易服务费；系统自动生成购销合同，该合同为买卖双方交易的法律依据。

5）买家根据合同生成提货单，并设置提单打印密码，针对一个合同可以开具多个提单；也可以由买家根据合同生成送货单，卖家打印送货单。

6）买家打印提单，需要输入提单打印密码。

7）买家凭打印的提单与货主联系提货。

8）买家提货后进行验货处理（数量、质量等），无异议的，需在交易平台输入支付密码进行验货确认。

9）买家到货确认后，交易中心即可开始结算货款，首先，交易中心结算需要支付给卖家货款的80%（可配置），若该合同存在需要退还给买家的货款，则同时退还相应的货款给买家。

10）卖家收到货款后，即可线下开具增值税销售发票给买家。

11）买家收到发票后需在交易平台中对卖家开具的销售发票进行验票确认，确认无误后，交易中心即可将卖家剩余的货款解冻。

12）买家对交易过程进行评价。

13）交易结束。

**（三）实验步骤**

1. 交易中心角色

新增商铺

功能：添加商铺信息以供交易。

菜单：基础平台—商铺管理—商铺管理。

操作员：交易中心。

操作：具体操作见"第二篇第二章 实验平台的基础设置实验 一、商铺管理实验"。

2. 卖家角色

（1）商铺资源挂牌

功能：挂牌新的商铺资源信息以供交易。

菜单：塑料交易—我是卖家—资源发布。

操作员：卖家权限操作员。

界面：见图3-207。

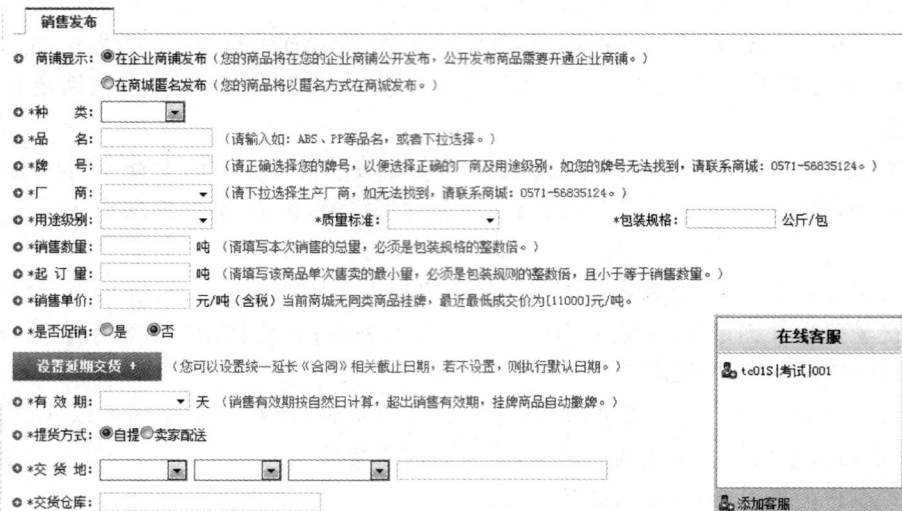

图 3 - 207　销售发布界面 1

操作：

1) 在导航菜单中点击【资源发布】，系统出现销售发布界面，见图 3 - 208。

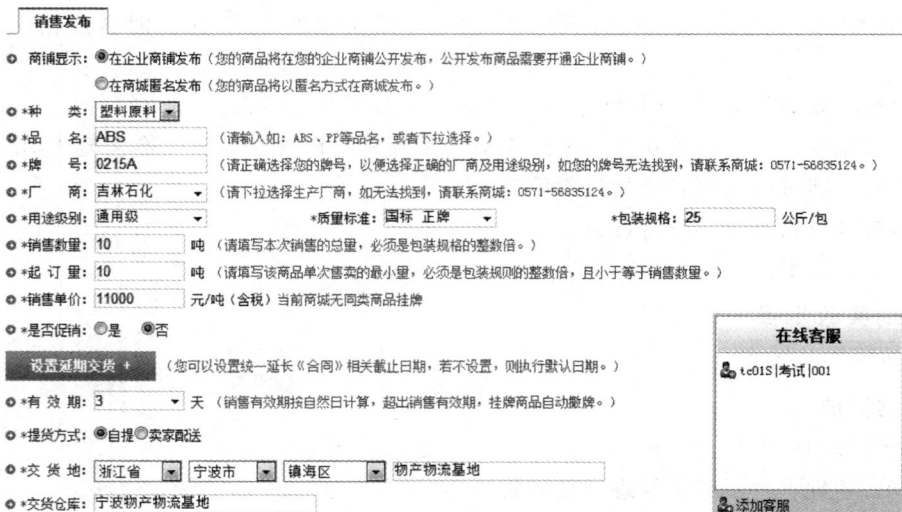

图 3 - 208　销售发布界面 2

2) 在销售发布界面中，商铺显示选择"在企业商铺发布"，种类下拉选择"塑料原料"，品名下拉选择"ABS"，牌号下拉选择"0215A"，厂商下拉选择"吉林石化"，用途级别下拉选择"通用级"，质量标准下拉选择"国标 正牌"，包装规格输入"25"，销售数量输入"10"，起订量输入"10"，销售单价输入"11000"，是否促销选择"否"，有效期输入"3"，提货方式选择"自提"，交货地输入"浙江省宁波市镇海区物产物流基地"，交货仓库输入"宁波物产物流基地"。

3) 信息输入无误后，点击【保存并立即挂牌】，系统跳转到销售发布确认界面。

4)在销售发布界面输入密码，点击【保存并立即挂牌】，资源挂牌成功，系统跳转到挂牌成功提示界面，见图 3-209。

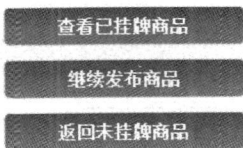

恭喜您，挂牌成功，接下来您可以：

查看已挂牌商品

继续发布商品

返回未挂牌商品

图 3-209 挂牌成功提示界面

说明：

1)种类、品名、牌号、厂商、用途级别都是经过后台关联起来的信息。

2)起订量、挂牌数量必须是包装规格的整数倍。

3)点击【保存并立即挂牌】后，挂牌成功的资源会移至已挂牌资源里面。

4)选择【保存到未挂牌商品】时，资源并未挂牌成功，只是被保存到了未挂牌资源列表界面。

(2)挂牌管理

**所有销售商品**

功能：显示所有的可挂牌、已挂牌资源信息。

菜单：塑料交易－我是卖家－销售管理－所有销售商品。

操作员：卖家权限操作员。

界面：见图 3-210。

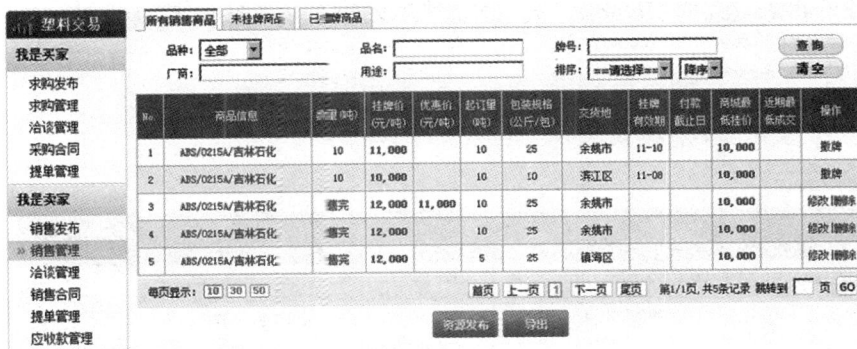

图 3-210 所有销售商品界面

操作：

1)列表中显示所有的可挂牌和已挂牌的资源信息，可根据查询条件进行查询。

2)可挂牌资源有【修改】【删除】操作；已挂牌资源有【撤牌】操作。

**未挂牌商品**

功能：显示未挂牌的资源，对未挂牌的资源进行修改、删除操作。

菜单:塑料交易－我是卖家－销售管理－未挂牌商品。

操作员:卖家权限操作员。

界面:见图3-211。

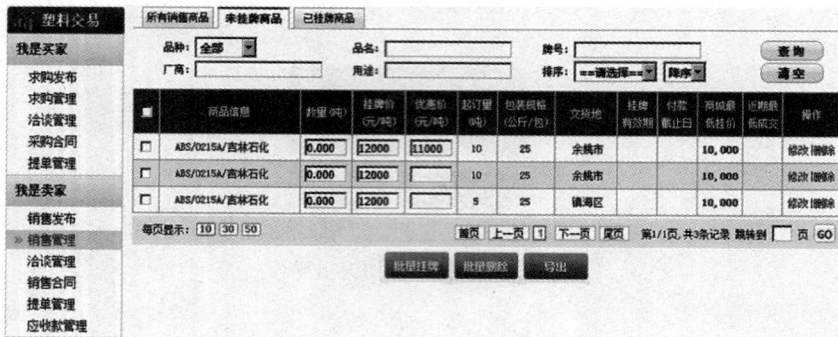

图3-211　未挂牌商品界面

操作:

【修改】

1)在"未挂牌资源"列表中选择要修改的单据,点击修改单据后面的【修改】,系统显示商品信息修改界面。

2)在修改界面中,可修改商品信息。

3)修改完成后,点击【保存到未挂牌商品】或【保存并立即挂牌】。

【批量挂牌】

1)在批量挂牌列表界面选择需要挂牌的商品,见图3-212,点击【批量挂牌】,系统显示待挂牌商品界面,见图3-213。

图3-212　批量挂牌列表界面

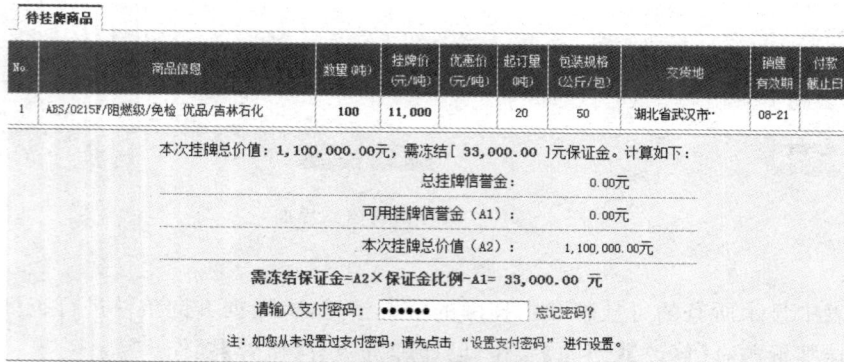

图3-213　待挂牌商品界面

2)在待挂牌商品界面中,输入支付密码,点击【批量挂牌】,完成资源挂牌操作。

【删除】

1)删除:在需要删除的商品后,点击【删除】按钮,系统提示"您是否确定删除这条挂牌资源?"点击【确定】,系统提示删除成功,该资源信息从列表中消失;选择【取消】,退出删除操作。

2)批量删除:在未挂牌资源列表中选择多条资源信息,在序号后面的复选框打"√",点击【批量删除】按钮,系统提示"是否确认删除选中的资源?"点击【确定】,批量删除成功。

**已挂牌商品**

功能:显示已挂牌资源,对已挂牌资源进行撤牌操作。

菜单:塑料交易－我是卖家－销售管理－已挂牌商品。

操作员:卖家权限操作员。

界面:见图3－214。

图3－214 已挂牌商品界面

操作:

1)列表中显示已成功挂牌的资源信息,可以根据搜索条件进行搜索查询。

2)撤牌:在需要撤牌的商品后,点击【撤牌】按钮,系统提示"您确定要撤牌该条求购商品信息吗?"点击【确定】,资源撤牌成功;点击【取消】,退出撤牌操作。

3)批量撤牌:在列表中选择多条需要撤牌的资源信息(在复选框里打"√"),点击【批量撤牌】,系统弹出提示,点击【确定】,成功撤牌。

4)撤牌成功以后,该资源从已挂牌商品列表中消失。在未挂牌商品列表下可以查看到撤牌的资源信息,可对撤牌后的资源进行编辑。

3.买家角色

(1)进入商铺并生成合同

功能:采购资源。

菜单:塑料交易－我是买家－我要购销－挂牌交易。

操作员:买家权限操作员。

界面:见图3－215。

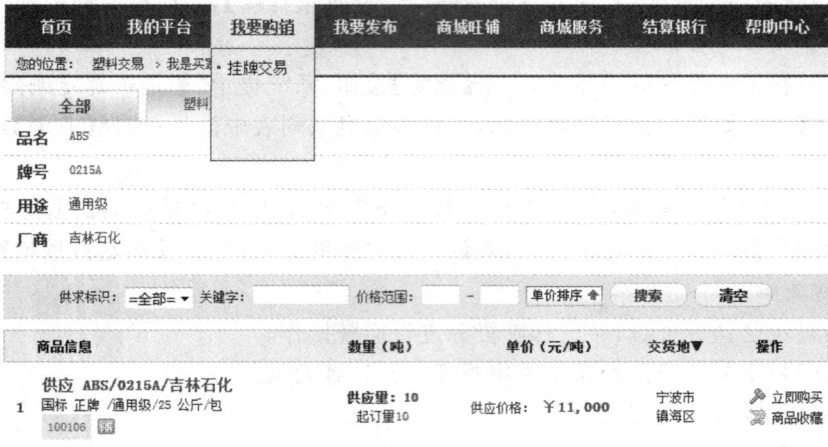

图 3 - 215　所有商铺资源列表界面

操作：

1）列表显示所有挂牌可购买商品。

2）点击**朤**，进入卖家商铺，显示商品列表界面，见图 3 - 216。

图 3 - 216　商品列表界面

3）点击【点击购买】，系统显示商品购买界面，见图 3 - 217，在界面上点击【立即购买】，系统显示确认购买信息。

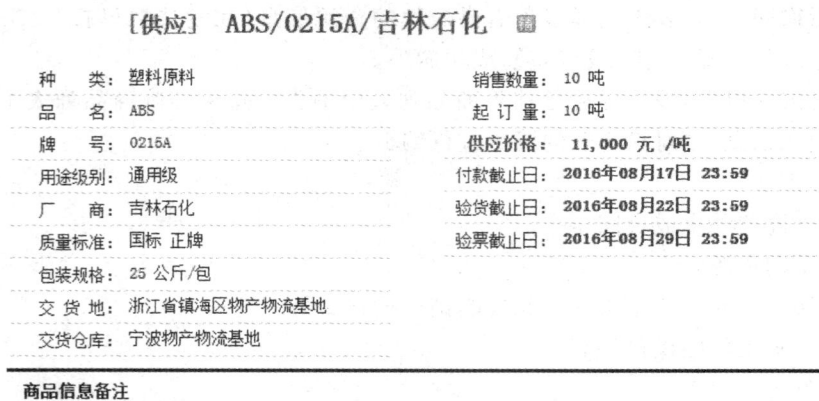

**［供应］ ABS/0215A/吉林石化**

| | | | |
|---|---|---|---|
| 种　　类： | 塑料原料 | 销售数量： | 10 吨 |
| 品　　名： | ABS | 起 订 量： | 10 吨 |
| 牌　　号： | 0215A | 供应价格： | 11,000 元 /吨 |
| 用途级别： | 通用级 | 付款截止日： | 2016年08月17日 23:59 |
| 厂　　商： | 吉林石化 | 验货截止日： | 2016年08月22日 23:59 |
| 质量标准： | 国标 正牌 | 验票截止日： | 2016年08月29日 23:59 |
| 包装规格： | 25 公斤/包 | | |
| 交 货 地： | 浙江省镇海区物产物流基地 | | |
| 交货仓库： | 宁波物产物流基地 | | |

**商品信息备注**

立即购买

图 3 - 217　商品购买界面

4)在确认购买信息界面中,购买数量输入"10",点击【合同预览】,系统显示电子购销合同界面,见图3-218。

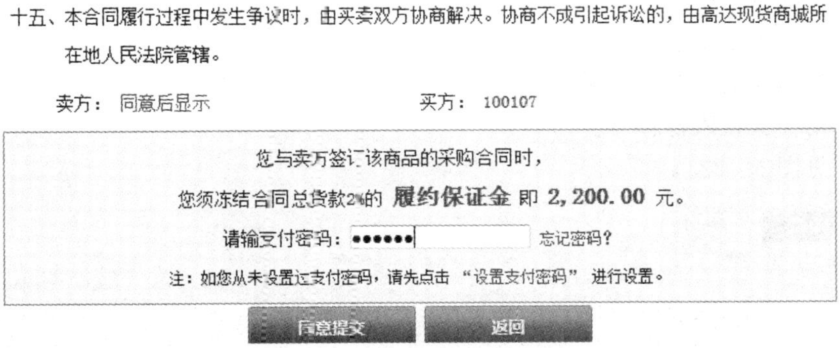

十五、本合同履行过程中发生争议时,由买卖双方协商解决。协商不成引起诉讼的,由高达现货商城所
在地人民法院管辖。

卖方: 同意后显示                    买方: 100107

您与卖方签订该商品的采购合同时,
您须冻结合同总货款2%的 **履约保证金** 即 **2,200.00** 元。
请输入支付密码: ●●●●●●        忘记密码?
注:如您从未设置这支付密码,请先点击 "设置支付密码" 进行设置。

同意提交        返回

图3-218 购销合同界面

5)在购销合同界面中输入支付密码,点击【同意提交】,系统弹出确认窗口,点击【确定】,购销合同生成成功。

(2)支付货款

功能:买家支付剩余的货款。

菜单:塑料交易－我是买家－采购合同。

操作员:买家权限操作员。

界面:见图3-219。

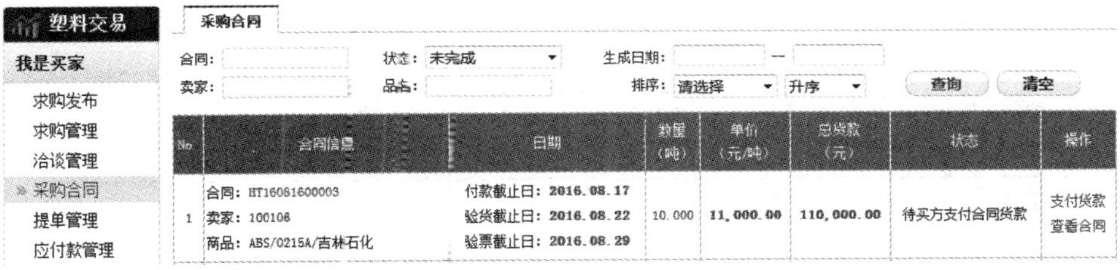

图3-219 支付货款界面

操作:

1)在需要支付货款的合同后,点击【支付货款】,系统显示货款支付界面,见图3-220。

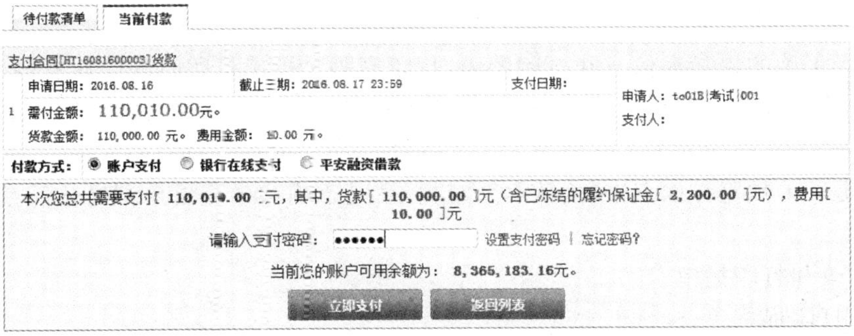

图3-220 货款支付界面

2）在支付界面输入支付密码，点击【立即支付】，系统提示"是否确认支付？"

3）点击【确定】，支付成功。

（3）生成提单

功能：生成提货单。

菜单：塑料交易－我是买家－采购合同。

操作员：买家权限操作员。

界面：见图3－221。

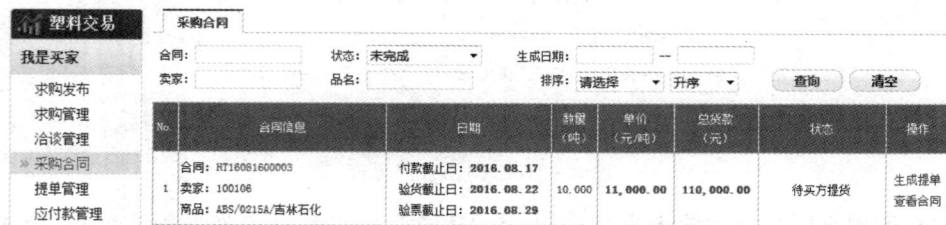

图3－221 生成提单界面

操作：

1）在需要生成提单的采购合同后，点击【生成提单】，进入提单信息生成预览界面，见图3－222。

| 合同数量 | 10.000 吨 |
| --- | --- |
| 已开单数量 | 0 吨 |
| 本次开单量 | **10.000** ＊（最大开单量10.000吨）。 |
| 配送方式 | 自提 |
| 提货人姓名 | |
| 提货人手机号码 | |
| 提货人证件号 | （身份证号） |
| 提货人车牌号 | |
| 提单打印密码 | ●●●●●● ＊请记住提单打印密码，否则无法打印提单。 |
| 打印密码确认 | ●●●●●● ＊ |

生成预览 返回

图3－222 生成预览界面

2）输入正确的提货人信息和打印密码，打印密码是提单打印时的确认密码。

3）点击【生成预览】，系统提示"是否确认提单信息无误？"点击【确定】，系统显示提货单预览界面。

4）在提货单预览界面点击【确认】，系统提示"是否确认生成提单？"确认后系统提示生成提单成功。

（4）修改和打印提单

功能：打印提货单。

菜单：塑料交易－我是买家－提单管理。

操作员：买家权限操作员。

界面：见图 3-223。

图 3-223　提单管理界面

操作：

1)在需要打印的提货单后,点击【打印提单】,进入提单打印界面,见图 3-224。

| 合同数量 | 10.000 吨 |
|---|---|
| 已开单数量 | 10.000 吨 |
| 本次开单量 | 10.000 吨 |
| 配送方式 | 自提 |
| 提货人姓名 | |
| 提货人电话 | |
| 提货人手机号码 | |
| 提货人证件号 | |
| 提货车牌号 | |

提单打印密码：●●●●●　　忘记提单密码? 点这里重新初始化提单密码

已打印次数：0

【打印】　【返回】

图 3-224　提单打印界面

2)输入打印密码,点击【确认】,弹出打印预览界面,点击【打印】,打印成功(硬件设备正常)。

(5)验货确认

功能：收到货物后线上确认收到货物。

菜单：塑料交易-我是买家-采购合同。

操作员：买家权限操作员。

界面：见图 3-225。

图 3-225　验货确认界面

173

操作：

1)在收到货物后需要确认的合同后,点击【验货确认】,系统显示验货确认界面,见图3－226。

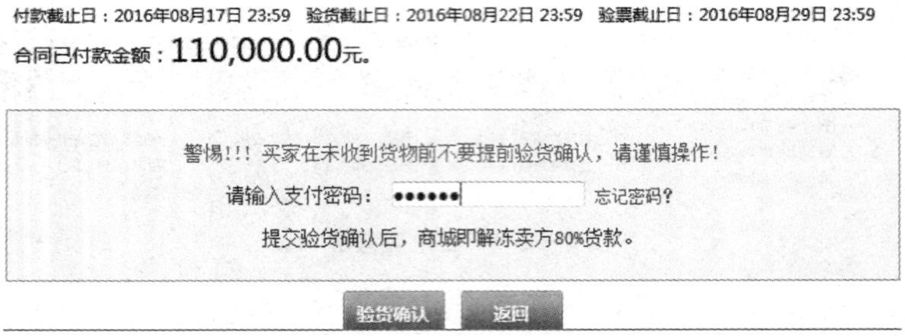

付款截止日：2016年08月17日 23:59　验货截止日：2016年08月22日 23:59　验票截止日：2016年08月29日 23:59

合同已付款金额：**110,000.00**元。

> 警惕!!! 买家在未收到货物前不要提前验货确认,请谨慎操作!
>
> 请输入支付密码：●●●●●●　　　忘记密码?
>
> 提交验货确认后,商城即解冻卖方80%货款。

验货确认　　返回

图3－226　验货确认界面

2)在验货确认界面中,输入支付密码,点击【验货确认】,系统提示"确认要验货确认"。

3)点击【确认】,验货确认成功,见图3－227。

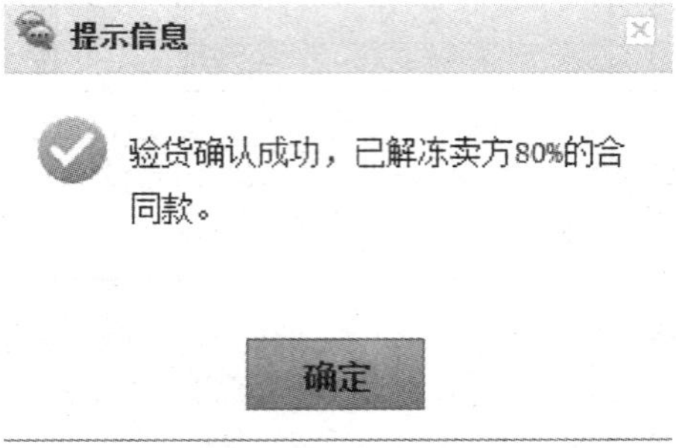

**提示信息**　　✕

✔ 验货确认成功,已解冻卖方80%的合同款。

确定

图3－227　验货确认成功界面

说明：验货确认后,锁定的合同款有部分(可配置)会释放给卖家(第一次释放)。

(6)验票确认

功能：收到卖家开具的票据后在线上进行确认操作。

菜单：塑料交易－我是买家－采购合同。

操作员：买家权限操作员。

界面：见图3－228。

| 塑料交易 | 采购合同 | | | | | | | |
|---|---|---|---|---|---|---|---|---|
| **我是买家** | 合同： | | 状态：未完成 | 生成日期： | － | | | |
| 求购发布 | 卖家： | | 品名： | 排序：请选择　升序 | | | 查询 | 清空 |
| 求购管理 | No. | 合同信息 | 日期 | 数量(吨) | 单价(元/吨) | 总货款(元) | 状态 | 操作 |
| 洽谈管理 | | | | | | | | |
| 》采购合同 | 1 | 合同：HT16081600003 | 付款截止日：2016.08.17 | 10.000 | 11,000.00 | 110,000.00 | 待买家验票确认 | 验票确认 |
| 提单管理 | | 卖家：100106 | 验货截止日：2016.08.22 | | | | | 票据异议 |
| 应付款管理 | | 商品：ABS/0215A/吉林石化 | 验票截止日：2016.08.29 | | | | | 查看合同 |

图3－228　验票确认界面

操作：

1）在收到发票需要确认的合同后，点击【验票确认】，系统显示验票确认界面，见图3-229。

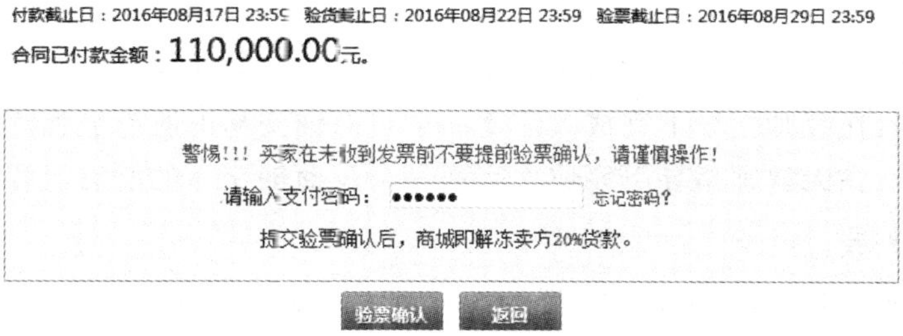

付款截止日：2016年08月17日 23:59　验货截止日：2016年08月22日 23:59　验票截止日：2016年08月29日 23:59
合同已付款金额：**110,000.00**元。

警惕!!! 买家在未收到发票前不要提前验票确认，请谨慎操作!
请输入支付密码：●●●●●●　忘记密码？
提交验票确认后，商城即解冻卖方20%货款。

验票确认　返回

图3-229　验票确认界面

2）输入支付密码，点击【验票确认】，系统显示验票确认提示。

3）点击【确认】，验票确认成功。

说明：验票确认后，锁定的合同剩余款（可配置）会释放给卖家（第二次释放）并收取卖家交易服务费，交易结束。

（7）评分

功能：对本次交易进行评分。

菜单：塑料交易－我是买家－合同管理。

操作员：买家权限操作员。

界面：见图3-230。

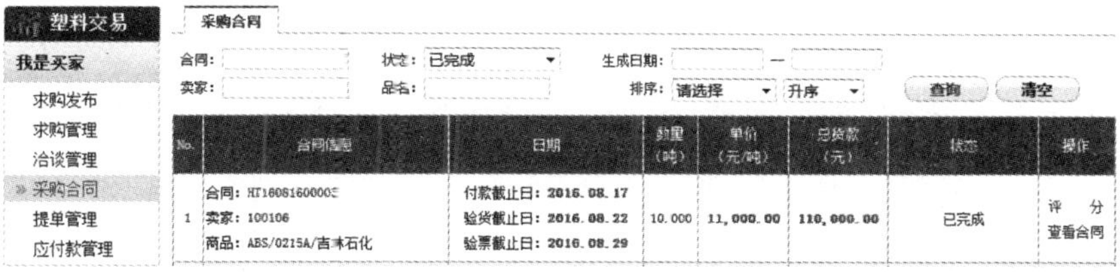

图3-230　评分界面

操作：

1）在采购合同功能界面，查询条件中状态下拉选择"已完成"，系统显示所有已完成的采购合同。

2）在需要评分的采购合同后，点击【评分】，系统显示合同评分界面，见图3-231。

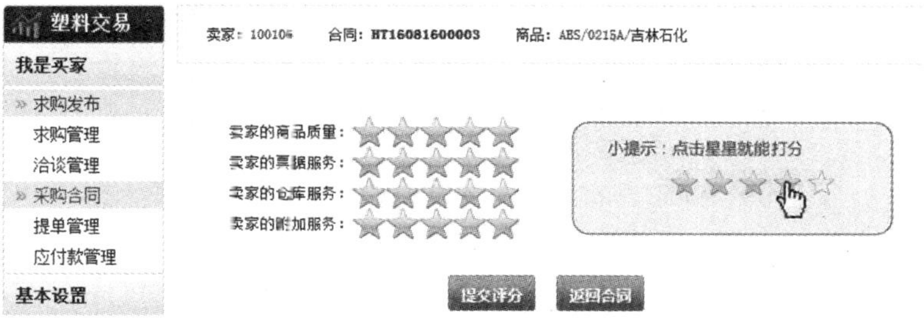

图3-231　合同评分界面

3)点击【提交评分】,进行提交,系统显示确认提示,点击【确定】后完成并返回到合同管理界面。

**(四)实验要求**

1)课堂内按要求进行分角色操作,熟练掌握各个步骤和含义。

2)课堂操作:在教师指导下完成大宗商品会员商铺交易的所有流程。

3)考核操作:在无教师指导下完成大宗商品会员商铺交易的所有流程。

**(五)实验数据**

1)种类:塑料原料;品名:GPPS;牌号:GP150;厂商:泰国石化;用途级别:通用级;质量标准:国标 正牌;包装规格:25公斤/包;求购数量:10 吨;起订量:10 吨;求购单价:8200元/吨;有效期:3 天;提货方式:自提;送货地址:浙江省宁波市镇海区物产物流基地。

2)种类:塑料原料;品名:HDPE;牌号:2252;厂商:中石化福炼;用途级别:通用级;质量标准:国标 正牌;包装规格:25公斤/包;求购数量:10 吨;起订量:2 吨;求购单价:10880元/吨;有效期:3 天;提货方式:自提;送货地址:浙江省宁波市镇海区物产物流基地。

3)种类:塑料原料;品名:HDPE;牌号:2260;厂商:北欧化工;用途级别:通用级;质量标准:国标 正牌;包装规格:25公斤/包;求购数量:10 吨;起订量:5 吨;求购单价:9800元/吨;有效期:5 天;提货方式:自提;送货地址:浙江省宁波市镇海区物产物流基地。

4)种类:塑料原料;品名:PA66;牌号:R530;厂商:美国首诺;用途级别:工程级;质量标准:国标 正牌;包装规格:25公斤/包;求购数量:10 吨;起订量:2 吨;求购单价:24000元/吨;有效期:7 天;提货方式:自提;送货地址:广东深圳。

# 第四章 平台资金系统实验

## 第一节 客户管理实训模块

### 资金客户管理

功能:对会员进行资金平台的权限和开户银行设置。

菜单:资金平台—客户管理—资金客户管理。

操作员:交易中心。

界面:见图 4-1。

图 4-1 客户资金管理界面

操作:

1)对会员进行资金平台的权限分配,选择需要分配权限的会员,点击【权限分配】功能按钮,系统显示会员权限设置界面,见图 4-2。

图 4-2 会员权限设置界面

177

2)勾选表示授予权限,不勾选表示不授予权限,选择完成后,点击【保存】按钮,系统显示保存权限成功。

3)将客户资金管理的数据以 Excel 格式导出。

# 第二节　平台会员充值实训模块

## 一、充值登记

功能:线下充值信息登记。

菜单:资金中心—我的账户—我要充值。

操作员:买卖双方会员。

界面:见图 4 - 3。

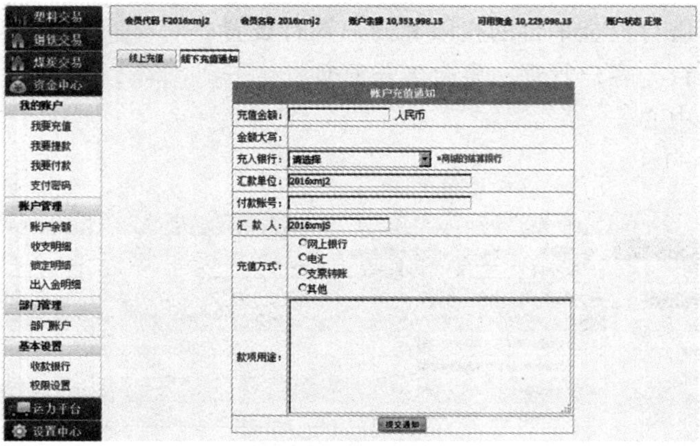

图 4 - 3　充值登记界面

操作:

1)点击功能菜单【我要充值】,系统显示线下账户充值通知界面,见图 4 - 4。

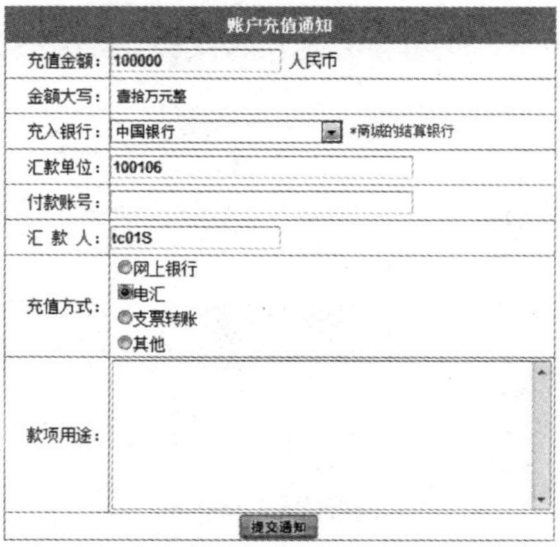

图 4 - 4　账户充值通知界面

2)在界面中输入充值金额,充入银行下拉选择"中国银行",充值方式选择"电汇",点击【提交通知】。

3)系统显示确认提交提示,点击【确定】,系统显示线下充值通知提交成功。

## 二、线下充值通知受理

功能:对买卖会员提交的线下充值通知进行受理。

菜单:资金平台—转账管理—线下充值通知。

操作员:交易中心。

界面:见图4-5。

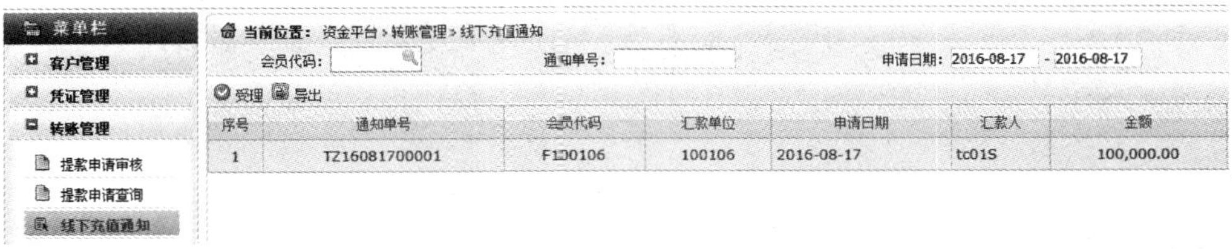

图4-5 线下充值通知界面

操作:

1)列表中显示所有线下充值通知待受理信息。

2)选择需要受理的线下充值通知,点击【受理】,系统显示线下充值通知受理界面,见图4-6。

图4-6 线下充值通知受理界面

3)在受理界面,点击【受理】,系统弹出确认提示,点击【确定】,系统显示受理线下充值通知成功。

### 三、线下充值通知凭证审核

功能：对线下充值通知的凭证进行审核。

菜单：资金平台—凭证管理—凭证审核。

操作员：交易中心。

界面：见图4-7。

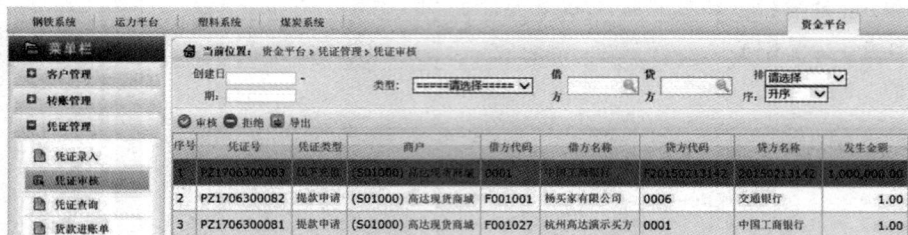

图4-7　凭证审核界面

操作：

1)选择需要审核的线下充值通知凭证，点击【审核】，系统显示凭证审核界面，见图4-8。

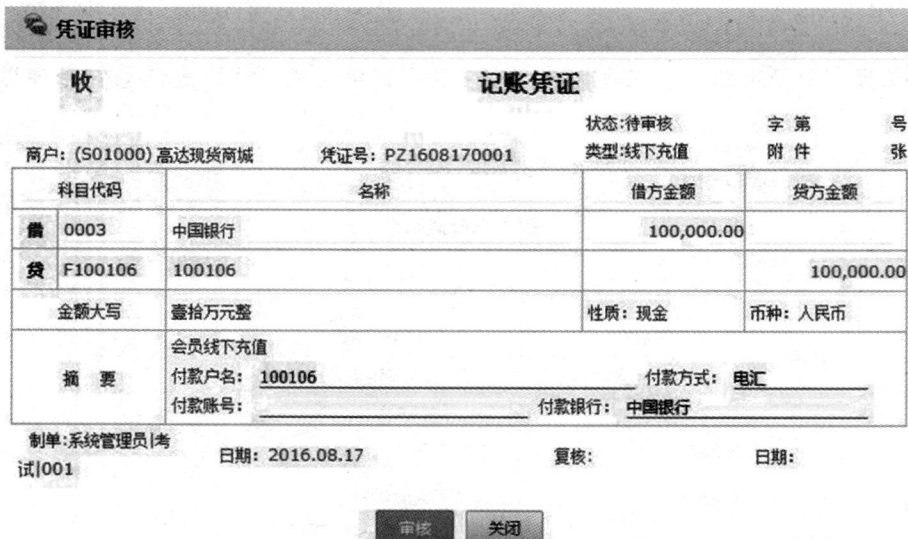

图4-8　凭证审核界面

2)在审核界面，点击【审核】，系统弹出确认提示，点击【确定】，系统显示审核成功，审核成功后，会员资金账户将增加余额。

### 四、凭证查询

功能：对凭证进行查询。

菜单：资金平台—凭证管理—凭证查询。

操作员：交易中心。

界面：见图 4 - 9。

图 4 - 9 凭证查询界面

操作：

1）列表中显示凭证的信息，单击【查看】，查看对应的单据信息。

2）将凭证审核的状态以 Excel 格式导出。

# 第三节 结算账户管理实训模块

## 一、银行账户余额

功能：对银行账户余额进行查询。

菜单：资金平台—结算账户—银行账户余额。

操作员：交易中心。

界面：见图 4 - 10。

图 4 - 10 银行账户余额界面

操作：

1）列表中显示银行账户余额的收入、支出以及余额信息。

2）以 Excel 格式导出。

## 二、银行历史余额明细

功能：对银行历史余额明细进行查询。

菜单：资金平台—结算账户—银行历史余额查询。

操作员：交易中心。

界面:见图 4 - 11。

图 4 - 11　银行历史余额界面

操作:

1)列表中根据账务日期范围显示银行的历史余额信息。

2)以 Excel 格式导出。

## 三、收款明细表

功能:对收款明细进行查询。

菜单:资金平台—结算账户—收款明细表。

操作员:交易中心。

界面:见图 4 - 12。

图 4 - 12　收款明细表界面

操作:

1)列表中根据日期范围显示收款明细信息。

2)以 Excel 格式导出。

## 四、付款明细表

功能:对付款明细进行查询。

菜单:资金平台—结算账户—付款明细表。

操作员:交易中心。

界面:见图 4-13。

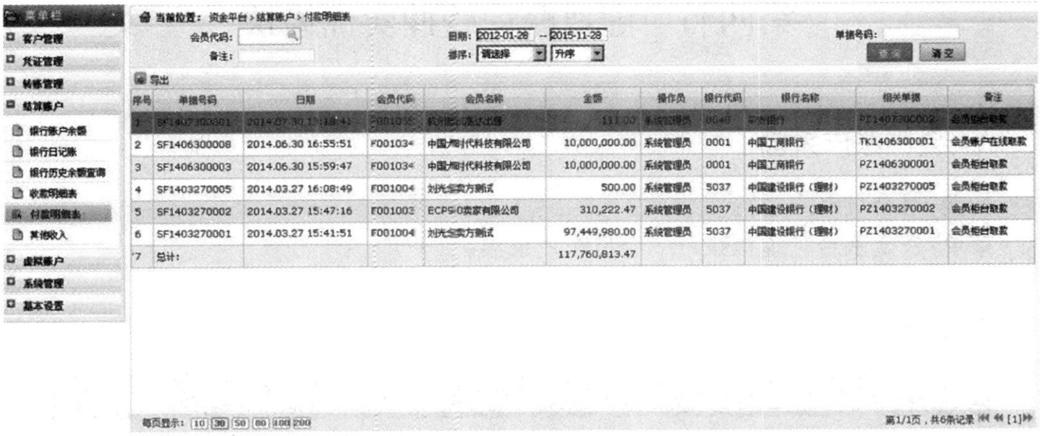

图 4-13　付款明细表界面

操作:

1)列表中根据日期范围显示付款明细信息。

2)以 Excel 格式导出。

## 五、其他收入

功能:对其他收入进行开票。

菜单:资金平台—结算账户—其他收入。

操作员:交易中心。

界面:见图 4-14。

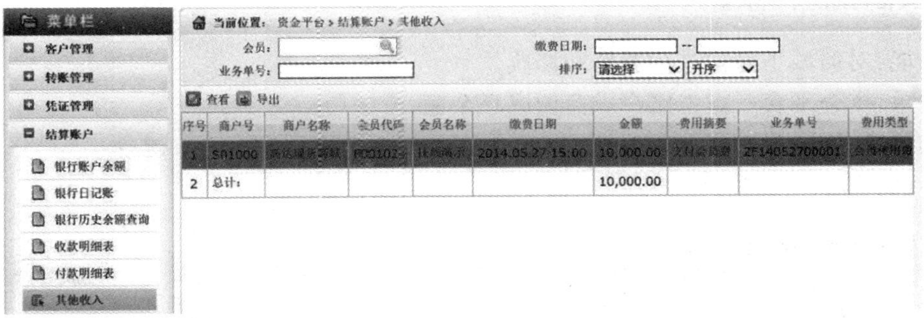

图 4-14　其他收入界面

操作:

1)列表中显示其他收入的开票信息,单击【开票】,对其他收入进行开票。

2)以 Excel 格式导出。

# 第四节　虚拟账户管理实训模块

## 一、会员账户余额

功能：对会员账户进行冻结。

菜单：资金平台—虚拟账户—会员账户余额。

操作员：交易中心。

界面：见图4-15。

图4-15　会员账户余额界面

操作：

1）列表中显示会员账户的信息，单击【冻结】，冻结对应的单据信息。

2）以 Excel 格式导出。

## 二、商城账户余额

功能：对商城子账户进行新增和修改。

菜单：资金平台—虚拟账户—商城账户余额。

操作员：交易中心。

界面：见图4-16。

图4-16　商城账户余额界面

操作：

1）列表中显示商城账户余额的信息，新增和修改商城子账户。

2）以 Excel 格式导出。

### 三、会员资金日记账

功能:对会员资金进行查询。

菜单:资金平台—虚拟账户—会员资金日记账。

操作员:交易中心。

界面:见图 4 - 17。

图 4 - 17　会员资金日记账界面

操作:

1)列表中显示会员资金信息。

2)以 Excel 格式导出。

### 四、会员锁定日记账

功能:对会员锁定进行查询。

菜单:资金平台—虚拟账户—会员锁定日记账。

操作员:交易中心。

界面:见图 4 - 18。

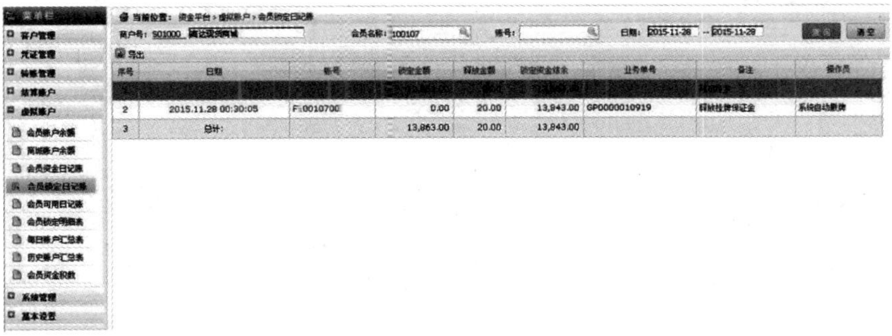

图 4 - 18　会员锁定日记账界面

操作:

1)列表中显示会员锁定日记账的信息。

2)以 Excel 格式导出。

## 五、会员可用日记账

功能：对会员可用余额进行查询。

菜单：资金平台—虚拟账户—会员可用日记账。

操作员：交易中心。

界面：见图 4-19。

图 4-19　会员可用日记账界面

操作：

1）列表中显示会员可用日记账的信息。

2）以 Excel 格式导出。

## 六、会员锁定明细表

功能：对会员锁定进行查询。

菜单：资金平台—虚拟账户—会员锁定明细表。

操作员：交易中心。

界面：见图 4-20。

图 4-20　会员锁定明细表界面

操作：

1）列表中显示会员锁定的信息。

2）以 Excel 格式导出。

## 七、历史账户汇总表

功能：对历史账户进行查询。

菜单：资金平台—虚拟账户—历史账户汇总表。

操作员：交易中心。

界面：见图 4 - 21。

图 4 - 21　历史账户汇总表界面

操作：

1）列表中显示历史账户的信息。

2）以 Excel 格式导出。

# 第五章  运力交易实验

运力交易以物流为基础,以互联网为载体,搭建一个基于货主与货车司机的运力电商平台,致力降低货主运输成本,保障运输安全,构筑货主与车主信息交流渠道的交易模式。

**(一)实验目的**

1)掌握大宗商品电子交易平台中运力交易的过程。

2)掌握大宗商品电子交易平台中运力交易的工作流程。

3)熟悉大宗商品电子交易平台中运力交易的操作步骤。

**(二)实验内容**

本实验主要是通过大宗商品电子交易平台中运力交易模块展现大宗商品中的运力交易流程,使学生直观体验运力交易流程中角色的变化,认识物流商、委托商、交易中心在大宗商品运力交易中的职能。通过实际操作演示,使学生更加形象地理解大宗商品运力交易模式的特点与流程要点。

1. 实验角色分配

实验采用分角色的形式,为当前课堂中的学生分配物流商、委托商、交易中心角色,整个流程需要几个角色共同工作才能完成一个交易过程。

物流商角色功能:线下账户充值、驾驶员维护、车辆维护、线路维护、洽谈管理、运单受理、车辆调度、接货确认、到货确认。

委托商角色功能:线下账户充值、洽谈管理、运单管理、运单支付管理、接货确认、到货确认、到票确认。

交易中心角色功能:线下账户充值、线下充值受理、凭证审核、平台运费释放。

2. 操作流程

(1)运力信息示例

1)线路信息

线路名称:余姚—余杭;运输价格:15元/吨;运输时效:2天;车辆类型:厢式车;始发地:浙江省—宁波市—余姚市 塑料商城350号;目的地:浙江省—杭州市—余杭区 塑料商城108号;停靠:余姚塑料商城。

2)发货信息

发货仓库:浙江省宁波市余姚市塑料商城仓库;收货地址:浙江省杭州市余杭区塑料商城108号。

3)货物信息

塑料原料:ABS;数量:20 吨;总件数:800 件;货物总价:188000 元;包装规格:25 公斤/包。

(2)运力交易流程

动力交易流程见图 5-1。

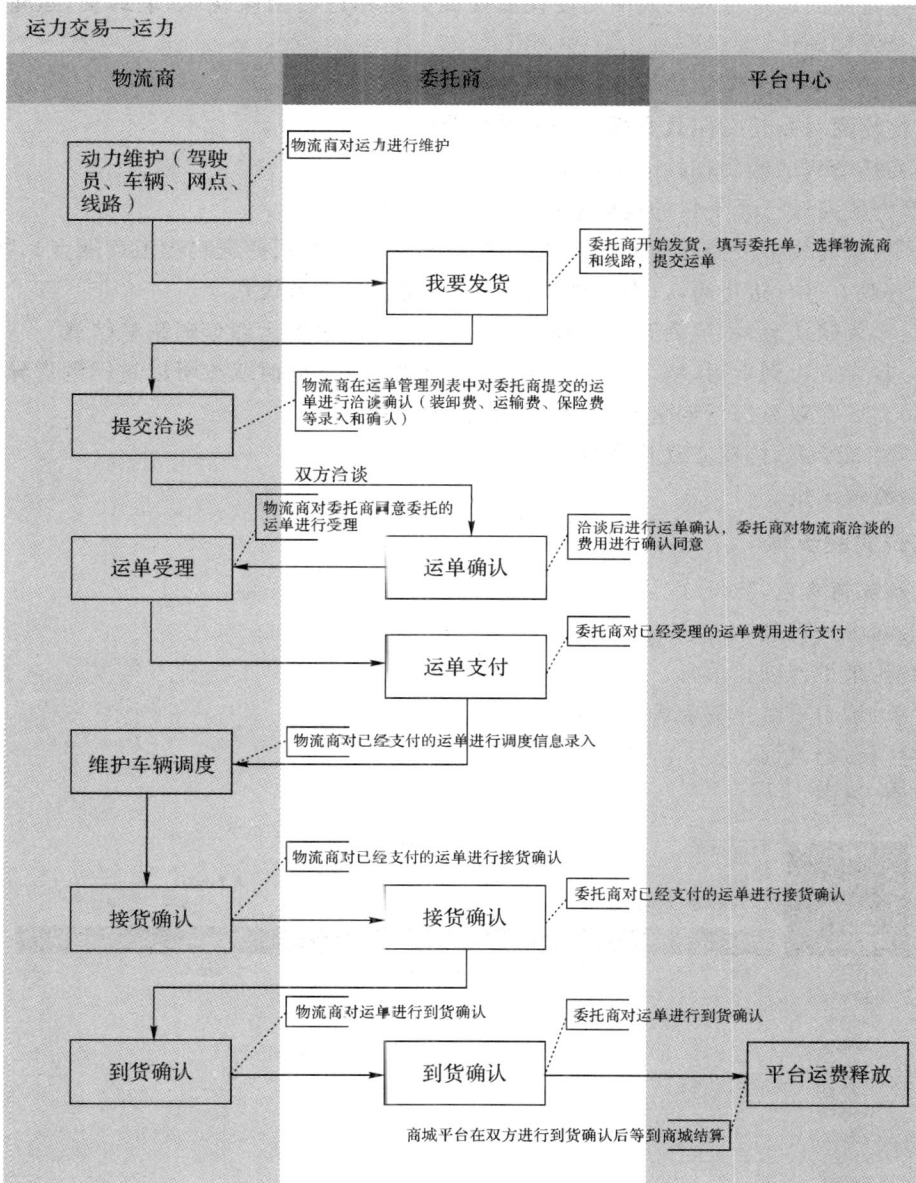

图 5-1 运力交易流程

(3)流程说明

1)物流商注册成为商城会员,商城分配给其运力系统访问权限及其运力物流权限。

2）商城分配给委托商运力系统访问权限及其运力委托权限。

3）物流商登录前台，首先维护驾驶员信息、车辆管理信息、网点管理信息。

4）物流商依据前面维护的信息进行线路维护并且发布线路，这样委托商才能看到物流商的物流服务。

5）委托商登录前台，填写委托单，选择物流商和线路，提交运单。

6）物流商在运单管理列表中对委托商提交的运单进行洽谈确认（装卸费、运输费、保险费等录入和确认）。

7）委托商对物流商洽谈的费用进行确认同意。

8）物流商对委托商同意委托的运单进行受理。

9）委托商对已经受理的运单费用进行支付。

10）物流商对已经支付的运单进行调度信息录入。

11）物流商线下去委托商委托的地方提货（也可以是委托商送到物流商网点），物流商接到货后双方进行接货确认（在这里双方还可以进行接货异议）。

12）接货确认后，物流商开始运输，这时物流商可以录入运输车辆跟踪信息。

13）收货方收到货后，物流商和委托商进行到货确认（此时双方可以进行到货异议）。

14）商城在双方进行到货确认后等待商城结算。

15）商城结算后，双方互相评分。

16）流程结束。

**（三）实验步骤**

1.物流商角色

（1）驾驶员管理

功能：维护驾驶员信息。

菜单：运力平台－物流管理－驾驶员管理。

操作员：物流商。

界面：见图5-2。

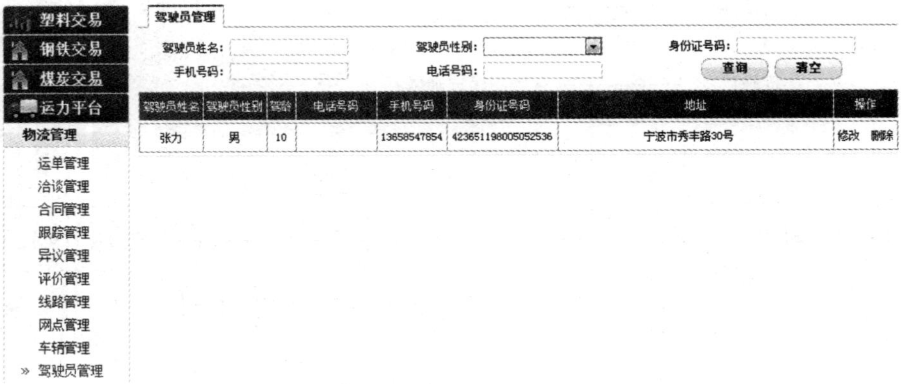

图5-2 驾驶员管理界面

操作：

1）列表显示已增加驾驶员信息。

2）点击【新增】按钮，系统显示新增驾驶员信息界面，见图5－3。

3）在新增界面中，输入驾驶员姓名、性别、手机号码、驾龄、身份证号码、地址。

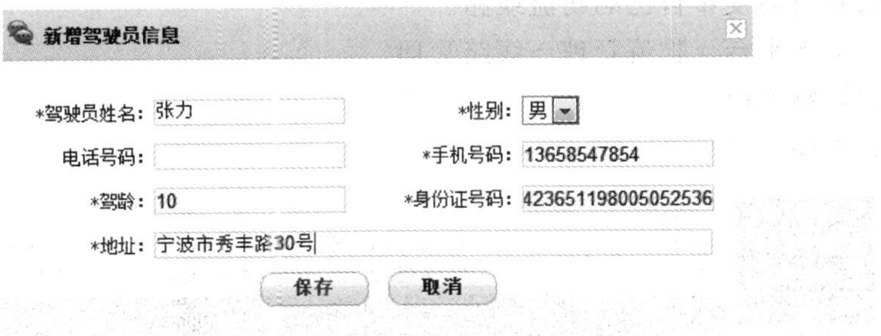

图5－3 新增驾驶员信息界面

4）信息输入完成后，点击【保存】按钮，系统提示驾驶员信息保存成功。

（2）车辆管理

功能：维护车辆信息。

菜单：运力平台－物流管理－车辆管理。

操作员：物流商。

界面：见图5－4。

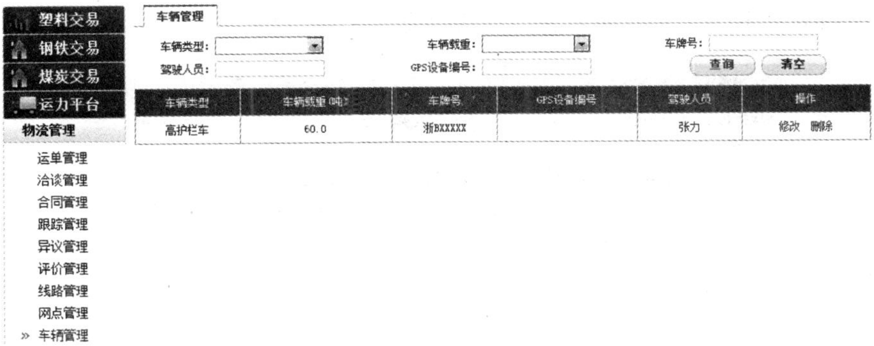

图5－4 车辆管理界面

操作：

1）列表显示已增加车辆信息。

2）点击【新增】按钮，系统显示新增车辆信息界面，见图5－5。

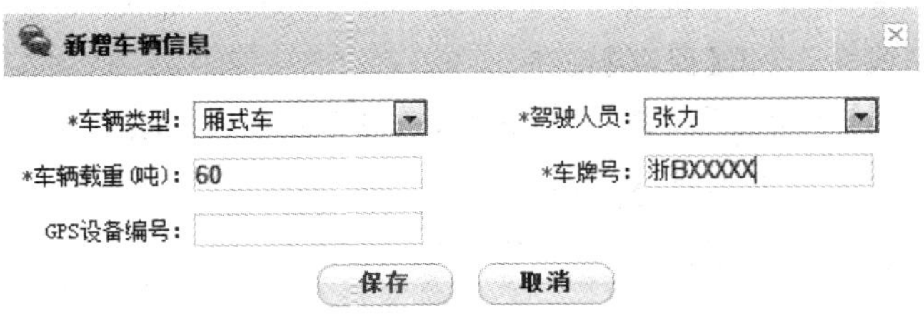

图5－5 新增车辆信息界面

191

3)在新增界面中,车辆类型下拉选择"厢式车",驾驶人员下拉选择前面增加的"张力",车辆载重输入"60",车牌号输入"浙BXXXXX"。

4)信息输入完成后,点击【保存】按钮,系统提示车辆信息保存成功。

(3)线路管理

功能:物流商发布自己的物流线路。

菜单:运力平台-物流管理-线路管理。

操作员:物流商。

界面:见图5-6。

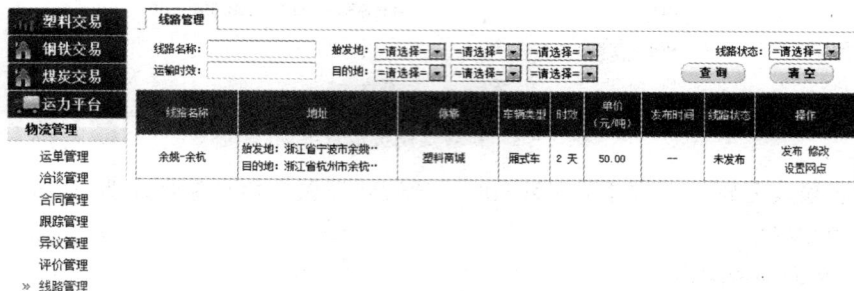

图5-6　线路管理界面

操作:

1)列表显示已增加线路信息。

2)点击【新增】按钮,系统显示新增线路信息界面,见图5-7。

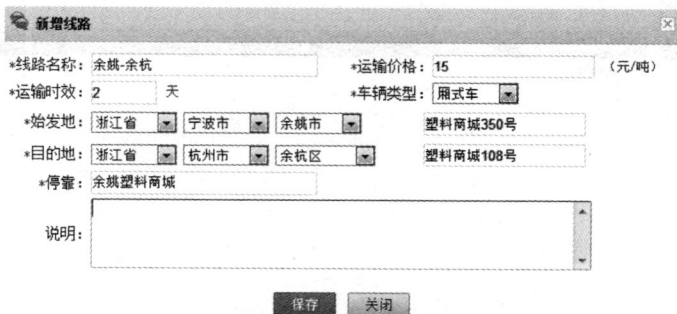

图5-7　新增线路信息界面

3)在新增界面中,线路名称输入"余姚-余杭",运输价格输入"15",运输时效输入"2",车辆类型下拉选择"厢式车",始发地选择"浙江省-宁波市-余姚市-塑料商城350号",目的地选择"浙江省-杭州市-余杭区-塑料商城108号",停靠输入"余姚塑料商城"。

4)信息输入完成后,点击【保存】按钮。

5)在新增的"余姚-余杭"线路后,点击【发布】功能按钮,见图5-8,系统弹出发布确认框,点击【确定】,系统显示发布线路成功。

图5-8　发布线路界面

说明:线路如果未发布,则该线路信息不生效。

(4)洽谈

功能:对委托商提交的运单进行洽谈。

菜单:运力平台－物流管理－运单管理。

操作员:物流商。

界面:见图5－9。

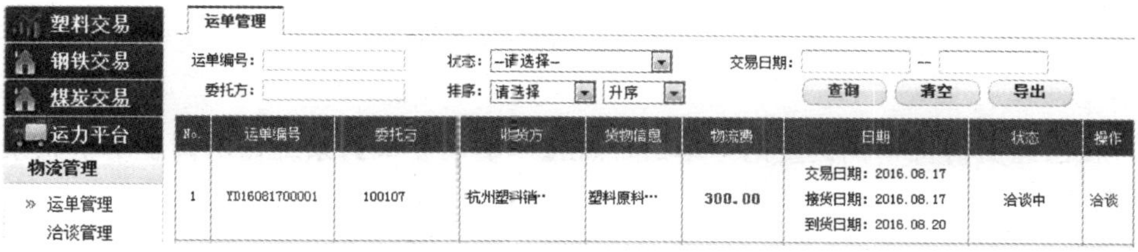

图5－9 运单洽谈界面

操作:

1)列表显示所有运单信息。

2)在需要洽谈的运单后,点击【洽谈】,系统显示运单洽谈界面。

3)在运单洽谈界面确认接货、交货方式、运输费用等信息无误后,点击【提交】。

4)提交后,系统显示提交洽谈成功,待委托商确认。

(5)受理

功能:受理委托商确认洽谈后的运单。

菜单:运力平台－物流管理－运单管理。

操作员:物流商。

界面:见图5－10。

图5－10 运单管理界面

操作:

1)在需要受理的运单后,点击【受理】按钮,系统显示运单受理界面。

2)点击【确认受理】按钮,运单受理成功,等待委托商支付费用。

(6)车辆调度

功能:对已经付款的运单进行调度信息录入。

菜单:运力平台－物流管理－运单管理。

操作员:物流商。

界面:见图 5-11。

图 5-11　车辆调度界面

操作:

1)在已经支付待车辆调度的运单后,点击【车辆调度单】,系统显示调度单信息录入界面,见图 5-12。

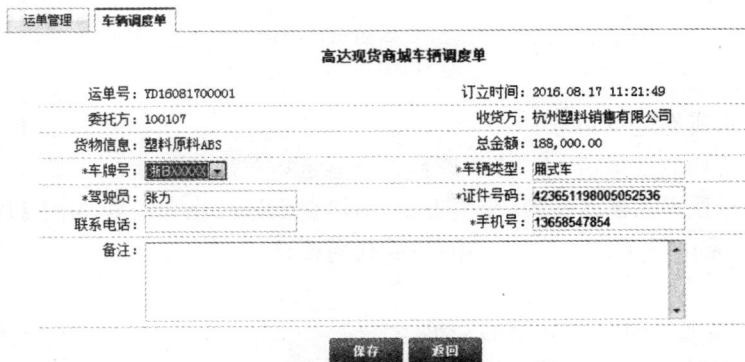

图 5-12　车辆调度单信息录入界面

2)在信息录入界面,选择车牌号后,车辆类型、驾驶员、证件号码等信息由系统根据基础维护信息自动关联显示出来。

3)点击【保存】,再点击【确认】后,调度单录入成功,等待双方进行接货确认。

(7)接货确认

功能:车场调度司机接货后线上进行接货确认。

菜单:运力平台—物流管理—运单管理。

操作员:物流商。

界面:见图 5-13。

图 5-13　接货确认界面

操作:

1)在接货确认的运单后,点击【接货确认】按钮,系统显示接货确认信息界面,见图5-14。

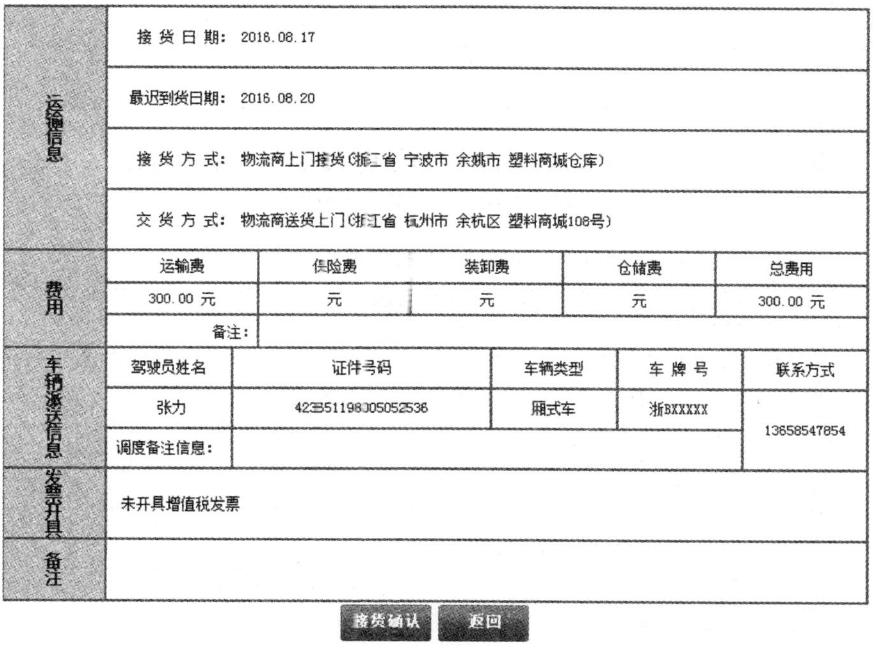

| 运送信息 | 接货日期: 2016.08.17 | | | | |
| --- | --- | --- | --- | --- | --- |
| | 最迟到货日期: 2016.08.20 | | | | |
| | 接货方式: 物流商上门接货(浙江省 宁波市 余姚市 塑料商城仓库) | | | | |
| | 交货方式: 物流商送货上门(浙江省 杭州市 余杭区 塑料商城108号) | | | | |
| 费用 | 运输费 | 保险费 | 装卸费 | 仓储费 | 总费用 |
| | 300.00 元 | 元 | 元 | 元 | 300.00 元 |
| | 备注: | | | | |
| 车辆派送信息 | 驾驶员姓名 | 证件号码 | 车辆类型 | 车牌号 | 联系方式 |
| | 张力 | 423351198005052536 | 厢式车 | 浙BXXXXX | 13658547854 |
| | 调度备注信息: | | | | |
| 发票开具 | 未开具增值税发票 | | | | |
| 备注 | | | | | |

接货确认    返回

图5-14 接货确认信息界面

2)在接货确认信息界面,点击【接货确认】按钮,再点击【确认】后,接货确认成功。

说明:

1)双方都接货确认后可以进行到货确认,也可以进行跟踪信息录入。

2)双方也可以进行到货异议。

(8)到货确认

功能:货物运输到目的地后进行到货确认。

菜单:运力平台-物流管理-运单管理。

操作员:物流商。

界面:见图5-15。

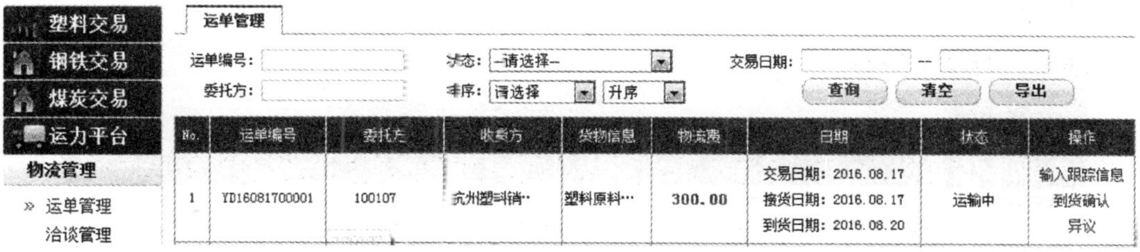

| 塑料交易 | 运单管理 | | | | | | |
| --- | --- | --- | --- | --- | --- | --- | --- |
| 钢铁交易 | 运单编号: | | 状态: -请选择- | 交易日期: — | | | |
| 煤炭交易 | 委托方: | | 非序: 请选择 升序 | 查询 清空 导出 | | | |
| 运力平台 | No. | 运单编号 | 委托方 | 收委方 | 货物信息 | 物卖额 | 日期 | 状态 | 操作 |

| No. | 运单编号 | 委托方 | 收委方 | 货物信息 | 物卖额 | 日期 | 状态 | 操作 |
| --- | --- | --- | --- | --- | --- | --- | --- | --- |
| 1 | YD16081700001 | 100107 | 杭州塑料销… | 塑料原料… | 300.00 | 交易日期: 2016.08.17<br>接货日期: 2016.08.17<br>到货日期: 2016.08.20 | 运输中 | 输入跟踪信息<br>到货确认<br>异议 |

物流管理

» 运单管理
  洽谈管理

图5-15 到货确认界面

操作：

1)在货物运输到目的地的运单后,点击【到货确认】,系统显示到货确认信息界面,见图5-16。

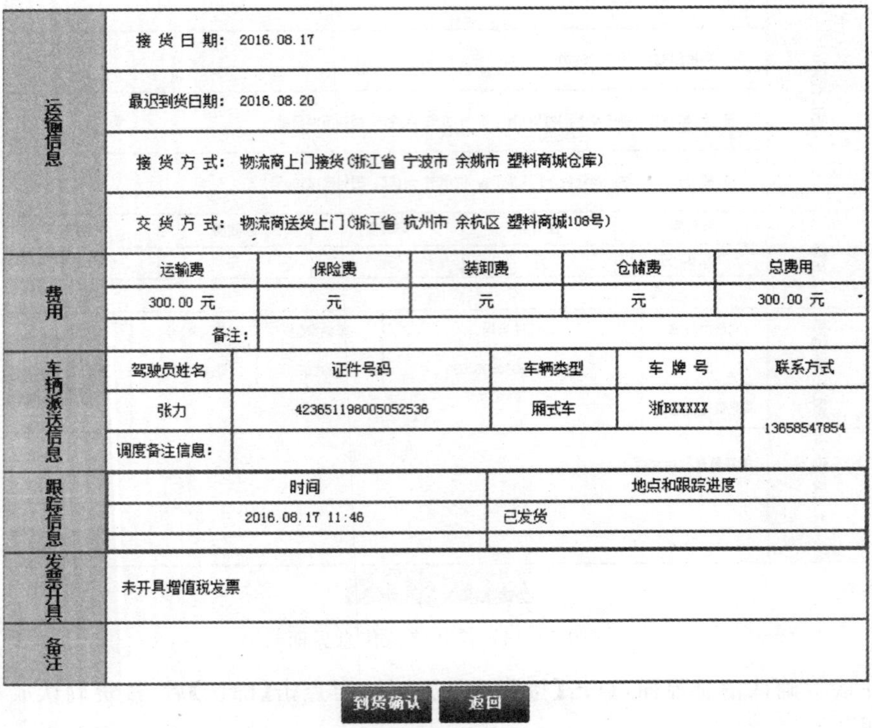

| 运单信息 | 接货日期: 2016.08.17 | | | | |
|---|---|---|---|---|---|
| | 最迟到货日期: 2016.08.20 | | | | |
| | 接货方式: 物流商上门接货(浙江省 宁波市 余姚市 塑料商城仓库) | | | | |
| | 交货方式: 物流商送货上门(浙江省 杭州市 余杭区 塑料商城108号) | | | | |
| 费用 | 运输费 | 保险费 | 装卸费 | 仓储费 | 总费用 |
| | 300.00 元 | 元 | 元 | 元 | 300.00 元 |
| | 备注: | | | | |
| 车辆派送信息 | 驾驶员姓名 | 证件号码 | 车辆类型 | 车牌号 | 联系方式 |
| | 张力 | 423651198005052536 | 厢式车 | 浙BXXXXX | 13658547854 |
| | 调度备注信息: | | | | |
| 跟踪信息 | 时间 | | 地点和跟踪进度 | | |
| | 2016.08.17 11:46 | | 已发货 | | |
| 发票开具 | 未开具增值税发票 | | | | |
| 备注 | | | | | |

【到货确认】 【返回】

图5-16 到货确认信息界面

2)点击【到货确认】,再点击【确认】后,系统显示到货确认成功,接下来等待对方到货确认,双方都到货确认后等待商城结算。

(9)评分

功能:对本次交易进行评分。

菜单:运力平台－物流管理－运单管理。

操作员:物流商。

界面:见图5-17。

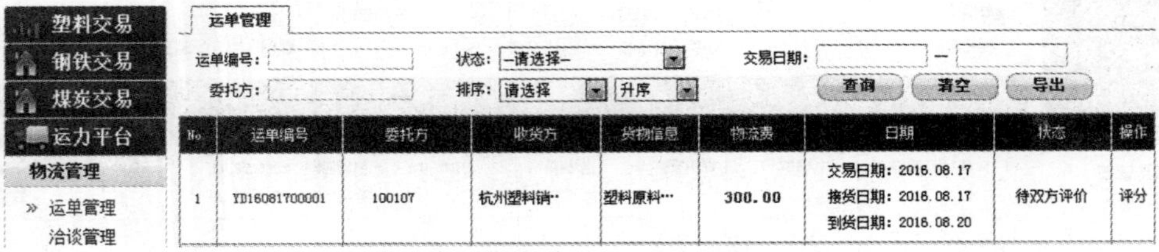

| | 塑料交易 | 运单管理 | | | | | | | |
|---|---|---|---|---|---|---|---|---|---|
| | 钢铁交易 | 运单编号: | | 状态: -请选择- | | 交易日期: | - | | |
| | 煤炭交易 | 委托方: | | 排序: 请选择 升序 | | 查询 清空 导出 | | | |
| | 运力平台 | No. | 运单编号 | 委托方 | 收货方 | 货物信息 | 物流费 | 日期 | 状态 | 操作 |
| | 物流管理 | 1 | YD16081T00001 | 100107 | 杭州塑料销… | 塑料原料… | 300.00 | 交易日期: 2016.08.17 接货日期: 2016.08.17 到货日期: 2016.08.20 | 待双方评价 | 评分 |
| 》 | 运单管理 洽谈管理 | | | | | | | | | |

图5-17 评分界面

操作：

1)在运单业务结束需要评分的运单后，点击【评分】，系统显示评分界面，见图5-18。

图5-18 评分界面

2)点击你要评分的星星数，点击【提交评价】，进行提交，点击【确定】后完成并返回到评价管理界面。

2.委托商角色

(1)我要发货

功能：委托商维护委托信息，发布发货需求。

菜单：运力平台—我的物流—我要委托。

操作员：委托商。

界面：见图5-19。

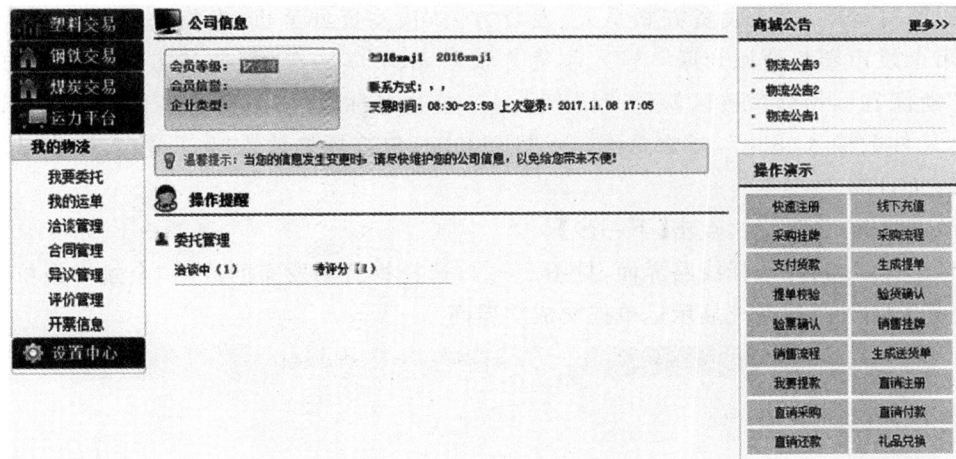

图5-19 委托发货界面

操作：

1)点击功能菜单中的【我要委托】，系统显示委托信息界面，见图 5-20。

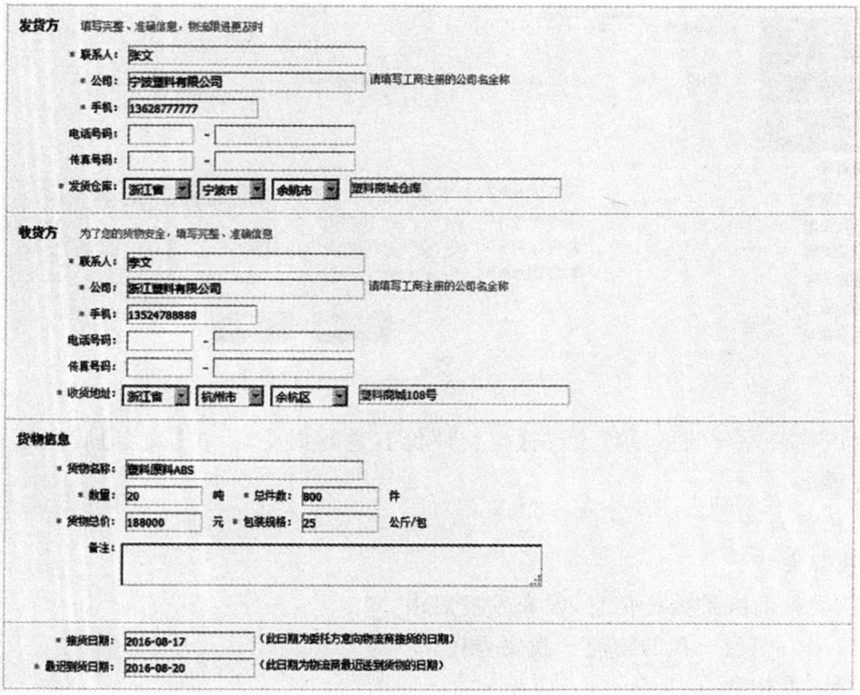

图 5-20　托信息界面

2)填写运单：输入发货方联系人、发货方公司、发货方手机，发货仓库选择"浙江省宁波市余姚市塑料商城仓库"，输入收货方联系人、收货方公司、收货方手机，收货地址选择"浙江省杭州市余杭区塑料商城 108 号"，货物名称输入"塑料原料 ABS"，数量输入"20"，总件数输入"800"，货物总价输入"188000"，包装规格输入"25"，输入接货日期和最迟到货日期。

3)信息输入完成后，点击【下一步】。

4)选择线路：在选择线路界面，见图 5-21，选择物流商发布的线路"余姚-余杭"，点击【委托】功能按钮，系统显示运单提交成功界面。

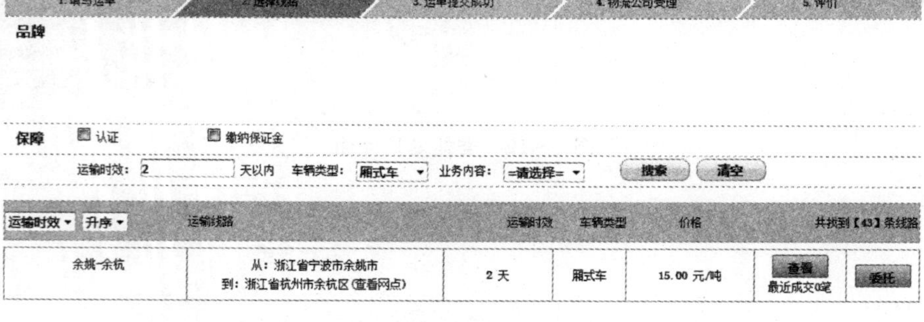

图 5-21　选择路线界面

5)在运单提交界面,见图5-22,确认信息无误后,点击【直接提交】按钮,系统弹出确认提示,点击【确定】后,系统显示委托成功。

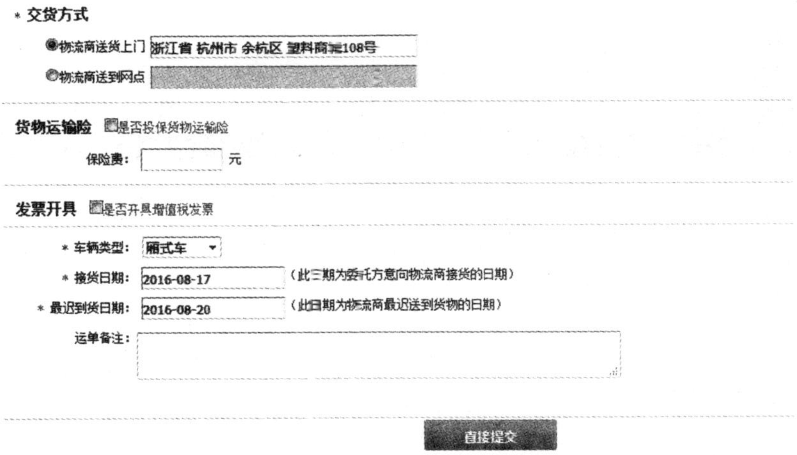

图5-22　运单提交界面

(2)确认洽谈

功能:确认物流商提交的洽谈价格。

菜单:运力平台—我的物流—我的运单。

操作员:委托商。

界面:见图5-23。

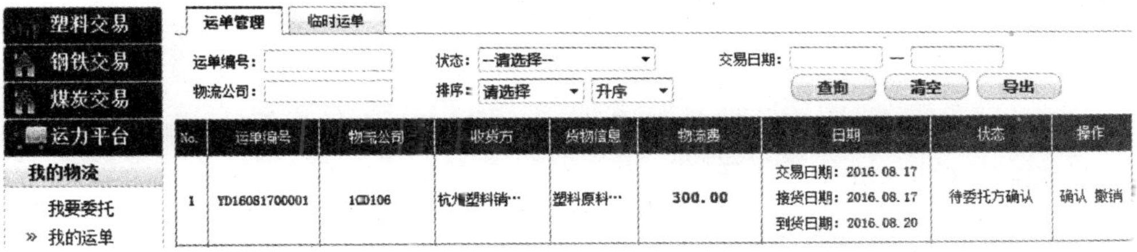

图5-23　确认洽谈界面

操作:

1)列表显示所有运单信息。

2)在需要确认洽谈的运单后,点击【确认】,系统显示运单确认洽谈界面。

3)在运单确认洽谈界面确认接货、交货方式、运输费用等信息无误后,点击【同意】。

4)同意后,系统显示确认成功。

说明:

1)确认后等待物流商受理。

2)拒绝后等待物流商再次洽谈。

(3)支付运费

功能:支付运单费用。

菜单:运力平台－我的物流－我的运单。

操作员:委托商。

界面:见图 5－24。

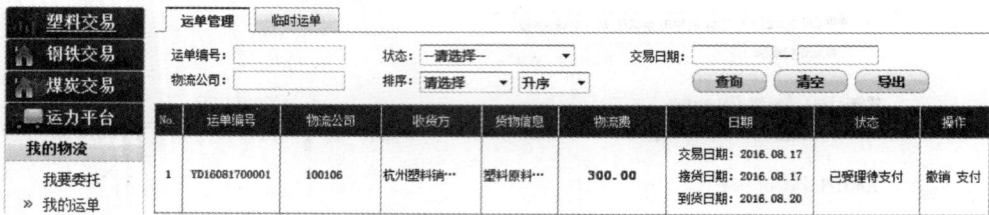

图 5－24  支付运费界面

操作:

1)在需要支付的运单后,点击【支付】按钮,系统跳转到支付平台运单支付界面,见图 5－25。

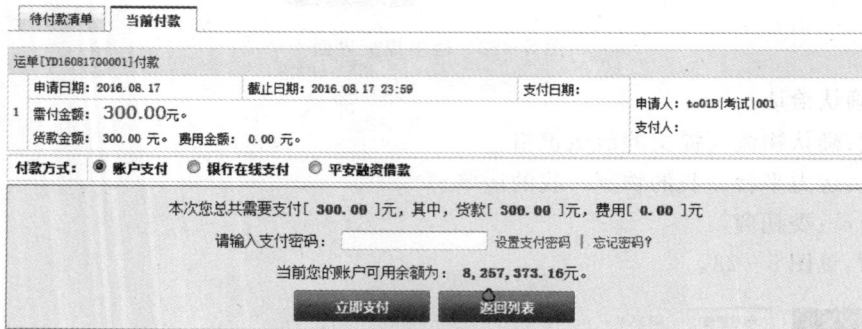

图 5－25  运单支付界面

2)输入支付密码,点击【立即支付】,再点击【确认】后,支付成功,界面跳回我的运单列表界面,等待物流商调度。

(4)接货确认

功能:物流商确认司机接货后,委托商线上进行接货确认。

菜单:运力平台－我的物流－我的运单。

操作员:委托商。

界面:见图 5－26。

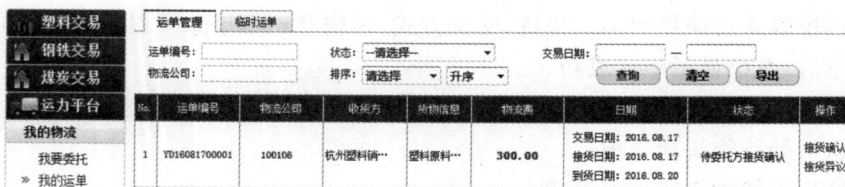

图 5－26  运单管理界面

操作:

1)在接货确认的运单后,点击【接货确认】按钮,系统显示接货确认信息界面,见图5-27。

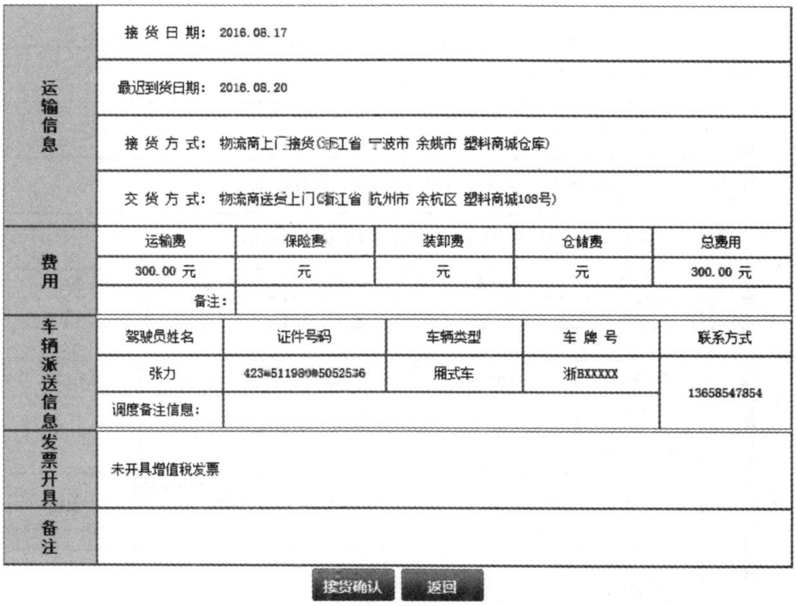

| | | |
|---|---|---|
| 运输信息 | 接货日期: 2016.08.17 | |
| | 最迟到货日期: 2016.08.20 | |
| | 接货方式: 物流商上门接货(浙江省 宁波市 余姚市 塑料商城仓库) | |
| | 交货方式: 物流商送货上门(浙江省 杭州市 余杭区 塑料商城108号) | |

| 费用 | 运输费 | 保险费 | 装卸费 | 仓储费 | 总费用 |
|---|---|---|---|---|---|
| | 300.00 元 | 元 | 元 | 元 | 300.00 元 |
| | 备注: | | | | |

| 车辆派送信息 | 驾驶员姓名 | 证件号码 | 车辆类型 | 车牌号 | 联系方式 |
|---|---|---|---|---|---|
| | 张力 | 423※511980※5052536 | 厢式车 | 浙B※※※※※ | 13658547854 |
| | 调度备注信息: | | | | |

| 发票开具 | 未开具增值税发票 |
|---|---|

| 备注 | |
|---|---|

接货确认　返回

图5-27　接货确认信息界面

2)在接货确认信息界面,点击【接货确认】按钮,再点击【确认】后,接货确认成功。

说明:双方都接货确认可以进行到货确认。

(5)到货到票确认

功能:委托商在收到货物和发票后进行线上到货到票确认。

菜单:运力平台-我的物流-我的运单。

操作员:委托商。

界面:见图5-28。

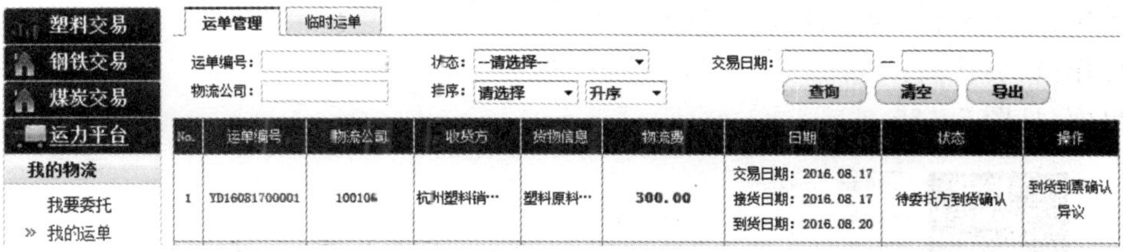

图5-28　到货到票确认界面

操作：

1)在需要到货到票的运单后，点击【到货到票确认】按钮，系统显示到货到票确认信息界面，见图 5-29。

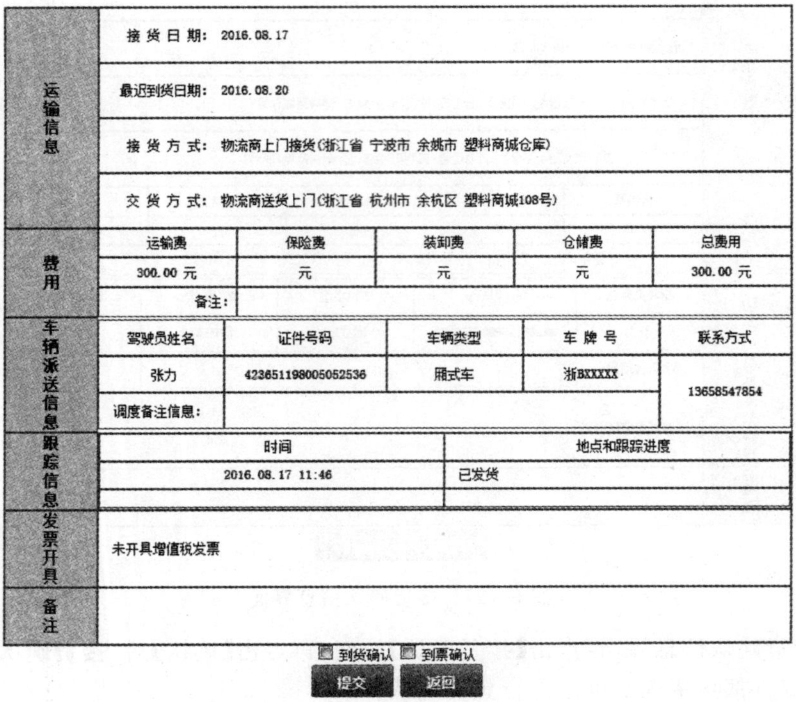
运输信息
接货日期：2016.08.17
最迟到货日期：2016.08.20
接货方式：物流商上门接货(浙江省 宁波市 余姚市 塑料商城仓库)
交货方式：物流商送货上门(浙江省 杭州市 余杭区 塑料商城108号)
费用
运输费 保险费 装卸费 仓储费 总费用
300.00 元 元 元 元 300.00 元
备注：
车辆派送信息
驾驶员姓名 证件号码 车辆类型 车牌号 联系方式
张力 423651198005052536 厢式车 浙BXXXXX 13658547854
调度备注信息：
跟踪信息
时间 地点和跟踪进度
2016.08.17 11:46 已发货
发票开具
未开具增值税发票
备注
到货确认 到票确认
提交 返回

图 5-29 到货到票确认信息界面

2)勾选“到货确认”“到票确认”并点击【提交】后，提交确认成功，双方都确认到货后等待商城结算。

(6)评分

功能：对本次交易进行评分。

菜单：运力平台—我的物流—我的运单。

操作员：委托商。

界面：见图 5-30。

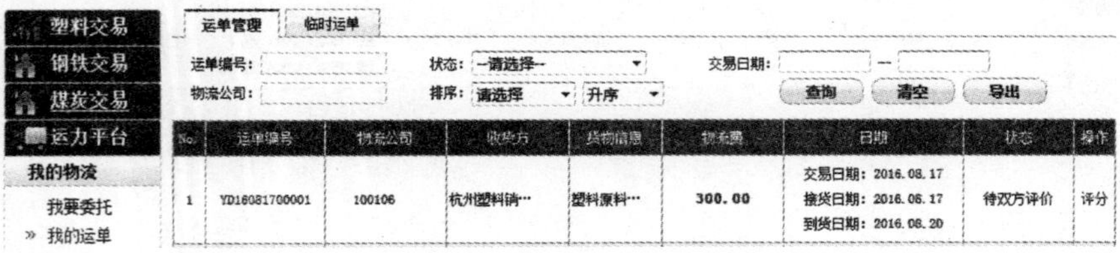
塑料交易
钢铁交易
煤炭交易
运力平台
我的物流
我要委托
» 我的运单
运单管理
临时运单
运单编号：
物流公司：
状态： --请选择--
排序： 请选择 升序
交易日期： —
查询 清空 导出
No. 运单编号 物流公司 收货方 货物信息 物流费 日期 状态 操作
1 YD16081700001 100106 杭州塑料销… 塑料原料… 300.00
交易日期：2016.08.17
接货日期：2016.08.17
到货日期：2016.08.20
待双方评价 评分

图 5-30 评分界面

操作：

1)在运单业务结束需要评分的运单后，点击【评分】，系统显示评分界面，见图 5－31。

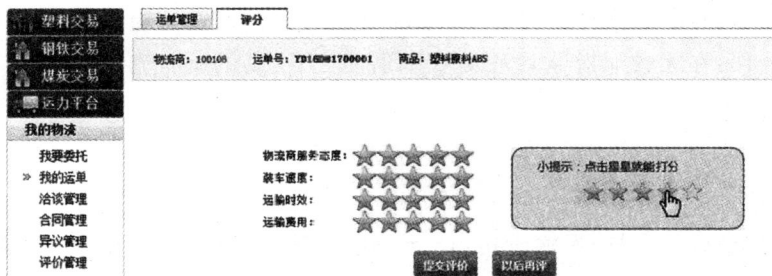

图 5－31　评分界面

2)点击你要评分的星星数，点击【提交评价】，进行提交，点击【确定】后完成评分并返回到评价管理界面。

3. 交易中心角色

(1)结算管理

功能：对物流运单进行结算。

菜单：运力平台—物流管理—结算管理。

操作员：交易中心操作员。

界面：见图 5－32。

| 运单编号 | 生成日期 | 委托方 | 委托方名称 | 物流商 | 物流商名称 | 结算金额 |
|---|---|---|---|---|---|---|
| YD17010400074 | 2017.01.04 | 15223102211 | 15223102211 | 15223102212 | 15223102212 | 1,500.00 |
| YD17010400072 | 2017.01.04 | 15226201451 | 15226201451 | 15226201452 | 15226201452 | 300.00 |
| YD17010400073 | 2017.01.04 | 15226104481 | 15226104481 | 15226104482 | 15226104482 | 10.00 |
| YD17010400070 | 2017.01.04 | 15226201251 | 15226201251 | 15226201252 | 15226201252 | 4,000.00 |

图 5－32　结算管理界面

操作：

1)选中需要结算的运单，点击【结算】，系统显示运单信息界面，见图 5－33。

2)点击【确定】，再点击【确认】后，运单结算成功。

运单信息

**运单信息**　结算日期:2016.08.17

| | | | |
|---|---|---|---|
| 付款会员 | 100107 100107 | 收款会员 | 100106 100106 |
| 运单编号 | YD16081700001 | 物流费 | 300.00 |
| 本次结算金额 | 300.00 | 异议退款 | 0.00 |
| 物流商赔偿 | 0.00 | 委托方赔偿 | 0.00 |
| 操作员 | 系统管理员课堂001 | 备注 | |

确定　关闭

图 5－33　运单信息界面

（四）实验要求

1）课堂内按要求进行分角色操作，熟练掌握各个步骤和含义。

2）课堂操作：在教师指导下完成大宗商品运力交易的所有流程。

3）考核操作：在无教师指导下完成大宗商品运力交易的所有流程。

（五）实验数据

1.

（1）线路信息

线路名称：余姚－余杭；运输价格：15 元/吨；运输时效：2 天；车辆类型：厢式车；始发地：浙江省－宁波市－余姚市 塑料商城 350 号；目的地：浙江省－杭州市－余杭区 塑料商城 108 号；停靠：余姚塑料商城。

（2）发货信息

发货仓库：浙江省宁波市余姚市塑料商城仓库；收货地址：浙江省杭州市余杭区塑料商城 108 号。

（3）货物信息

塑料原料：ABS；数量：20 吨；总件数：800 件；货物总价：188000 元。

2.

（1）线路信息

线路名称：宁波－杭州；运输价格：100 元/吨；运输时效：2 天；车辆类型：半挂车；始发地：浙江省－宁波市宁波物产物流基地；目的地：浙江省－杭州市－余杭区钢材大市场；停靠：宁波钢材市场。

（2）发货信息

发货仓库：宁波物产物流基地仓库；收货地址：浙江省杭州市余杭区钢材大市场。

（3）货物信息

螺纹钢；数量：20 吨；总件数：12 件；货物总价：70000 元。

3.

（1）线路信息

线路名称：上海－杭州；运输价格：300 元/吨；运输时效：3 天；车辆类型：厢式车；始发地：上海市－静安区 塑料商城 88 号；目的地：浙江省－杭州市－余杭区 塑料商城 108 号；停靠：静安塑料商城。

（2）发货信息

发货仓库：上海市静安区塑料商城仓库；收货地址：浙江省杭州市余杭区塑料商城 108 号。

（3）货物信息

塑料原料：PP；数量：10 吨；总件数：200 件；货物总价：208000 元。

4.

（1）线路信息

线路名称：北京－上海；运输价格：600 元/吨；运输时效：3 天；车辆类型：大货车；始发

地:北京市—丰台区钢材大世界;目的地:上海市—松江区—松江钢材市场;停靠:钢材大世界。

（2）发货信息

发货仓库:北京市丰台区钢材大世界仓库;收货地址:上海市松江区松江钢材市场。

（3）货物信息

中厚板;数量:30 吨;总件数:1 件;货物总价:150000 元。

图书在版编目（CIP）数据

　大宗商品电子商务综合实验 / 徐妙君，杭州高达软
件系统股份有限公司主编. —杭州：浙江大学出版社，
2017.12
　ISBN 978-7-308-17562-3

　Ⅰ.①大… Ⅱ.①徐… ②杭… Ⅲ.①电子商务—实
验—教材 Ⅳ.①F713.36

　中国版本图书馆 CIP 数据核字（2017）第 260736 号

**大宗商品电子商务综合实验**

徐妙君　杭州高达软件系统股份有限公司　主编

| | | |
|---|---|---|
| **丛书策划** | 朱　玲 | |
| **责任编辑** | 陈丽勋 | |
| **责任校对** | 高士吟 | |
| **封面设计** | 春天书装 | |
| **出版发行** | 浙江大学出版社 | |
| | （杭州市天目山路 148 号　邮政编码 310007） | |
| | （网址：http://www.zjupress.com） | |
| **排　　版** | 杭州中大图文设计有限公司 | |
| **印　　刷** | 杭州钱江彩色印务有限公司 | |
| **开　　本** | 787mm×1092mm　1/16 | |
| **印　　张** | 13.25 | |
| **字　　数** | 322 千 | |
| **版 印 次** | 2017 年 12 月第 1 版　2017 年 12 月第 1 次印刷 | |
| **书　　号** | ISBN 978-7-308-17562-3 | |
| **定　　价** | 35.00 元 | |